国家出版基金项目
NATIONAL PUBLICATION FOUNDATION

满族语言与文化研究丛书

主编◎郭孟秀　副主编◎长　山

满语借词研究

MANYU JIECI YANJIU

哈斯巴特尔◎著

社会科学文献出版社
SOCIAL SCIENCES ACADEMIC PRESS (CHINA)

黑龙江大学出版社
HEILONGJIANG UNIVERSITY PRESS

图书在版编目（CIP）数据

满语借词研究 / 哈斯巴特尔著 . -- 哈尔滨 ： 黑龙
江大学出版社 ； 北京 ： 社会科学文献出版社，2021.12
（满族语言与文化研究丛书 / 郭孟秀主编）
ISBN 978-7-5686-0729-2

Ⅰ．①满… Ⅱ．①哈… Ⅲ．①满语－借词－研究
Ⅳ．① H221.4

中国版本图书馆 CIP 数据核字（2021）第 277681 号

满语借词研究
MANYU JIECI YANJIU
哈斯巴特尔　著

责任编辑　宋丽丽　范丽丽
出版发行　黑龙江大学出版社　社会科学文献出版社
地　　址　哈尔滨市南岗区学府三道街 36 号　北京市北三环中路甲 29 号院华龙大厦
印　　刷　哈尔滨市石桥印务有限公司
开　　本　720 毫米 ×1000 毫米　1/16
印　　张　14
字　　数　201 千
版　　次　2021 年 12 月第 1 版
印　　次　2021 年 12 月第 1 次印刷
书　　号　ISBN 978-7-5686-0729-2
定　　价　52.00 元

总　序

由黑龙江大学出版社联合社会科学文献出版社组织策划的满族语言与文化研究丛书即将出版。丛书荟萃《清代满语文对蒙古语言文字的影响研究》（长山著）、《朝鲜语与满－通古斯语族同源词研究》（尹铁超著）、《满语修辞研究》（魏巧燕著）、《满语借词研究》（哈斯巴特尔著）、《满语认知研究：形态、语义和概念结构》（贾越著）、《俄藏满文文献总目提要》（王敌非著）、《满族社会文化变迁研究》（阿拉腾等著）、《濒危满语环境中的满族祭祀文化》（阿拉腾著）、《满洲崛起对东北少数民族文化认同的影响》（郭孟秀著）、《清代黑龙江地区世居民族交往交流研究》（吕欧著）、《清代东北流人视野中的满族社会生活》（高松著），共十一部力作，是近年来黑龙江大学满学研究院研究成果的集中展现，也是诸位学者"博观而约取，厚积而薄发"的必然结果；同时也体现出黑龙江大学出版社慧眼识金，为满学研究把薪助火的专业精神。在本丛书的十一部著作中，可以归类为满语（通古斯语族）语言学的有五部，可以归类为文化人类学的有四部，另有古籍类一部，民族史类一部。其中涉及满族语言文字方面的内容，笔者并非相关领域专家，无从评价。以下是阅后的几点思考，是为序。

首先，是关于满族文化内涵的思考。

本套丛书把内容定位为"语言与文化"，以展示黑龙江大学满学研究院在满族语言文化研究方面取得的优秀成果。阅读这套丛书后，笔者欲从历时和地理空间的角度思考满族文化的内涵，以便更深刻地理解丛书的内容。

尹铁超教授在《朝鲜语与满－通古斯语族同源词研究》一书中，将同源词研究上溯到了中国古代地方民族政权高句丽国的高句丽语和三韩语，把朝鲜语、高句丽语、满－通古斯语族诸语作为比较研究的对象。郭孟秀研究员提出，满族文化研究的内容框架可参考文化哲学三个层面的研究主题，即对文化现象的一般考察，关于文化的社会历史透视，以及关于文化的价值思考。他认为，除了第一个层面外，满族文化研究在其他两个层面都比较匮乏。① 这一观点无疑是正确的，非常有价值的。阿拉腾等在《满族社会文化变迁研究》一书中对满族文化进行了历时的分期。特别重要的是郭孟秀研究员在《满洲崛起对东北少数民族文化认同的影响》一书中对满族文化进行了纵向、历时的思考，将肃慎族系文化作为整体进行分类研究，包括肃慎－挹娄、勿吉－靺鞨、宋金时期女真人、元明时期女真人，研究其文化特征和满洲文化的形成。从历史发展过程的角度思考满族及其先民的文化的形成、演变过程，无疑为我们提供了非常有意义的研究视角。郭孟秀研究员还在满族文化的内涵研究上进行了创新，提出底层文化（渔猎文化）、表层文化（农耕文化）的概念，并首创满洲文化"轴心期"的新观点，即满洲人学汉语、习汉俗是一种文化选择的结果，更是文化有机体生命力的一种展示。对满族人来说，作为核心的渔猎文化与作为次核心的农耕文化在这一时期既存在一种亲和的相互融合的状态，同时又各自保留具有独立特征的文化张力，是文化二元结构的最佳状态，为满洲文化的发展提供了广阔的空间和愿景。此时的满洲文化表现出未特定化和未确定性，处于充满无限可能的"方成"而非"已成"状态，是满洲文化轴心期的重要标志。而在此之前，满学界就已经开始从人类发展史的角度审视

① 郭孟秀：《满族文化研究回顾与反思》，载《满语研究》2016 年第 1 期。

满族文化的形成发展过程。在全国"首届满族文化学术研讨会"上，有学者提出满族文化发展的三个阶段，即远古时期、满洲鼎盛时期（努尔哈赤进入今辽沈以后）、中华人民共和国成立以后的满族新文化时期。有学者提出清朝时期满族文化的四个类型：留守型文化、屯垦型文化、留守与驻防交叉型文化、驻防型文化。驻防型文化层次最高，留守、屯垦型文化保留传统内容较多。[①] 但此次研讨会以后，从人类发展史的角度和自然地理空间的角度研究满族文化的成果还是较少。而满族语言与文化研究丛书的出版，将会成为帮助我们更加全面地了解满族文化内涵的重要资料。

中国远古的文化，由于处于相对封闭的自然地理空间而呈现出独立发展的地域土著特征，很少受到族系外民族的冲击和干扰，形成了自身的半闭环的交流循环体系，黑龙江流域便是中国相对封闭的自然地理空间中的重要一环。黑龙江流域以北是不太适合远古人类生存的，外兴安岭南缘只发现了零星的新石器遗址，而在黑龙江流域内，新石器文化的遗存才开始密集、丰富起来。在满族先民生存的黑龙江下游流域以及乌苏里江、松花江下游流域，其北部是没有外敌存在的，而其东部是大海，只有西部和南部面临着濊貊－夫余族系的威胁，即夫余和高句丽。在公元7世纪前，肃慎族系与濊貊－夫余族系间形成了弱平衡关系，在长期的历史发展过程中塑造了具有独特地域特征的文化，即北东北亚类型的渔猎文化。而一旦离开这一具有独特自然地理特征的区域，就会发生文化类型的明显演变。笔者认为，在远古时期，自然地理状况对人类社会的发展进程起到决定性的影响，几乎所有的文明古国都不曾脱离这一规律。古埃及、古巴比伦、古印度文明的发生区域有一个共同的因素，即大河、平原和适合于旱地农业发展的环境。这些文明古国自然地理空间的开放性导致了其文明的中断，而相对封闭的地理空间环境则成为中国古代文明绵延不断的有利条件之一。中国古代文明的发生因素同样是大河（黄河）、平原，黄河从上游至下游流经宁夏平原、河套平原、汾渭平原、华北平原，特别是汾渭平原和

[①] 周凤敏：《"首届满族文化学术研讨会"综述》，载《满族研究》1990年第1期。

华北平原，作为古中国文明的发生地域，远古农业十分发达。据考证，这些地方距今五千年左右出现青铜器，距今三千多年出现象形文字——甲骨文。这些条件与其他三个文明古国有相似之处，即适合远古农业发展的大河、平原，以及象形文字和青铜器。

历史事实证明，黑龙江干流流域不适合旱地农业的发展，若不脱离这一区域便不可能进入古代的文明社会，而是长期滞留于原始的氏族－部落社会。比如，东胡族系的鲜卑人和契丹人在脱离这一区域南下直至中原后，才有机会进入到奴隶制社会，最终进入到封建社会；蒙古族脱离这一区域到漠北草原后才进入到奴隶社会。而那些没有机会脱离黑龙江干流流域的诸氏族部落，比如埃文基人（鄂伦春、鄂温克人）、那乃－赫哲人、乌尔奇人、乌德盖人、尼夫赫人、奥罗奇人、奥罗克人等25个土著"民族"，则根本没有机会脱离氏族－部落社会。因此，我们可以把满族的传统文化划分为四种类型：第一种类型是没有脱离黑龙江干流下游流域、乌苏里江流域、松花江干流下游流域的满族先民的文化，他们仍然处于氏族－部落社会，狩猎、捕鱼是其文化的核心特征，比如肃慎、挹娄、勿吉、靺鞨的大部分及生女真、野人女真等；第二种类型是源自黑水靺鞨的女真人建立金朝后形成的该时期的女真文化；第三种类型是以粟末靺鞨为主建立的渤海国的文化，粟末部是夫余人和勿吉人融合形成的，《旧唐书》记载为"涑沫靺鞨"或"浮渝靺鞨"①，受夫余人影响，粟末靺鞨文化具有鲜明的中原文化特征；第四种类型就是女真－满洲－满族文化，简称满族文化，建立清朝的核心是建州女真，其主要部落胡里改部的源头是黑龙江下游以北的乌德盖部落，逐步迁移至松花江中游（今依兰县）。元末明初，胡里改部和斡朵里部先后南迁，开启了满洲族的历史，也创造了满洲族文化。分析这四种类型的文化我们发现，渤海文化、女真文化、女真－满洲－满族文化之间并没有继承关系，而是表现出明显的差异性，它们的共同点是其源头都与黑龙江下游的原始部落相关，在恶劣的自然环境下形

① 刘昫等：《旧唐书》第05部，陈焕良、文华点校，岳麓书社1997年版，第991、992页。

成的剽悍、刚烈和无所畏惧的精神，或许就是它们文化共同性的体现。所以，如果我们用"肃慎－满洲族系"文化来命名满族及其先民的文化的话，其特点则是多样性中蕴含着共同性，且多样性超过其共同性。满族文化包括满族先民的文化（黑龙江下游流域的氏族－部落文化、渤海文化、建立金朝的女真文化）、满族传统文化和革命文化、社会主义先进文化。满族的传统文化处于濒危状态，但满族的现代文化（社会主义先进文化）则正处于形成、发展的过程中，而且必然是综合性的、复合型的新文化。不能将满族现代文化的形成发展视为"汉化过程"，因为这完全违背了中国历史的发展过程。新石器时代的六大文化区系[①]和六大文化区[②]，以及先秦时期华夏"中国"的"天下"中夷夏分布、交错杂居的事实，包括秦、楚、吴、越等融入华夏的历史，这些都说明是各民族共同创造了华夏文化。满族现代文化的建设处于中华现代文化建设的范围中，表现为核心文化（中华文化核心价值观、精神力量）的统一和表层、深层文化（满族文化）多样性的统一。中国其他各民族的文化同样处于现代文化的重塑过程中。

其次，是关于满族文化濒危问题的思考。

所谓"濒危文化"包括物质的、非物质的正在消失的文化，而且是不可逆转地即将消失的文化。既然是濒危的文化，其所依存的人文条件和自然地理条件就都已经处于消失的过程中，所以，濒危文化不具有传承性，因为文化的本体内涵和形式都已经经历了长期的变异过程，失去了传播的功能性基础。濒危文化的原始内涵是不可复原的，因为其最核心的文化内涵已经不复存在。比如现在东北地区还存在一些"活态"的萨满祭祀仪式，但无论是规模还是功能都区别于以往。在本套丛书中，《清代满语文对蒙古语言文字的影响研究》《朝鲜语与满－通古斯语族同源词研究》《满语修辞研究》《满语借词研究》《满语认知研究：形态、语义和概念结构》

---

① 苏秉琦、殷玮璋：《关于考古学文化的区系类型问题》，载《文物》1981 年第 5 期。
② 严文明：《中国史前文化的统一性与多样性》，载《文物》1987 年第 3 期。

《濒危满语环境中的满族祭祀文化》，均属于濒危文化研究的范畴。"黑龙江省富裕县三家子村、孙吴县四季屯等一些满族村屯中还有十几位满族老人能够较为熟练使用满语，满语口语即将彻底退出历史舞台。对基础满语语法、满语修辞、满语与锡伯语比较等方面的研究，是在书面语的层面对满语所做的继承与保护，这项工作可以让满族语言作为满族文化的一部分存续下去。"这是本套丛书立项报告中的表述，笔者深以为然。满族濒危文化严格表述应为"满族濒危传统文化"，即将退出社会功能的是过去的文化，而满族新的文化即社会主义先进文化正处于建设过程中，因此从整体视角看，满族文化不存在濒危的问题，而是在发展中出现了变迁。《满族社会文化变迁研究》就是从这个视角进行的研究，非常具有现实意义。

基于上述认识，笔者个人的观点是要重视满族濒危传统文化的资料库建设（文字记载、影像资料制作、博物馆展示建设等）和专业化研究，做好这些工作的基础是有效的精英人才培养机制，如黑龙江大学开展的满族语言文化方向的本科生和研究生培养工作，就是很有远见的举措。满族优秀的传统文化是中华文化的组成部分，我们有责任，更有能力，对其进行深入、系统的研究。

再次，是关于满族语言与文化研究重要价值的思考。

郭孟秀研究员认为，目前针对满族文化价值方面的研究是比较匮乏的，该观点抓住了满族文化研究存在的突出问题。满族及其先民创造了恢宏而又多样的优秀民族文化，诸如渤海文化、女真文化和女真－满洲－满族文化，是中国古代北方地区最具影响力的少数民族文化，对中华文化的发展做出了杰出贡献。从我国旧石器晚期到新石器早期的人类发展状况来看，中原地区并不总是走在前面，先进的文明也并不都是从中原向四周扩散。比如距今约八千年的阜新查海文化的玉器，距今五六千年的红山文化的庙、祭坛、塑像群、大型积石冢、玉猪龙等成套玉器，都说明苏秉琦先生认为中华文明"满天星斗"的观点是正确的。至少在某一个时期内，中原地区还未发现"具有类似规模和水平的遗迹"而走在前面的文明，当然，这并不影响中原地区作为古中国文明核心区域所起到的引领作用。东北地区史前文化的顶峰显然是前红山－红山文化，它作为华夏文化的边缘和"北狄"文化的腹地，成为中华文化向东北地区传播的枢纽和通道，最先受到影响的是濊貊－夫余族系，而后是东胡族系，最后受影响的肃慎－满洲族系却创造了三种类型的文化，从公元7世纪末开始间断影响中国北部一千多年，是少数民族文化与中华文化融合的典型范例。满族先民所创造的这些优秀文化对中华文化的贡献没有得到学界应有的重视，研究成果较少，这是非常遗憾的。应该特别重视女真人两次入主中原、粟末靺鞨人建立"海东盛国"渤海的文化因素研究，以及这些满族先民的文化向中原文化靠拢的原因，这些都是满族文化价值研究的重要课题，但不限于此。"满族缔造的清朝，持续近三百年，对中华民族的近现代历史与文化都产生了重要的影响。因此，从中华民族文化大局的角度研究满族文化具有重要的历史意义与现实意义。"这是本套丛书的重要意义和价值所在。

丛书中《满洲崛起对东北少数民族文化认同的影响》《清代满语文对蒙古语言文字的影响研究》《清代东北流人视野中的满族社会生活》《清代黑龙江地区世居民族交往交流研究》四部著作对满族文化的价值进行了探讨。后金－清政权在入关前，分别发动了对蒙古、赫哲、索伦等族的一系列统一战争，建立了牢固的同盟关系，稳固了后方，同时进一步将中华文化传播到这些地区。通过清朝的统治，东北少数民族逐步接受中华文化并且开始认同中华文化，有一个重要的途径就是通过接受、认同满洲文化来渐次接受、认同中华文化，满洲文化"中华化"的过程使得中华文化在东北少数民族中的传播和影响更为深入、稳固，这是满族文化对中华文化历史建设的重要贡献。当然，这一贡献并不局限于东北地区，还包括中国其他的少数民族地区。

在先秦时期，"天下观"中存在"教化天下"的内涵，自秦朝始，"教化天下"演化出中央与边疆之间"因俗而治"、羁縻制度、土司制度以及朝贡－封赏等多种形式的政治关系，实则是"教化观"外溢扩展的结果。先秦时期"教化天下"不等于华夏"中国"实际控制的"天下"，带有礼治的想象成分，两种"天下"合二为一实现于清朝。也可以这样认为：满洲文化的"中华化"使得先秦时期想象的"天下"和"教化天下"在清朝统一于实践的"天下"。"大一统"的理想之所以能够在清朝实现，文化一统是重要的条件，而在这一过程中，满洲文化"中华化"的贡献是关键因素，其当然成为满族文化价值研究的重要内容。

在满族文化中，语言文字具有重要而独特的学术研究价值。《俄藏满文文献总目提要》等著作就是这方面的研究成果。满文古籍文献包括档案、图书、碑刻、谱牒、舆图等，数量居55个少数民族文字古籍文献之首。"清代，特别康熙、雍正、乾隆三朝，大量公文用满文书写，形成了大量的满文档案。用满文书写印制的书籍档案资料，及汉文或别种文字文献的满译本，构成了满文文献的全部。"此外，中国第一历史档案馆所藏满文文献，就有一百五十万件左右。辽宁、吉林、黑龙江、内蒙古、西藏、北京等省、市、自治区的档案部门或图书馆，中央民族大学、北京大学等大学的图书馆，以及中国社会科学院民族学与人类学研究所等研究机构的图书馆，均藏有满文文献。北京、沈阳、台北是我国三大满文文献收藏宝库。由于历史变迁等一些举世周知并令人难忘的原因，我国珍贵的满文文献还流散在世界各地，如日本、韩国、俄罗斯、英国、美国等地。[①]比如，日本有镶红旗文书（从雍正至清末）资料2402函。1975年，美国国会图书馆藏有满文文献8916册。因此，我国必须培养一批相当数量的满语言文字方面的专业人才，翻译和研究浩如烟海的满文文献，与其他文字的文献对照、补充，还原更加真实、完整的清朝历史与文化，寻觅无文字民族的历史与文化的面貌，其价值自不待言。本套丛书中满语言文字研究方面的著作，就属于这类成果。

最后，是关于满族文化与中华文化关系的思考。

在《满洲崛起对东北少数民族文化认同的影响》一书中，郭孟秀研究员认为东北少数民族对中华文化认同的形成过程，是通过对国家政权的认同发展到对满洲文化的认同，再由此升华到对中华文化的认同。这是非常

---

① 富丽：《满文文献整理纵横谈》，载《中央民族学院学报》1984年第3期。

新颖而有创意的观点。笔者认为，在这个过程中，满洲文化的逐步"中华化"是影响清朝各民族对中华文化产生认同的关键因素。李大龙教授认为，"建立清朝的满洲人则不仅没有回避其'东夷'的出身，反而在天子'有德者居之'旗号下对魏晋以来边疆政权对'大一统'观念继承与发展的基础上有了更进一步发扬，目的是在确立满洲及其所建清朝的'中国正统'地位的基础上实现中华大地更大范围内的'大一统'"①。"大一统"观念自秦朝开始拓展其内涵，从单纯的华夏"中国"统治的合法性、正统性，逐渐形成中央王朝文化一统、政治一统、疆域一统、族系一统等内涵的综合概念，其中，文化一统是实现其他"大一统"的基础。所以，清朝统治者在顶层文化上推行以儒家思想为基础的中华文化，在基础层文化上采取"修其教不易其俗，齐其政不易其宜"②的政策，既包容差异，又实现了中华文化核心价值的统一。在这一过程中，满族文化必然向"中华化"的方向发展，因为文化政策必须服从于统治的合法性和稳定性。

研究满族文化与中华文化的关系，首先要知道什么是中华文化。习近平总书记对此指出："我们灿烂的文化是各民族共同创造的。中华文化是各民族文化的集大成。"③在2021年的中央民族工作会议上，习近平总书记又指出："要正确把握中华文化和各民族文化的关系，各民族优秀传统文化都是中华文化的组成部分，中华文化是主干，各民族文化是枝叶，根深干壮才能枝繁叶茂。"④满族的优秀传统文化亦是中华文化的组成部分，中华文化认同是由包括满族文化在内的各民族文化认同的基础文化层级和中华文化认同的国家文化层级组成的，基础文化层级不应具有政治属性，而国家文化层级则必然具有政治属性。中华文化认同是在认同中华各民族

---

① 李大龙：《农耕王朝对"大一统"思想的继承与发展》，载《云南师范大学学报（哲学社会科学版）》2020年第6期。

② 《礼记·王制》，见杜文忠：《王者无外：中国王朝治边法律史》，上海古籍出版社2017年版，第72页。

③ 《习近平：在全国民族团结进步表彰大会上的讲话》，新华网，2019年9月27日。

④ 《习近平在中央民族工作会议上强调 以铸牢中华民族共同体意识为主线 推动新时代党的民族工作高质量发展》，新华网，2021年8月28日。

文化形成和发展历史的基础上，对中华顶层文化的价值观、精神的认同，或者说顶层文化已经属于国家文化的范畴，每个民族的文化认同都不能与之等同，每个民族的文化都不等同于中华文化。这就厘清了满族文化与中华文化的关系，即枝叶与主干的关系，基础层级与顶层（国家文化）的关系。这一认识应该成为开展满族文化研究的原则，也就是说既不能把满族文化的研究政治化，也不能认为开展满族传统文化研究和发展满族现代文化就有害于中华文化认同，就与极端的、狭隘的民族主义有联系。开展满族文化研究与发展满族现代文化是中华文化建设的一部分，不影响中华文化共同性的增进，包容和尊重差异的共同性才会更有生命力和凝聚力。正常的差异并不会成为中华文化建设的障碍，处理得当，反而会成为动力。

满族语言与文化研究丛书的出版，体现了上述四个思考中提到的理念，笔者期盼更多此类研究成果涌现。

中国民族理论学会副会长，

延边大学、黑龙江大学兼职教授、博导，都永浩

总 导 言

　　满族（满洲）既是一个历史民族，也是一个现代民族，独特的发展历程铸就了其别具一格的文化特质，使之成为中华文明大花园的一朵奇葩。形成于明朝末年的满洲民族共同体，素有"马背上的民族""引弓民族"之称。满族族源可追溯至商周时期的肃慎，汉至两晋时期的挹娄（肃慎），北魏时期的勿吉，隋唐时期的靺鞨，宋、元、明时期的女真等均为肃慎后裔，也是满族的先世。这些部族长期繁衍生息于我国东北的"白山黑水"之间，在军事、政治、社会、文化上都创造了辉煌的成就，对中华民族文化的形成发展影响重大，意义深远。正如著名社会学家、人类学家费孝通先生所言，中华民族是由56个民族构成的多元一体，各民族文化的多样性构成了中华文明的丰富性。因此，研究满族语言及其历史文化具有重要的学术价值与现实意义。

　　全国唯一专门的满语研究机构——黑龙江省满语研究所自1983年成立以来，本着"把科研搞上去，把满语传下来"的办所宗旨，组建了国内第一个满语研究团队。自20世纪80年代以来，黑龙江省满语研究所充分利用地缘优势，连续对日趋濒危的满语进行抢救性调查，采用录音、录像等现代化手段，对黑河地区、齐齐哈尔地区和牡丹江地区仍然能够使用满语的满族老人进行连续性跟踪调查记录，完整保存活态满语口语原始资料。

近年来，抢救性调查范围拓展至赫哲语、鄂伦春语、鄂温克语、那乃语与锡伯语，搜集了较为全面丰富的满－通古斯语族诸语言调查资料。此外，黑龙江省满语研究所对满语语音、语法、词汇等基本理论问题展开了系统的分析研究。

1999 年 11 月，黑龙江省满语研究所整建制迁入黑龙江大学，组建黑龙江大学满族语言文化研究中心，研究领域由单一满语拓展至满族历史与文化，并利用黑龙江大学的人才培养机制，陆续创建与完善中国少数民族语言文学（满语）学士、硕士与博士三级学位培养体系，目前共培养满语本科、硕士、博士毕业生近 170 人。中国少数民族语言文学（满语）专业培养了大量的满语专业人才，毕业生多于满文档案保管机构从事满文档案整理与研究工作。2019 年 6 月，为适应学科建设发展需要，满族语言文化研究中心正式更名为满学研究院，标志着黑龙江大学满学学科建设迈上一个新台阶，成为集满语满学研究、满语人才培养、满族文化传承于一体的教学科研机构。经过几代人的努力，黑龙江大学满学研究团队以学科特色鲜明、学术积淀厚重、学科体系完善、学术研究扎实而享有一定学术声誉和社会影响力。

满族语言与文化研究丛书拟出版的 11 部专著即为满学研究院科研人员的近期学术成果。其中以满语研究为主题的成果 4 部，哈斯巴特尔《满语借词研究》，长山《清代满语文对蒙古语言文字的影响研究》，贾越《满语认知研究：形态、语义和概念结构》，魏巧燕《满语修辞研究》；以亲属语言比较研究为主题的 1 部，尹铁超《朝鲜语与满－通古斯语族同源词研究》；以满文文献研究为主题的 1 部，王敌非《俄藏满文文献总目提要》；以满族历史文化研究为主题的 5 部，阿拉腾《濒危满语环境中的满族祭祀文化》，郭孟秀《满洲崛起对东北少数民族文化认同的影响》，阿拉腾等《满族社会文化变迁研究》，吕欧《清代黑龙江地区世居民族交往交流研究》，高松《清代东北流人视野中的满族社会生活》。丛书研究既涉及基础理论问题，又涵盖以问题为中心的专题探讨；研究主题多偏重于历史范畴，亦有基于田野调查的现实问题研究。

这批成果是黑龙江大学满学研究院的教学科研人员经过一定时期的积累，秉持严谨的态度所推出的原创性成果。但是，学无止境，受自身专业与研究能力限制，相关研究或许还存在一些局限与不足，希望得到学界师友批评指正。

满语文已经退出或者说正在淡出历史舞台，不再具有现实应用性的交际交流功能。因而，满语文研究，乃至以满语文研究为基础的满学研究已经成为"具有重要文化价值和传承意义的绝学冷门学科"。在现代语境下，抢救保护与开发研究少数民族语言文化是一项意义重大而充满艰辛的事业，需要学术工作者坚持严谨的学术操守，抵制急功近利的诱惑，甘于"板凳要坐十年冷"的寂寞，同时更需要社会各界的大力支持与积极参与。

满族语言与文化研究丛书的出版要特别感谢香港意得集团主席高佩璇女士。自2009年开始，高佩璇女士从中华民族传统文化传承与保护的高远视角，先后出资700余万元资助黑龙江大学与香港大学饶宗颐学术馆合作开展"满族文化抢救开发与研究"项目。该项目旨在对现存活态满族文化进行抢救性调查与挖掘，对现存满文档案开展整理翻译与研究开发，以加强后备人才培养，拓展深化满族语言与历史文化研究。德高望重的国学大师饶宗颐先生大力倡导这一功在当代、利在千秋的民族文化事业，并为项目亲自题写牌匾"满族文化抢救开发与研究"。高佩璇女士以黑龙江省政协常务委员身份，多次撰写建议提案，向各级领导及社会呼吁关注支持满学研究与满族文化事业，并得到省委、省政府、省政协领导的重视与批示，彰显了深切的民族情怀与企业家的担当奉献精神。香港大学饶宗颐学术馆馆长李焯芬教授、副馆长郑炜明教授等在项目论证和实施中开展了大量细致工作。经过项目组成员十余年的努力，目前项目第二期即将结项，此次出版的11部专著即为该项目第二期的部分成果。在此谨向令人敬仰与怀念的饶宗颐先生（已故）致以敬意，向高佩璇女士等支持关注满学事业的社会各界仁人志士表示由衷感谢。

满族语言与文化研究丛书出版之际，还要感谢黑龙江大学领导及黑龙江大学重点建设与发展工作处的大力支持。感谢黑龙江大学出版社的帮助，正是在他们的努力下，本丛书得到了国家出版基金的资助；他们对所有选题进行认真审核，严把意识形态关，并邀请相关领域专家对每部专著内容予以审读，提出修改建议，大大提升了学术成果的严谨性。部分论著涉及满语文及音标，给录入排版造成了一定困难，幸有诸位编辑不辞辛苦，认真校对，保证内容的规范与质量，在此一并致谢！

黑龙江大学满学研究院院长，

博导、研究员，郭孟秀

目 录

绪 论 ……………………………………………………………… 001

第一章 蒙古语借词 ……………………………………………… 009

　　第一节 语音相一致的蒙古语借词 …………………………… 017

　　第二节 语音不一致的蒙古语借词 …………………………… 026

　　第三节 蒙古语借词的借入途径 ……………………………… 066

　　第四节 蒙古语借词语音变化 ………………………………… 082

　　第五节 词的派生发展 ………………………………………… 085

第二章 汉语借词 ………………………………………………… 095

　　第一节 满语中的汉语借词 …………………………………… 097

　　第二节 汉语借词的语音变化 ………………………………… 154

　　第三节 汉语借词的派生发展 ………………………………… 159

第三章 借词汇总 ………………………………………………… 169

绪　论

满语书面语词汇由两部分组成，一部分是本民族固有词汇，它是满语词汇的基础和主体，另一部分是借词，它是人们在长期的生存斗争中不断地与周边民族接触而吸入的非本民族词汇。借词的涌入有效地补充和丰富了本民族语言词汇，使本民族语言的表达能力有了进一步提高，同时也强化了本民族与周边民族之间的联系。

借词在满语中占有重要地位，所占比重较大。纵观满语借词，它主要有三个来源，其一是蒙古语借词。蒙古语借词的数量庞大，它包括了基本词汇和经济、文化、生活、自然环境等各个方面的词汇。其二是汉语借词。汉语借词的数量也相当可观，它主要包括政治、军事、官职、农耕经济和文化、人文科技、生活等各方面的词汇。其三是藏语借词。藏语借词数量不多，基本都是佛教方面的词汇，是伴随着清王朝时期佛教的传播而进入满语的，其中，一部分藏语借词是通过蒙古语借入的，另一部分是通过翻译藏文经卷借入的。例如：ᡤᠠᠨᠵᡠᡵ ganjur "甘珠尔"，ᡤᠠᠩᡤᠠ ganga "恒河"，ᡵᠠᠪᡨᠠᠨ rabtan "阿拉布坦"（人名），ᡵᠠᡩᡳ radi "魔力"，ᡤᠠᠪᡠᠯᠠ gabula "头盖骨"，ᡤᠠᠯᠠᠪ galab "劫，灾难"，ᡯᠠᠮᠪᡠ ᡨᡳᠪ dzambu tib "阎浮（佛教用语，人世间）"，ᡤᠠᠨᡩᡳ�šᠠ gandiša "流沙"，ᡵᠠᡤᠴᠠ ragca "罗刹"，ᡴᠠᠮᡩᡠᡵᡳ kamduri "亢宿（二十八星宿之一，东方七宿）"，ᡤᠠᠪᡳšᠠᡵᠠ gabišara "迦频阇罗"，

ᡤᠠᡩᠠᡥᠠᡩᡳ ᠹᡠᠰᠠ gadahadi fusa "甘托克第菩萨"， ᡤᠠᠮᡠᠯᡳᠶᠠᠩ gamuliyaŋ "加默良（异兽名）"， ᡤᠠᠴᡳ gaci "瞬息"， ᡤᠠᠷᠰᡳ garsi "袈裟"等。其中，"甘珠尔""恒河""阿拉布坦""魔力""头盖骨""劫，灾难"等分别是通过蒙古语 ᠵᠠᠨᠵᡠᠤᠷ γanjuur "甘珠尔"、ᠶᠠᠩᠶᠠ γaŋγa "恒河"、ᠷᠠᠪᡨᠠᠨ rabtan "阿拉布坦"、ᠷᡳᡩᡳ ridi "魔力"、ᠶᠠᠪᠠᠯᠠ γabala "头盖骨"、ᠶᠠᠯᠠᠪ γalab "劫，灾难"等借入的。此外，还有极少数其他来源的借词。

鉴于满语借词的主要来源，下面主要分两个部分来全面系统地分析和研究满语借词及其主要特点。

从借词特点来看，一般从甲语言借入乙语言之初，它总是或多或少地保留着原甲语言的特点，这主要指的是语音上的特点。这些语音特点中包含三种情况：第一种情况是甲语言的语音与乙语言的语音完全一致，那么，这些借词就能毫无阻碍地以原形借入乙语言；第二种情况是甲语言的语音与乙语言的语音不完全相符，它们的语音系统之间存在着差别，那么，借入的甲语言的语音就需要接受乙语言语音系统的调适，使其符合乙语言的语音系统；第三种情况是甲语言的语音在乙语言中不存在，这时乙语言中就会产生新的语音——外来语音位，并给这些语音制定相应的新字母——借词字母。

第一、二种情况适合蒙古语借词，因为蒙古语与满语同属一个语系，具有亲属关系，尽管它们是两种不同的语言，并存在着一些差异，但是它们之间也存在着很多相同或相似之处，包括语音、词法、词汇和句法。它们的语音系统之间在保持着相同关系的同时也存在着差异，因此，在借入满语以后需要对那些有差异的语音进行调适，使其适合满语语音系统。而汉语借词的情况就完全不一样，满语和汉语隶属两个完全不同的语言体系，尽管它们之中也存在着一些基本语音（元音和辅音）相同的情况，但是它们在语音体系上的差别还是很大的，因此汉语借词属于上述第二种或第三种情况。

从识别借词的角度上看，识别汉语借词比较容易，因为它们的词汇特点非常明显，只要稍作分析就能辨认出来。而对蒙古语借词的识别却比较困难。因为基于蒙古语与满语的亲缘关系，在语音形式相同的词中既有借词（属于没有变化的词），也有同源词。那么，哪个是借词，哪个是同源词，辨别起来难度就比较大，而那些在语音上保留着各自特点的词则相对来说更容易识别。

不符合乙语言语音体系的借词，在借入乙语言以后势必会被乙语言的语音系统进一步改造，从而使其符合乙语言的语音特点。随着时间的流逝，在乙语言语音系统的不断磨合和改造下，从甲语言借过来的那些词的语音会被一点一点地改造，从而变成与乙语言语音特点完全一样的词而融入乙语言词汇中。与此同时，其词义也会发生一些微小的变化，因为它需要在乙语言的词汇系统中找到自己的位置。如果乙语言中已有语义相同的词，那么它们就要进行语义上的进一步分工，或在使用搭配上，或在情感色彩上，或在使用范围上，或在其他什么方面进行适当分工；如果它的词义与乙语言的词义有重叠，那么就要对其角色重新进行分工，使其发展成为固有词的近义词。在以上情况下，在借词的参与下，词汇意义更加丰富多彩，表达能力得到提高，语言更加活泼生动。因此，借词随着借入时间的流逝，在语音和语义上都会发生与原语言不同的一些变化。所以在确定借词身份时还需要考虑语义关系以及其他一些文化背景和历史等情况，综合分析和认真考虑，才能在辨识借词身份时避免出现一些错误。

相对来看，与满语没有亲缘关系的汉语借词的情况和与满语具有同源关系的蒙古语借词的情况完全不同。汉语的语音体系与满语的语音体系不完全一样，虽然它们都存在着一些基本语音，例如元音 ɑ、i、e、u 和辅音 b、m、n、l、g、k、x、s、f、y 等，但是也存在着一些不同的语音，甚至汉语中有的语音在满语中完全没有。于是，在汉语借词强势推动下，满语中借入了这些音位的同时还为这些语音制定了新的字母。在词的结构上，满语和汉语也是不一样的。满语是在词根上附加表达各种意义的词缀来派生新词，而汉语则没有词根和词缀结构，一个词表达一个词汇意义，或用复合词的结构表达一个完整意义。在语法意义的表达方面，满语是用接加构形词缀来表达各种语法意义的，而汉语则没有表达语法意义的词缀，其语法意义或用在句中的位置来表达，或用各种介词来表达等。汉语的这些语言特点给辨认汉语借词提供了方便。

因此，随着汉语借词大量进入满语，满语语音系统中增添了很多新成员。满语与其他阿尔泰语系语言一样，其辅音系统中原来只有舌尖辅音而没有卷舌辅音。然而，随着汉语借词的出现并大量涌入，汉语的 zh[dʐ]、ch[tʂ]、sh[ʂ]、r[ʐ] 等卷舌辅音也进入了满语语音系统，并获得了自己的地位。继而它们便挤压原有的舌尖辅音 [dʒ]、[tʃ]、[ʃ] 的生存空间，呈现出取代原有舌尖辅音的趋势。因此，盛极一时的满语书面语中虽然仍保留着本民族固有的舌尖辅音，但是汉语卷舌音也大量出现，并且在这些卷舌音的影响下，固有的舌尖辅音被发作卷舌音的情况屡屡发生，从而形成了两种辅音并列存在或此消彼长的阵势。然而，由于满语过早地退出了社会交际舞台，我们在书面语中已经看不到它的发展情况了。可是，在仅存的 20 世纪 60年代满语口语的调查资料以及现在的锡伯语中却能够看到 zh[dʐ]、ch[tʂ]、sh[ʂ]、r[ʐ] 等辅音已经形成优势的同时塞擦音处于弱势的情况。到了21世纪，满语口语也已经消失，它的变化只有在锡伯语中还能继续看到。实际上锡伯语是满语的一个方言，因此，锡伯语的情况在一定程度上可以反映出满语的情况。在锡伯语中，汉语的 zh[dʐ]、ch[tʂ]、sh[ʂ] 等卷舌音在大多数情况下已经取代了该语言的舌尖音 [dʒ]、[tʃ]、[ʃ]，舌尖音 [dʒ]、[tʃ]、[ʃ] 等则退缩到前元音 i 前，它们只有在 i 前还保留着固有的舌尖音。

从语言的接触情况看，类似情况也发生在蒙古语中。如与汉族直接接触的辽宁阜新一带的蒙古语中，卷舌音多数情况下也已取代了固有的舌尖音，例如阜新一带蒙古语中的 tʂɤ̩ga:n "白"，取代了其他方言的 tʃiga:n "白"。并且这种情况逐渐向赤峰地区、科尔沁地区等蒙古语腹地扩展。

可见，一些借词语音，它们不但没有被满语语音所改造（早期借词语音有被改造的情况），反而喧宾夺主、堂而皇之地进入了满语语音系统。这种情况下，为了准确地标记这些卷舌音，人们在创制满文字母时还创制了相应的借词字母（有的语法著作中称其为特定字母），以便与本民族语言的固有舌尖音 [dʒ]、[tʃ]、[ʃ] 等相区别。以上情况一般发生在强势语言与弱势语言之间或是不同类型语言之间，并且是在借词数量巨大的情况下才可能出现。

因此，借词现象是一个影响与被影响的互动关系，在这个过程中如果强势语言的影响力大于弱势语言的影响力时，弱势语言不是简单地被影响而发生一些变化，而是被强势语言所占领或进一步取代。观察满语情况可知，在清王朝建立以前对满语产生影响的主要是蒙古语，这种影响虽然波及语言生活的各个方面，但是并没有动摇满语的根基，只是使满语更加丰富了；而清王朝建立以后，人口占有绝大多数且具有几千年文化底蕴的汉语对满语的影响情况与蒙古语对满语的影响情况则截然相反。处于弱势的满语面对人口、地域、文化等绝对压倒满语的汉语，并且清王朝要对这样一个庞大的族体实施统治时，弱势语言便显得非常无力。这时，语言的本质，即语言是社会交际工具这一功能便表现得一览无遗、淋漓尽致。首先遇到的问题是语言的交流问题。在建立在狩猎文化之上的满语面前，汉语是绝对的强势语言，它的文化底蕴雄厚，使用人口众多，具有几千年的文字历史。面对这种语言，试图用满语进行交流是注定不可能成功的。满族统治者要稳固江山、加强皇统，就需要学习和借鉴汉民族历朝历代的经验教训，就需要学习汉语。要统治汉民族就要与其进行语言交流，在进行语言交流时，汉民族不懂满语，于是，在这种情况下满族就被迫学习汉语，用汉语与汉民族进行交流。学习汉语被提高到了巩固江山、加强皇统的高度。于是，为了学习、借鉴汉族文化和语言，吸取汉民族历代统治经验和教训，清王朝统治者开始组织人力翻译大量的汉文化典籍、文献资料，编写了多部辞书和教科书等，全面接受和吸纳了汉民族语言文化，我们今天所看到的浩如烟海的满文文献资料就是这种努力的很好见证。在接触和学习汉语过程中，满语的使用范围和使用场合逐渐缩小。随着清王朝的消亡，满语仅有的社会交际功能也丧失殆尽并最终退出了历史舞台。清王朝时期在汉民族的优势文化和强势语言面前，满族人民也曾进行过努力，力求挽救陷入疲势的满族语言，但是无济于事。伴随着上述过程，汉语借词不断涌入，学习和使用汉语的人也逐渐增多，这也加速了满语的消亡。实际上，清王

朝以前也有少量汉语借词借入满语，但是其数量极少，清王朝中后期汉语借词才开始大量涌进满语。因此，汉语借词中既有早期的借词又有近期的借词。

总体上看，早期借入的借词，大多都融入了满语词汇系统，经过满语的不断改造已经较难识别其借词身份了。借入的时间越长，被改造得就越彻底。因此，对于那些借入时间非常久远，而且已经被彻底改造过的借词，我们在确认其借词身份时就显得有些吃力了。这种情况在与满语同属于一个语系的蒙古语中显得更加突出。因为它们都同属于一个语系，其语言结构、语法体系、语音系统以及词汇方面都存在着很多同源成分，同时在发展变化过程中也存在着诸多相似成分，在这种情况下，要分辨其借词身份则难度倍增。因此，对于蒙古语借词，我们只能局限在相互识别这一层面上，除此之外，我们只能暂时认为它是满语固有词或是同源词了。

辨识借词，除了分析语言本身的特点以及借入的大概时间、借入途径等相关情况以外，还要参考语言之外的因素，如文化、经济、生存环境等，这些因素对于辨识更早期借词帮助很大。

第一章

蒙古语借词

历史上满族主要活动于中国东北地区，长期与蒙古族比邻而居，满语和蒙古语都属于阿尔泰语系，其语言关系非常密切。学者们研究认为，最先从阿尔泰语共同体分化出去的是朝鲜语和日本语，之后，剩下的阿尔泰语共同体又分化为两个语群，一个是共同突厥语，另一个是蒙－满语共同体。再后来，蒙－满语共同体又分化为蒙古语族语言和满－通古斯语族语言。之后，这两个语族语言内部又分别分化发展为若干个不同的亲属语言。因此，在渊源关系上蒙古语和满语的关系更加密切。经过研究发现，蒙古语和满语之间的同源词、相似或基本一样的语法成分等的数量相当大。

　　满语和蒙古语的紧密关系主要体现在词汇方面，它们之间不仅存在着众多的同源词，而且也存在着数量可观的蒙古语借词。这些蒙古语借词的存在，反映着满族与蒙古族曾有过语言共同体经历，并且语言分化为两个语族语言之后也长期保持着紧密关系的事实，它们语言之间的接触从未中断，并贯穿于满语的整个发展演变过程中，在这个漫长的接触过程中满语对蒙古语的借用从未停止。因此，蒙古语借词中既有早期的借词，也有晚期的借词。早期借入的借词保留着早期蒙古语的特点，晚期借入的借词也保留着晚期蒙古语的特点。从蒙古语研究来看，满语中的这些蒙古语借词为研究蒙古语各个时期的语言提供了依据和方便。与此同时，它也给借词研究本身带来了一定的困难。因为蒙古语没有足够久远的早期历史语言资料可供参考，所以对其借入时间的确定有一定困难。鉴于以上情况，我们只能按照语音演变的先后顺序来确定其借入的时间，尽量避免为确定其具体借入时间而陷入困境。

虽然满语和蒙古语之间的亲缘关系紧密，但是它们毕竟是两种不同的语言，其内部发展规律还是存在差别的。因此，不同语言的不同内部发展规律，可以成为判定一个词是借词、同源词，或是固有词的根据。然而，具有系属亲缘关系的语言的情况是非常复杂的，它们的共性很多，仅靠语言本身的内部发展规律来确定其借词关系，对于有些词来说，困难很大。因为曾经共存于一个语言共同体，即使后来它们分化为两个语言体，因语言体内部发展规律不尽相同而发生了不同的变化，但是它们之间依然保持着千丝万缕的联系，它们都有相同的继承于语言共同体的语言因素和语言发展变化趋势，而且这些继承于语言共同体的发展变化趋势在继续发挥作用的同时其内部发展规律也在发挥着作用，两种发展规律交织在一起，给借词的识别增加了难度。这种情况下，在识别借词时还需要参考语言以外的各种因素，如文化、环境、经济、政治等多方面的因素来确定其借词身份。我们认为，虽然蒙古族也曾经历过狩猎文化时期，但是它很早就过渡到了游牧文化阶段，因此，蒙古语中存在着极其丰富的反映游牧文化特点的词汇。比较来看，由于满族没有经历过游牧文化阶段，而是从狩猎文化阶段直接过渡到了农耕文化阶段，因此，满语中缺乏反映游牧文化的词汇。满语中存在的有关畜牧业的词汇都像是满语中固有的词汇，仅从语音特点来看很难确定它们曾经是蒙古语词汇，但是从其文化背景方面来分析则可以确定，满语中存在的有关畜牧业的词汇应该都是蒙古语借词。

类似下面的这些词，单从语音形式来看，满语词保留着更早期的语音形式，仅凭这一点，有理由认为蒙古语词是从满语中借的。但是，若结合上述文化背景来考虑，则能判定它们都是蒙古语借词。例如：

蒙古语书面语：mori "马"　　　　　　满语：morin "马"

蒙古语书面语：xoni "绵羊"　　　　　满语：honin "绵羊"

蒙古语书面语：tari-"种地"　　　　满语：tari-"种地"

蒙古语书面语：aɣta"骟过的，骟马"　　满语：agta"骟过的牲口"

蒙古语书面语：ajiryan"种马，雄的"　　满语：ajirgan"公的，雄的"

正如前面已经讲过，上面这些词都是畜牧业经济方面的词或是农耕方面的词，满族是从事狩猎活动的，没有经营过畜牧业和农业，所以上面这些词都不是同源词，而是蒙古语借词。

因此，辨别一个词是借词还是同源词，文化大背景是一个重要的参考因素，词义必须与其社会文化背景相符。而另一方面，满族虽然不经营畜牧业，但是其自古以来擅长饲养家畜，尤其擅长饲养猪，所以在满语中"猪"有自己的叫法——ulgiyan。ulgiyan是满语固有词，它不是蒙古语借词。蒙古语中"猪"为ɣaxai（ɣaxai原是汉语借词，蒙古语中没有表达"猪"的固有词，蒙古族的养猪习惯是从汉族学习而来的）。又如"牲畜"，满语为ulha，蒙古语为mal，它们之间没有借用关系，满语的ulha"牲畜"是在满语中独立生成的。在词源上满语ulha"牲畜"与ulgiyan"猪"是同源的，"牲畜"是从"猪"的语义引申而来的。

尽管满族从事狩猎活动，但是并非所有有关狩猎方面的词汇都是满语的固有词，有些狩猎方面的词汇也是从蒙古语借入的。例如：满语aba"（打）围"，蒙古语aba"围，围猎"。蒙古语aba的实际语义是"围，围猎"，虽然满语中存在着狩猎方面的固有词butambi"打猎、打鱼、采摘"，但它是一个多义词，泛指"行猎"的意义，而没有"围猎"的意义。因此，满语的butambi不能更准确地反映狩猎行为的"围、堵"等狩猎方法，为了更准确地表达该行为就借入了蒙古语的aba"围，围猎"一词，从而使满族对狩猎行为的表达更加丰富而准确了。

观察借词语音形式时还要考虑借入的时间问题。例如：

蒙古语书面语：mori"马"　　　　满语：morin"马"

蒙古语书面语：xoni"绵羊"　　　满语：honin"绵羊"

按照一般借用关系来看，借入的词在该语言中作为一个新的语言成分，一般不会在语音结构上发生变化，而会依然保持着原有的语音形式（前提

是在语音系统相一致的情况下）。具体来说，借入满语的借词中还保留着词尾 -n 辅音，而借出的蒙古语中却没有词尾 -n 辅音，那么，从词尾 -n 的保留与否来看，蒙古语 mori 借入满语以后怎么又增添了一个 -n？ 也就是说，满语中增加的词尾 -n 的性质是什么呢？

这就涉及了借入时间问题。-n 并不是借入满语以后才被添加的，而是在满语中完好地保留了蒙古语原来就有的词尾 -n。早期蒙古语静词词尾中都存在过鼻辅音 -n，如 morin，也就是在这个阶段，morin 一词借入了满语。借入满语以后，由于满语的发展规律与蒙古语不同，所以 morin 在满语中依然保留着借入当时的语音形式，即还保留着词尾 -n。 而在蒙古语中，在静词词尾语音脱落的演变趋势下，morin 的词尾辅音 -n 脱落了，变成了现在的 mori。 满语的 honin "绵羊" 的情况亦如此。因此，在分析借词关系时如果语音形式不一致，那么就要考虑借入时间的早晚问题。

此外，借入途径也是一个必须考虑的问题。历史上蒙古族建立过庞大的王朝——元朝，它曾称霸一时，其影响遍及各个被统治地区，比邻的满族作为当时的属民当然也不例外。随着蒙古族统治的加强，语言文化的渗透和借入也非常强势，我们现今所见到的元杂剧中的蒙古式汉语和一些蒙古词语，就能说明当时蒙古语的影响之大。清王朝建立初期，满族走上政治舞台，蒙古族的影响并没有减弱，除了在政治、军事组织等多方面沿袭了蒙古族的管理体制，建立了旗治、箭制（如满族牛录 niru "箭"、蒙古族苏木 sumun "旗" 等）以外，在生活中也依旧延续着蒙古族的生活习俗。尤其是在语言文字上的影响仍然很大，在需要文字进行文书往来时选择了照搬蒙古文行书，史称老满文。数年之后在蒙古字母基础上又创制了符合满语语音系统的新满文字母等。伴随着这些交往与影响，大量的蒙古语借词源源不断地涌入了满语中。

上述诸多因素使蒙古语借词大量借入满语。与此同时，我们也发现在满语中存在着一些与蒙古语完全一样的词，但是这些词却不是借词，而是同源词。一般来讲，借用关系在自己语言里没有该词的情况下才能够发生，所以在自己语言里存在这个词时一般是不会借用其他语言的。比如，人称代词和一些基本词汇等，这些词在各种语言中都是最基本的核心词汇，每种语言都不会缺乏这些词，所以没有必要去向另一种语言借用。因此，尽管满语和蒙古语中有些词完全一样，但是它们绝对不是借词。例如：

人称代词——蒙古语 bi "我"　　　　　　满语 bi "我"

指示代词——蒙古语 ene（<ere）"这"　　满语 ere "这"

　　　　　　蒙古语 tere "那"　　　　　满语 tere "那"

动词 —— 蒙古语 bi "有"　　　　　　满语 bi "有"

以上这些例词，在蒙古语和满语中其音和义完全一样，但是它们之间都不存在借用关系。我们认为它们是继承于语言共同体的同源词，由于它们都同时继承了语言共同体的语音演变规律，所以在分化后的不同语言里它们都有了相同的发展趋势。然而，它们虽然都继承了语言共同体的语音演变规律，但是由于它们毕竟处于不同的语言环境中，它们之间还是出现了不尽相同的变化。例如人称代词中第一人称单数 bi "我" 在格的变化中，主格变化和领属格变化在满语和蒙古语中完全一样，没有任何不同，但是其他诸格的变化却有了不同，即：

	主格	领属格	宾格	与位格	从比格	工具格	合同格
蒙古语	bi	min-	nama-	na-~nada-	nama-	nama-	nama-
满语	bi	min-	mim-	min-~	min-	~	min-

也就是说，第一人称单数 bi "我" 的主格变化和领属格变化在满语和蒙古语中是相同的，可是其他诸格的变化却不同，蒙古语词干变为 na-~nada-~nama-，而满语中没有这些变化，始终保持着领属格 min- 形式的词干。这种情况说明，继承于语言共同体的语音变化规律只限于主格和领属格变化中，其语音演变规律只限于在这两个格的变化中起作用，在其他诸格的变化中不起作用。由此认为，其他诸格是在语言共同体分化以后在各自语言中独立形成的。

指示代词 ere "这"、tere "那" 的情况也说明，继承于语言共同体的 -re 在满语中没有发生任何变化，而在蒙古语中 ere "这" 中的 -re 却演变成了 -ne，

该变化也属于蒙古语独立语音变化的体现，而不是继承于语言共同体的语音变化。

继承于语言共同体的语音演变规律，只在继承于语言共同体的同源词中起作用，如果不是继承于语言共同体的，即使是同源词也不会发生相同的语音变化，也就是说此时语言共同体的语音变化规律是不起作用的。因此，判断具有亲属关系的语言之间的借词时，音义完全一样并不是判断的唯一依据。

满语中大量出现的蒙古语借词中既有从口语借入的借词，也有从书面语借入的借词。蒙古语书面语词汇借入满语的这一事实说明，当时的满族中习用蒙古语的人不少，他们使用蒙古文进行书信往来，行文著述，尤其是那些上层人物，他们几乎都会蒙古文。就是在这种文化背景下才出现了用蒙古文记录满语的老满文的情况。满语在与蒙古语的接触过程中自然而然地从蒙古语中吸收了所需要的词，丰富和强化了自己语言的表达能力。这种情况延续到清王朝中后期，随着汉语影响的逐渐增强，汉语借词大量涌入满语，蒙古语借词的数量才开始让位给汉语借词。

纵观蒙古语借词，从书面语借入的借词占有很大比重，还有一大部分词是从蒙古语口语借入的，同时也存在着同一个词既有从书面语借入的形式，又有从口语借入的形式，这两种形式共存的情况。

从总体上看，蒙古文用于满语的时间大体上可以延续到清朝的建立，清朝建立以后由于在蒙古文字母的基础上创制了新满文，因此逐渐放弃了蒙古文的使用，减少了与蒙古文接触的机会。到了清朝中后期，统治阶层开始与汉语接触，大量翻译汉文书籍，印刷满汉双语书籍，满汉双语逐渐成为行使皇统的语言，蒙古语的使用逐渐减少，后来在民间又延续了较长时间，直到满语退出历史舞台。

对于蒙古语借词的界定，本书采用了如下标准：

1. 在排除了同源词的情况下，与蒙古语的音、义完全一样的词，基本确定是蒙古语借词。

2. 音、义虽然与蒙古语有些区别，但是这些区别和变化符合满语的语音规律，这类词基本确定是蒙古语借词。可以认为这些借词是进入满语以后得到了满语语音规律的改造或调适，或进入满语以后在满语语音规律的支配下才有了进一步的变化。

3. 词根或词干与蒙古语基本一样，但是派生词干的发展不一样，该词干的派生发展又符合满语词派生发展规律的一类词，也认为是蒙古语借词。这些词是早期借入的借词，是借入满语以后已经融入了满语词的派生发展规律的一些借词。

4. 根据文化、经济、生存环境等非语言因素，不符合满族文化、经济和生存环境，但是符合蒙古族的文化、经济和生存环境的一些词，亦认为是蒙古语借词。

第一节　语音相一致的蒙古语借词

蒙古语借词的进入极大地丰富了满语词汇，提高了满语的表达能力，满足了人们语言生活的需求，同时也使满族和蒙古族的民族关系更加密切。蒙古语借词涵盖了生活的各个方面，例如，满语词汇中没有如表现味觉的 ᠠᠮᠲᠠ amta "味道"、表达约会的 ᠪᠣᠯᠵᠣ boljo-mbi "约定" 之类的词，于是就借入了 ᠠᠮᠲᠠ amta "味道"、ᠪᠣᠯᠵᠣ boljo-mbi "约定" 等词。借入以后，ᠠᠮᠲᠠ amta 可以表现味觉，ᠪᠣᠯᠵᠣ boljo-mbi 可以表达从事社交活动或行猎时的时间地点的约定等，满足了经济生活和社会交际的需要。再如借入了表达心理活动的 ᠪᠣᡩᠣᠯᠣᠨ 以后，它与固有的 ᠰᠣᠨᠵᠣᠯᠣᠨ 进行了分工，ᠪᠣᡩᠣᠯᠣᠨ 表达 "动脑子思考、思索、打算、考虑、推想" 等心理活动，而 ᠰᠣᠨᠵᠣᠯᠣᠨ 虽然也有 "推想，推测，心里想" 等与 ᠪᠣᡩᠣᠯᠣᠨ 一样的语义，但是主要表达怀念类的 "怀念、回想、想念" 等语义，从而满足了表达更加复杂心理活动的心理需求。此外，从蒙古语中还借入了一些与满语意义相同的词，例如满语中有表达 "一样" 意义的固有词 ᠠᠳᠠᠯᠢ "相同的、一样"，但是为了表达得更加丰富多彩，就借用了蒙古语中具有同样意义的 ᠮᠡᡨᡠ "相同，像" 一词。于是具有相同意义的 ᠠᠳᠠᠯᠢ 和 ᠮᠡᡨᡠ 就构成了同义词关系，它们相互之间进行了更细致的分工，并在意义范围、搭配关系、感情色彩等方面做了细微区分。 可以直接用于否定词前表示否定，如：  "不一样"，可是  却不能这样搭配， 不能表示否定，表达"不一样"的意义时必须用   。但是  可以重叠使用，如：  "一般见识"，它类似于汉语的"彼此彼此"，而  则不能重叠使用。这些用法使满语的表达更加生动活泼、丰富细腻，极大地提高了满语的表达能力。

因此，蒙古语借词的进入，成为满语同义词产生的又一个来源，这些新生成的同义词丰富了满语词汇，强化了满语的表达能力。

这一节里所收入的蒙古语借词，基本上都是与蒙古语词在语音和语义上保持一致的一些词，但是这并不等于说它们是完全一样的。这些借词进入满语以后由于脱离了原来的蒙古语环境，失去了蒙古语语音规律的支配，而进入了满语语音规律的支配范围，接受了满语语音的制约，所以势必会发生一些语音变化。然而在这种情况下，虽然不可避免地会发生一些微小变化，但是经过分析后还是能够判断其蒙古语借词身份的。借词中所发生的微小变化都有一定的规律可循。下面，首先分析完全一样的蒙古语借词，之后再分析它们出现一些微小区别的原因和根据。

本书资料来源和转写符号以及其他有关情况说明如下：

（1）本书的满语例词引自胡增益主编的《新满汉大词典》（新疆人民出版社，1994 年）；蒙古语书面语例词引自内蒙古大学蒙古语文研究室编的《蒙汉辞典》（内蒙古人民出版社，1976 年），蒙古语口语资料亦引自该词典，个别引自其他资料。

（2）蒙古文字母和满文字母多数都一样，只有少数字母不一样。

（3）字母的转写符号采用了满语学界和蒙古语学界常用的以罗马字母为基础的转写符号。有些转写符号在满语学界和蒙古语学界有所区别，本书为了比较方便对有些转写符号做了一定的调整。为了方便了解，下面将元音字母和辅音字母及其读音、转写符号排列如下（仅限于本书所涉及的字母）：

元音

蒙古文 字母							
读音	[ɑ]	[ə]	[i]	[ɔ]	[ɯ]	[o]	[u]
转写	a	e	i	o	u	ö	ü
满　文 字母						—	
读音	[ɑ]	[ə]	[i]	[ɔ]	[ɔ~ɯ]		[u]
转写	a	e	i	o	v		u

辅音

蒙古文 字母																
读音	[n]	[b]	[g]	[x]	[l]	[m]	[d]	[t]	[dʒ]	[tʃ]	[r]	[w]	[s]	[ʂ]	[j]	[ŋ]
转写	n	b	γ~g	x	l	m	d	t	ǰ	č	r	w	s	š	y	ŋ
满　文 字母																
读音	[n]	[b]	[g]	[x]	[k]	[l]	[m]	[d]	[t]	[dʒ]	[tʃ]	[s]	[ʂ]	[j]	[r]	[ŋ]	[w]	[f]
转写	n	b	g	h	k	l	m	d	t	j	c	s	š	y	r	ŋ	w	f

说明：①转写时严格遵守一个字母一个符号的原则。

满语学术著作里在转写类似　　　　中的　　时，将其转写为ai-。而实际上，ai是　　的读音而不是　　的文字转写。这里出现的字母是a-i-i，因此，转写为ai，混淆了读音和文字转写。尽管如此，本书为了避免出现复杂局面，仍坚持使用传统转写方法。　　中i是隔音符号，不读声。蒙古文亦采用了相同方法进行转写。

②在满语学术著作里，将词中音节末字母　　（　）、　（　）和　转写为吐气的k和t。根据研究认为，以上字母应该读为不吐气的g和d，而不是k和t，所以本书将其转写为g和d。

③关于塞擦音[dʒ][tʃ]，蒙古语和满语分别采用了不同的转写符号：

	[dʒ]	[tʃ]
蒙古语	ǰ	č
满语	j	c

④舌根擦辅音 [x] 在蒙古语和满语中分别采用了不同的转写符号：

	[x]
蒙古语	x
满语	h

⑤例词中的动词结尾形式基本沿用了词典中的结尾形式，即蒙古语以形动词 -xu（-xü）结尾，满语以陈述式的 -mbi 结尾，并以短横与词干隔开。

蒙古语借词举例

满语	蒙古语
aba "（打）围"	aba "围，围猎"
agta "骟过的牲口"	aɣta "骟过的，骟马"
amta "味道"	amta "味道，味"
aŋgi "部分，人群，阶层"	aŋɣi "班，队，阶层，部分，段"
arga "办法，计，法术"	arɣa "办法，手段，计策"
aru "北，边，侧，里"	aru "背，后，北"
asuru "太，甚，极，很"	asuru "甚，极，很，非常"
ajirgan "公的，雄性的"	ajirɣan "儿马，种马，公的，雄的"
araga "牙，獠牙"	araɣa "臼齿，槽牙"
asara-mbi "收藏，留"	asara-xu "看护，护理，照应"
og "呕吐的声音"	oɣ "呕吐的声音"
ogsi-mbi "呕吐"	oɣsi-xu "呕，呕吐，松劲，脱出"
olji "俘虏"	olja "获得物，猎获物，虏获"①
basu-mbi "嘲笑，耻笑，讥笑"	basu-xu "轻视，蔑视，鄙视，小看，瞧不起"
badara-mbi "发展，滋蔓"	badara-xu "兴旺，繁荣，兴奋"
baica-mbi "调查，访查，查看"	baiča-xu "查，审，观察"
bagsi "儒，学者，先生"	baɣsi "先生，老师，师父"
bagta-mbi "容，容纳，包容"	baɣta-xu "容量，容积，气量"
bayan "富"	bayan "富，富人"

满语	蒙古语
ᠪᠠᠶᠠᠷᠲᠦ bayartu "喜"	ᠪᠠᠶᠠᠷᠲᠦ bayartu "高兴的，有喜的"
ᠪᠡᡥᡝ behe "墨"	ᠪᠡᡬᡝ bexe "墨"
ᠪᡝᠶᡝ beye "身体"	ᠪᡝᠶᡝ beye "身体"
ᠪᠣᡤᡨᠠ boqta "圣贤"	ᠪᠣᠶᠲᠠ boɣta "圣，圣贤，圣人"
ᠪᠣᠯᠠᠮᠪᡳ bola-mbi "烤"	ᠪᠣᠯᠬᡠ bol-xu "熟"
ᠪᠣᠯᠵᠣᠮᠪᡳ boljo-mbi "约定"	ᠪᠣᠯᠵᠣᡍᡠ boljo-xu "约，约定"
ᠪᠣᠷᠣ boro "青，棕色"	ᠪᠣᠷᠣ boro "灰的，紫的，铁青毛的，褐毛的"
ᡩᠠᠪᠠᠮᠪᡳ daba-mbi "越过"	ᡩᠠᠪᠠᡍᡠ daba-xu "越过，跨过，超过"
ᡩᠠᡥᠸ dahv "裘"	ᡩᠠᡍᡠ daxu "翻毛光板皮大衣，皮外套"[②]
ᡩᠠᠯᡩᠠ dalda "隐蔽处"	ᡩᠠᠯᡩᠠ dalda "暗地的，背后的，隐蔽的"
ᡩᠠᡥᡳᠨ dahin "反复地，再三地"	ᡩᠠᡍᡳᠨ daxin "再，重新"
ᡩᠠᠪᠠᠨ daban "超过，过度"	ᡩᠠᠪᠠᠨ daban "越过，超过"
ᡩᠠᠪᠠᠮᠪᡳ daba-mbi "越过"	ᡩᠠᠪᠠᡍᡠ daba-xu "越过，超过"
ᡩᠠᡳᠯᠠᠮᠪᡳ daila-mbi "征讨，征伐"	ᡩᠠᡳᠯᠠᡍᡠ daila-xu "打仗，征战，征讨"
ᡩᡝᠮᠴᡳ demci "僧医"	ᡩᡝᠮᠴᡳ demči "喇嘛职位，接生婆"
ᡩᡝᡤᡩᡝᠮᠪᡳ degde-mbi "起，浮起，飞起"	ᡩᡝᡤᡩᡝᡍᡠ degde-xü "升，飞起，升腾"
ᡩᡝᡤᠵᡳᠮᠪᡳ degji-mbi "兴旺，兴隆"	ᡩᡝᡤᠵᡳᡍᡠ degji-xü "升，上升，兴旺，兴盛"
ᡩᠣᡥᠣ doho "石灰"	ᡩᠣᡍᠣ doxo "石灰"
ᡩᠣᡤᠰᡳᠨ dogsin "暴虐"	ᡩᠣᠶᠰᡳᠨ doɣsin "暴，狂暴，暴烈"
ᡝᠪᡩᡝᡵᡝᠮᠪᡳ ebdere-mbi "危害，损害，伤害"	ᡝᠪᡩᡝᡵᡝᡍᡠ ebdere-xü "坏，破，损，破裂"
ᡝᠯᠴᡳᠨ elcin "使者"	ᡝᠯᠴᡳᠨ elčin "使者"
ᡝᠯᡝ ele "所有，一切，全部，凡，都"	ᡝᠯᡝ ele "各，诸"
ᡝᡵᡩᡝ erde "清晨"	ᡝᡵᡨᡝ erte "早先，早晨，早"
ᡝᡵᡳᠨ erin "时，时候，时分"	ᡝᡵᡳᠨ erin "纪元，时代，时候，时节"
ᡝᠵᡝᠯᡝᠮᠪᡳ ejele-mbi "霸占，占据"	ᡝᠵᡝᠯᡝᡍᡠ ejele-xü "占领，占有，霸占"
ᡝᠵᡝᠨ ejen "主人"	ᡝᠵᡝᠨ ejen "主，主人，君主，主子"
ᡤᠸᠨᠠᠨ gvnan "三岁的牛"	ᠶᡠᠨᠠᠨ ɣunan "三岁的，三岁口的（牛、马等）"
ᡥᠠᡤᠰᠠᠮᠪᡳ hagsa-mbi "心里发烧，火烧似的"	ᡍᠠᠶᠰᠠᡍᡠ xaɣsa-xu "烤干，干"

满语	蒙古语
hagša-mbi "（油）炸，炒焦"	xaγsa-xu "烤干，干"
hada "峰，崖"	xada "岩，岩石，山岩，岩峰"
hada-mbi "钉，进入"	xada-xu "钉"
hadu-mbi "割"	xadu-xu "割"
haiciŋ "海青马"	xaičiŋ "海青"
hala-mbi "换，更换"	xala-xu "换，改换，更替，交替"
hala-mbi "烫，烧伤"	xala-xu "热，烫，发热"
haŋsi "清明"	xaŋsi "清明" ③
hara "莠"	xara "黑"
	xarau "黑穗病" ④
hasi "茄子"	xasi "茄子"
holbo-mbi "连，连接"	xolbo-xu "结，连，联，连接"
hori-mbi "圈"	xori-xu "圈，囚禁，封锁"
hoŋgon "铃"	xoŋγon "铃"
gurun "国"	gürün "邦，国家，国度"
gurege "牛脖子的宽筋"	gürege "颈两侧"
nagcu "舅舅"	naγču "舅舅"
neme-mbi "增加"	neme-xü "增加"
simi-mbi "衔，咂"	sime-xü "吸，咂，抿"
siŋge-mbi "浸透"	siŋge-xü "消化，渗入，浸入"
tog tog seme "形容心跳的样子"	tög tög gejü "形容心跳的样子"
tumen "万"	tümen "万"
turgen "湍急，疾驰"	türgen "快的，急的，迅速的"
tala "旷野，田野"	tala "平原，平川，草原，原野，田野"
tari-mbi "种"	tari-xu "种"
tata-mbi "拉扯，（抽）签"	tata-xu "拉，拖，拽"
tebci-mbi "忍，忍心，忍耐"	tebci-xü "舍弃，克制，节制"
tegsile-mbi "整理，整顿"	tegsile-xü "整顿，整理，拉平"
tele-mbi "撑开"	tele-xü "伸展，撑开，劈，胀"

满语	蒙古语
ᡨᠣᡥᠰᡳᠮᠪᡳ togsi-mbi "敲，敲打，叩"	ᡨᠣᡥᠰᡳᠬᡠ togsi-xu "敲，叩"
ᡨᠣᡤᡨᠣᠮᠪᡳ togto-mbi "定，规定"	ᡨᠣᡤᡨᠣᡥᡠ togto-xu "形成，决定，规定，留下"
ᡨᠣᠯᡳ toli "萨满的神镜"	ᡨᠣᠯᡳ toli "镜子"
ᠮᠠᡤᠰᡳᠮᠪᡳ magsi-mbi "跳舞"	ᠮᠠᠶᠰᡳᡥᡠ maɣsi-xu "奔，（摔跤手）跳跃入场"
ᠮᠠᡳᡥᠠᠨ maihan "帐篷"	ᠮᠠᡳᡥᠠᠨ maixan "帐篷"
ᠮᠠᡳᠯᠠᠰᡠᠨ mailasun "柏树"	ᠮᠠᡳᠯᠠᠰᡠᠨ mailasun "柏树"
ᠮᡝᠩᡤᡠᠨ meŋgun "银子"	ᠮᠥᠩᡤᡠᠨ möŋgün "银子"⑤
ᠮᡝᠯᠵᡝᠮᠪᡳ melje-mbi "较量，赌，赛，比赛"	ᠮᡝᠯᠵᡳᡥᡠ melǰi-xü "打赌"
ᠮᡳᠩᡤᠠᠨ miŋgan "千"	ᠮᡳᠩᠶᠠᠨ miŋyan "千"
ᠮᠣᡥᠣᠮᠪᡳ moho-mbi "穷尽，用尽"	ᠮᠣᡥᠣᡥᡠ moxo-xu "钝，力竭，耗竭，到底，灰心"
ᠰᡝᠷᡝᠮᠪᡳ sere-mbi "知觉，察觉"	ᠰᡝᠷᡝᡥᡠ sere-xü "觉醒，醒悟，感觉，发觉，发现"
�šᠠᠪᡳ šabi "徒弟"	šᠠᠪᡳ šabi "徒弟"
šᠠᠪᡳᠨᠠᠷ šabinar "徒弟们"	šᠠᠪᡳ ᠨᠠᠷ šabi nar "徒弟们"
ᠰᡳᠯᡤᠠᠮᠪᡳ silga-mbi "挑选，拣选"	ᠰᡳᠯᠶᠠᡥᡠ silɣa-xu "检查，审查，考试，挑选"
ᠰᡳᠯᡳᠮᠪᡳ sili-mbi "精选"	ᠰᡳᠯᡳᡥᡠ sili-xü "选，挑，选拔，拣选"
ᠰᡳᠯᡨᠠᠮᠪᡳ silta-mbi "推辞，推托，辞"	ᠰᡳᠯᡨᠠᡥᡠ silta-xu "借口，推诿，借端"
ᠰᡳᠪᡝᡵᡳ siberi "汗，手汗，脚汗"	ᠰᡳᠪᡝᡵᡳ siberi "脚汗，臭汗"
šᠠᠵᡳᠨ šajin "法，法则，禁约"	šᠠᠵᡳᠨ ~ šᠠᠰᡳᠨ šaǰin~šasin "宗教，法度"⑥
ᠰᡠᡳᡥᡠᠨ suihun "男子戴的大耳坠"	ᠰᡠᡳᡭᡝᠨ süixen "耳坠子，垂饰"⑦
ᠰᡠᡵᡠᡤ surug "牧群，畜群"	ᠰᡠᡵᡠᡤ sürüg "群，帮，畜群"
ᠶᠠᡩᠠᠮᠪᡳ yada-mbi "穷"	ᠶᠠᡩᠠᡭᡠ yada-ɣu "穷，贫穷，贫乏的"
ᠶᠠᠪᡠᠮᠪᡳ yabu-mbi "走，行走"	ᠶᠠᠪᡠᡥᡠ yabu-xu "走"
ᠶᠣᠰᠣ yoso "道，体，体统"	ᠶᠣᠰᠣ yoso "理，道理，规矩，规律，礼节"
ᠵᠠᠯᡳ jali "奸计"	ᠵᠠᠯᡳ ǰali "奸狡，狡猾，诡计，伎俩"
ᠵᠠᡵᡤᡡᠴᡳ jargvci "理事官"	ᠵᠠᡵᠶᡠᠴᡳ ǰaryuci "讼棍，善于诉讼的人"
ᠵᠠᠰᠠᡤ jasag "札萨克"	ᠵᠠᠰᠠᠶ ǰasaɣ "政，政体，政权，札萨克"

满语	蒙古语
jirga-mbi "逸，安逸，自在"	jirγa-xu "享乐，安逸，享福"
jobo-mbi "愁，忧愁，发愁，受苦"	jobo-xu "受罪，发愁，受苦"
jegsi-mbi "憎恶，讨厌"	jigsi-xü "厌恶，憎恶，讨厌"
jergi "层，道，辈，类，等，等级，次，遭"	jerge "等等，一阵"
jergele-mbi "相等"	jergele-xü "摆列，排列，摆齐"
jisu-mbi "拉，割开，划破"	jüsü-xü "拉，割开，划破"
joli-mbi "典，赎"	joli-xu "交换，赎回"
joriγtu "有志的"	joriγtu "有志的"
jori-mbi "（手）指，瞄准，指示，故意"	jori-xu "力图，努力，直奔"[8]
	jori "目标，准头"
cab "经膳"	čab "经膳"
cacu-mbi "洒酒，祭天"	čaču-xu "洒，泼，撒"[9]
cagan "白色"	čaγan "白色"
calgi-mbi "（河水）拍打"	čalγi-xu "晃荡，荡出，溅出"
camci "衬衣"	čamča "大褂，长衫，衬衣"
cig "标点"	čig "点，标点"

注释：

① 蒙古语词中塞擦音后的后元音在满语中往往受塞擦音的影响，演变为前元音 i。例如：

满语	蒙古语
olji "俘虏"	olja "获得物，猎获物，虏获"
camci "衬衣"	čamča "大褂，长衫，衬衣"
jisu-mbi "拉，割开，划破"	jüsü-xü "拉，割开，划破"

② 满语的 v[ɷ] 虽然对应蒙古语的 u[ɷ]，但是还不稳定，不出现于全部辅音后，这时满语中往往用 u[u] 来代替，只有在舌根辅音后才用 v[ɷ] 来书写。如：满语 dahv "裘" / 蒙古语 daxu "翻毛光板皮大衣，皮

外套"。

③ 蒙古语 xaŋsi 来自于汉语"寒食"，之后又通过蒙古语借入满语。

④ 满语中有表达"黑"的 sahaliyan 一词，所以满语中虽然借入了表示"黑"颜色的蒙古语 xara 一词，但是并没有借用其颜色意义"黑"，而是用蒙古语 xara 的颜色意义转义表达庄稼"黑穗病"的"莠"。在蒙古语中"黑穗病"则用 xara 的派生词 xarau "黑穗病"来表示。

⑤ 满语中存在着唇辅音后的圆唇元音向展唇元音发展的趋势，例如 be "我们"（口语 [buə]），再比较鄂温克语的 buu "我们"，我们知道满语的"我们"的早期形式是 bu。bu 在口语中已经变成了 buə，而书面语中进一步变成了 bə（buə 和 be 分别反映了方言区别，书面语的 be 反映了 be 方言区的情况）。满语 meŋun/ 蒙古语 möŋün 中的 e/ö 的对应，反映了圆唇元音向展唇元音发展的趋势。

⑥ 蒙古语 šasin 是由早期 šaǰin 演变而来的，这里存在着 ǰi 演变为 si 的情况。满语的 šaǰin 是在 šaǰin 这个阶段时从蒙古语借入的。由于借入时间较早，šaǰin 在满语中已经具有了再派生能力，例如：šaǰila-mbi "禁止"。

⑦ 在满语元音和谐律作用下，蒙古语借词第二音节元音 e 与第一音节元音 u 和谐了，即满语 suihun/ 蒙古语 süixen。

⑧ 蒙古语 ǰori "目标，准头"借入满语再派生为动词后语义也有了一定的变化，由"目标，准头"变为表示"目标"行为的"（手）指，瞄准，指示，故意"等意义。在蒙古语中，ǰori-xu 则表达与词根意义相关的"力图，努力，直奔"等意义。

⑨ čaču-xu 在蒙古语中是多义词，泛指"洒，泼，撒"等语义，该词借入满语时只借用了祭祀场合时的"祭洒"意义，从而在满语中成为祭祀专用词，即：cacu-mbi "洒酒，祭天"。

第二节　语音不一致的蒙古语借词

除了语音形式完全一样的蒙古语借词以外，大部分蒙古语借词的语音都有了一些变化。这些借词出现的语音变化，主要是为了适应满语语音系统。因为蒙古语的语音系统不完全适合满语的语音系统，所以对那些不适合满语语音系统的语音则必须进行一番调适，以与满语语音系统完全一致。这些被调适的语音能够反映出蒙古语语音和满语语音的区别及彼此的特点。

比较满语语音系统和蒙古语语音系统，它们之间存在如下区别：

1. 元音系统

在元音的种类上，蒙古语书面语中有短元音和复元音，口语中存在着短元音、长元音和前化元音；满语中亦有短元音和复元音，但是没有长元音。

在具体元音分布上，元音音位不完全一样：

蒙古语有短元音 ö[o] 音位，而满语中没有 ö[o] 音位。

蒙古语有短元音 u[ɷ] 音位，满语中虽然也有 v[ɷ] 与之相对应，但是满语中的 v[ɷ] 仍处在主要条件变体这一发展阶段上，因此不能与蒙古语 u[ɷ] 音位完全对应。

在书面语中，蒙古语的复元音基本对应满语的复元音。

蒙古语口语的前化元音和长元音借入满语以后，因为满语中没有这两种元音，所以都需要进行调适。

2. 辅音系统

蒙古语的辅音音位与满语的辅音音位大体上相对应，但是也有一些辅音不一致，如蒙古语的舌根辅音 g、x 与满语的 k、g、h 相比较，蒙古语中 k 已经消失，但是在满语中依然保留着。

3. 音节结构

蒙古语的音节结构和满语的音节结构不完全一样，蒙古语中既有开音节结构，又有闭音节结构，这两种音节结构并重；而满语中主要以开音节结构为主，虽然也有少量闭音节结构，但是多只限于以 -n、-r 等辅音结尾的闭音节。

鉴于以上情况，借入满语的蒙古语借词凡不符合满语语音系统的语音都需要进行调适和规范，以便符合满语语音系统的要求。例如：

满语　　　　　　　　　蒙古语

ᠬᡠᡵᡠᠮᡝ kurume "褂子"　　ᡍᡠᡵᠮᡝ xürme（xorom 口语）"马褂，短上衣"

分析以上例子，其满语在如下几个方面进行了调适：

首先，在借入途径上，蒙古语借词 ᠬᡠᡵᡠᠮᡝ kurume "褂子"是从蒙古语口语 xorom 借入的，而不是从蒙古语书面语的 ᡍᡠᡵᠮᡝ xürme 借入的。因为满语 ᠬᡠᡵᡠᠮᡝ kurume 在语音结构上与蒙古语书面语的 ᡍᡠᡵᠮᡝ xürme 不符，而与口语 xorom 基本相符。

其次，在借入时间上，蒙古语借词 ᠬᡠᡵᡠᠮᡝ kurume 中保留着词首 k- 辅音，由此可以知道，它是在蒙古语口语处在 [korom] 这个语音形式之时借入的，而不是发展到了 xorom 之时才借入的，因此可以确定，它是 xorom 的早期借词。由此，我们也可以知道，蒙古语口语 xorom 是从 korom 发展来的这一演变情况。

蒙古语 korom 借入满语以后，不符合满语开音节结构的特点，于是，满语对 korom 的音节结构进行了调适，即对其词尾的音节结构进行了调适，在 korom 的词尾添加了元音 e，使其变成了开音节结构，从而符合了满语音节结构的要求；之后，又对其元音进行了调适，因为满语元音系统中没有 [o] 元音，所以用满语固有的 [u] 替换了 [o]。通过以上一系列调适，ᠬᡠᡵᡠᠮᡝ kurume 完全符合了满语语音特点。

当然，以上调适步骤只是我们分析的结果，其实际调适过程可能是一气呵成的。

一般来看，每一个这类借词都经历了不只一种调适，每种调适都反映着满语不同于蒙古语的语音特点。

一、蒙古语与满语元音系统

蒙古语与满语比较，蒙古语已经有了长元音，而满语中没有长元音。

在蒙古语书面语中，现代蒙古语语音有了进一步发展。在元音种类方面，现代蒙古语中发展出了前化元音，并产生了长元音音位。一般情况下，蒙古语长元音是在书面语长元音音组 -VCV- 基础上发展来的。它的演变过程大致如下：长元音音组 -VCV- 的元音间的辅音 b 或 γ~g、y，在前后元音影响下弱化乃至脱落，之后前后元音合并而形成复元音，再后来，复元音的两个元音继续相互同化，成为同质元音的同时仍保留原复元音的时间长度，最后发展成为长元音音位。

在蒙古语语音发展的每一个阶段都有从蒙古语中借入满语的借词。所以满语中既有复元音阶段借入的蒙古语借词，也有长元音阶段借入的蒙古语借词。

根据研究知道，早在中世纪蒙古语文献中就已经出现了 -VCV- 音组的元音间辅音弱化的现象，而长元音的大量出现则发生在近现代蒙古语中。蒙古语书面语继承了中世纪蒙古语，而蒙古语书面语中没有长元音，长元音只存在于现代蒙古语口语中。因此，长元音的存在与否能够帮助我们判断蒙古语借词借入的时间。

1. 蒙古语与满语的复元音

如前所述，由于蒙古语长元音一般是通过 -VCV- 的复元音阶段，最后才发展成为长元音的。因此，在满语中能够看到一些蒙古语复元音阶段借入的蒙古语借词。由于满语元音系统中也存在着丰富的复元音音位，蒙古语借词的复元音形式如果符合满语的复元音形式，就不需要对其进行调适，基本上以原有的复元音形式被保留下来。但是也有一些复元音的形式不符合满语复元音的形式，这时就需要对其做一些调适，使其完全符合满语元音系统的要求。而在蒙古语中，这些复元音则遵循蒙古语内部语音演变规律，没有停止其发展进程，最后演变成了长元音，于是在这两种语言之间就出现了蒙古语借词复元音与蒙古语书面语 -VCV- 相对应或与蒙古语口语长元音相对应的关系。例如：

满语	蒙古语	
	口语	书面语
᠊ deu "弟"	du: ←[dəu] ← ᠊ degüü "弟弟"
᠊ neu-mbi "游荡，流浪"	nu:-x ← [nəu-] ← ᠊ negü-xü "搬，迁徙"
᠊ geu "母的，雌的"	gu: ← [gəu] ← ᠊ gegüü "骒马"

显然，以上蒙古语借词是在蒙古语复元音处在 [əu] 这个阶段时借入的，由于满语中也存在相同形式的复元音，所以对 [əu] 没有做任何调适，该形式原封不动地被保留下来了，而在蒙古语口语中，[əu] 则继续发展，演变成了长元音。又如：

满语	蒙古语	
	口语	书面语
᠊ sain "好，优良，优秀"	sæ:n ←[sain] ← ᠊ sain "好，优，良，善"
᠊ keire "枣骝马"	xə:r ← [kəir] ← ᠊ xeger "枣骝毛的（马的毛色）"
᠊ juwe-mbi "运，搬运"	dʒo:-x ← [dʒuə:x] ← ᠊ jöge-gexü "搬运，运输"
᠊ saiša-mbi "嘉，夸奖"	sæ:ʂɑ:-x ← [saiʂɑ:-] ← ᠊ saisiya-xu "赞扬，夸奖"
᠊ saikan "美丽，好看"	sæ:kan ←[saikan] ← ᠊ saixan "美的，美丽的"①
᠊ saiburu "（马）小走"	sæ:bɒr ←[saibɒr] ← ᠊ saibur "（马）小走"②
᠊ aili "村庄"	æ:l ← [ail] ← ᠊ ail "村子，屯，户，家"③
᠊ aiiman "部落，部族"	æ:maɣ ← [aimaɣ] ← ᠊ aiimaɣ "宗族，部落"④
᠊ haiciŋ "海青马"	xæ:ʧiŋ ← [xaiʧiŋ] ← ᠊ xaičiŋ "海青"
᠊ suiha "艾，艾蒿"	sʏ:x ← [sɯixɑ] ← ᠊ suixa "艾蒿"

对于复元音，在标记时也完全参照了蒙古文的书写方法，同时也有自

己的创新。其原则是根据满语书写规则，如果复元音的两个元音字母能够连写，那就直接连写（如前面例子中的 eu），如果两个元音不能直接连写，那么在两个元音字母之间需要添加隔音符号 ，（w）或 ，（y）、（i）等，隔音符号不读声。

如上面例词中的 ɑi、ɔi、uɔ、ɯi 等复元音的元音就不能连写，所以，在书写时元音间插入了隔音符号 ，（w）或 ，（i）。其中，ᠰᡠᠢᡥᠠ suiha 中的 ᠊ᠣ（ui）的情况有所不同，它是蒙古语 ɯi 在满文中的调适形式。因为在满语中没有 ɯ，所以将蒙古语中的 ɯ 调适为 u，而 ui 在满文中是可以连写的。

还有一些蒙古语借词在借入满语时复元音的两个元音几乎演变成两个同质元音，在听觉上近似于 ᵃɯ:~ ɯɯ，而满语中又没有 ᵃɯ:~ ɯɯ 元音，于是就将 ᵃɯ:~ ɯɯ 一律标记为相近的 oo[ɔɔ]。例如：

满语	蒙古语	
	口语	书面语
ᠺᠣᠣᠯᡳ kooli "例，规则，规章"	xɯ:l [xᵃɯ:l]	← xauli ᠬᠠᠤᠯᡳ "法，法律，规律"⑤
ᠨᠣᠣᡵ noor "湖"	nɯ:r [nᵃɯ:r]	← naɣur ᠨᠠᡤᡠᡵ "湖"
ᠣᠣᡵᡳ oori "精力，精神，血气"	ɯ:r [ᵃɯ:r]	← aɣur ᠠᡤᡠᡵ "气"⑥
ᠰᠣᠣᡵᡳᠨ soorin "王位，帝位"	sɯ:rin [sᵃɯ:rin]	← saɣurin ᠰᠠᡤᡠᡵᡳᠨ "居住点"
ᠰᠣᠣᡵᡳᠯᠠᠮᠪᡳ soorila-mbi "坐"	sɯ:rilɑ- [sᵃɯ:rilɑ-]	← saɣurila-xu ᠰᠠᡤᡠᡵᡳᠯᠠᡥᡠ "建立基地"

2. 蒙古语长元音与满语短元音

这里所说的是蒙古语口语长元音借入满语以后所进行的语音调适。由于满语中没有长元音音位，所以借入满语的蒙古语口语长元音都要被调适为相应的短元音。

通过比较可以看出，蒙古语口语的长元音在借词中多数与短元音相对应。从蒙古语口语长元音形成的时间来考虑，这些借词的借入时间大概是在近现代蒙古语时期。因为早在中世纪蒙古语时期蒙古语口语长元音还没有形成，虽然长元音音组 -VCV- 中的元音间辅音已经开始脱落，但是其前后元音还没有合并为一个同质元音，只有到了近现代蒙古语时期，长元音才真正形成。

因为满语中没有长元音，所以这些从蒙古语口语借入的长元音在满语中都需要接受满语元音系统的规范和调适。满语元音系统对借入的蒙古语口语长元音的规范和调适主要以如下方式进行：

蒙古语借词的长元音在满语中被调适为短元音时，如果满语中有相对应的短元音，那么该元音保持不变，仍用这个相对应的短元音来标记；如果满语中没有相对应的短元音，那么就用与之相近的短元音来替换。例如（蒙古语口语形式都用宽式国际音标来标记，下同）：

满语	蒙古语	
	口语	书面语
aršan "甘露"	arṣa:n	arsiyan "温泉，圣水，甘露"
burula-mbi "败逃，败走"	bɔrɔ:la-	buruɣula-xu "败北，败走"
erun "刑"	əru: < əru:n	eregün < "刑，刑法"[7]
halu-kan "温，暖"	xalɷ:n	xalaɣun "热，温"[8]
ka-kv "水闸，闸"	xɑ:-	xaɣa-xu "关，闭"[9]
haša-mbi "四周围起"	xaṣa:	xasiya "院子，围墙，栏"
haša "仓房"	xaṣa:	xasiya "院子，围墙，栏"[10]
turule-mbi "带头儿，为首"	turu:lə-	terigüle-xü "领先，领头"
tašara-mbi "错处，差错"	taṣa:ra-	tasiyara-xu "弄错，想错，误解"
non "妹"	nɔ:n	noɣun "妹妹"[11]
adun "牧群"	ɑdɷ:n	aduɣun "马群，马匹"
aduci "牧马人"	ɑdɷ:tʃin	aduɣučin "马倌，牧马人"[12]
ala "山岗，平山"	ɷ:lan	aɣulan "山"[13]
alin "山"	ɷ:lan	aɣulan "山"[14]
buda "饭"	bɷda:	budaɣa "饭"[15]
buren "海螺"	borə:n	böriyen "号角，喇叭"[16]
baturu "勇，勇士"	bɑ:tɷr	baɣatur "勇，英雄"[17]
culgan "会盟，检阅"	tʃɷ:lgan	čiɣulɣan "会盟，集会"
culga-mbi "会盟，检阅"	tʃɷ:lgan	čiɣulɣan "会盟，集会"[18]

满语	蒙古语	
	口语	书面语
ᡩᡝᠵᡳ deji "上等的物品"	dəːʤ	degeǰi ᡩᡝᡤᡝᠵᡳ "物之第一件，珍品"
ᡝᠵᡳᡥᡝ ejihe "奶渣滓"	əːʤig<əːʤikə	egeǰege ᡝᡤᡝᠵᡝᡤᡝ "奶豆腐"[19]
ᡥᠠᠨ han "君，皇帝"	xɑːn	xaɣan ᡥᠠᡤᠠᠨ "皇帝"
ᡨᡝᠮᡝᠨ temen "骆驼"	təməːn	temegen ᡨᡝᠮᡝᡤᡝᠨ "骆驼"
ᡨᠣᠯᠣᠮᠪᡳ tolo-mbi "数"	tɔːl-	toɣola-xu ᡨᠣᡤᠣᠯᠠᡍᡠ "数"
ᡨᠣᠨ ton "数"	tɔːn	toɣan ᡨᠣᡤᠠᠨ "数"
ᠵᡝᡵᡝᠨ jeren "黄羊"	ʤəːrən	ǰegeren ᠵᡝᡤᡝᡵᡝᠨ "黄羊"
ᠵᡝᡵᡩᡝ jerde "红色"	ʤəːrdə	ǰegerde ᠵᡝᡤᡝᡵᡩᡝ "枣红毛的（马的毛色）"
ᠰᠠᠯᡠ salu "胡子，胡须"	sɑːl	saxal ᠰᠠᡍᠠᠯ "胡须"[20]
ᡠᠴᡝ uce "牛、羊、鹿的臀尖和尾骨"	ɯːʃ	uɣuča ᡠᡤᡠᠴᠠ "荐骨部，骶骨部"[21]
ᡴᡝᠴᡠᠨ kecun "凶恶的，恶毒的"	xəʃuːn	xečegün ᡍᡝᠴᡝᡤᡠᠨ "厉害的，艰难的"[22]
ᡴᡝᠴᡠ kecu "凶恶的，狠毒的"	xəʃuː	xečegüü ᡍᡝᠴᡝᡤᡠᡠ "厉害的，艰难的"[23]
ᡨᠠᡵᠠᠴᡳᠨ taracin "种田人"	tɑrɑːʃin	tariyačin ᡨᠠᡵᡳᠶᠠᠴᡳᠨ "农民，种田人"
ᡴᡠ�šᡠᠨ kušun "不舒服"	xuʂuːn	xösigün ᡍᠣᠰᡳᡤᡠᠨ "僵硬的，笨重的"[24]
ᡴᡠᠨšᡠᠨ kuŋšun "略有焦味"	xəŋʂuːn	xeŋsigün ᡍᡝᠩᠰᡳᡤᡠᠨ "燎煳味"[25]
ᠴᡳᠯᠪᡠᡵᡳ cilburi "偏缰"	ʧilbɵːr	čolboɣor ᠴᠣᠯᠪᠣᡤᠣᡵ "偏缰"[26]
ᠵᠠᠪšᠠᠨ jabšan "幸运，福气"	ʤabʂɑːn	ǰabsiyan ᠵᠠᠪᠰᡳᠶᠠᠨ "机会，时机，幸运"
ᡴᡝᠵᡳᠨᡝ kejine "好久，良久"	xəʤiːne:	xeǰiyenei ᡍᡝᠵᡳᠶᡝᠨᡝᡳ "很早，老早，早已"[27]
ᡥᠣšᠣ hošo "角儿，隅"	xɔʂɵː	xosiɣu~xošoo ᡍᠣᠰᡳᡤᡠ ～ ᡍᠣᠰᠣᠣ "喙，角"[28]
ᠵᠣᠯᡍᡝ jolhv "缰绳，扯手"	ʤɔlɔː	ǰiluɣu ᠵᡳᠯᡠᡤᡠ "扯手，缰绳"[29]
ᠵᠣᠵᡳᠨ jojin "（马）嚼子"	ʤɔːʤin	ǰaɣuǰin ᠵᠠᡤᡠᠵᡳᠨ "（马）嚼子"
šᠣᠯᠣ šolo "闲，空闲"	ʂolɔː（方言）	čilüge ᠴᡳᠯᡠᡤᡝ "闲，自由"[30]
ᡳᠮᠠᡍᡝ ima-hv "青羊，山羊"	imɑː	imaɣan ᡳᠮᠠᡤᠠᠨ "山羊"[31]
ᡴᡳᠴᡝᠮᠪᡳ kice-mbi "勤，努力"	xəʃə:	xečiye-xü ᡍᡝᠴᡳᠶᡝᡍᡠ "谨慎，努力，勤奋"[32]
ᡴᠠᡨᡠᠨ katun "强壮，健壮"	xɑtɵːn	xataɣun ᡍᠠᡨᠠᡤᡠᠨ "硬的，坚硬"[33]

满语	蒙古语	
	口语	书面语
ᠬᡡᠶᠠᠰᡠᠨ hvyasun "（鹰）脚绳"	ɷja:sɷn	uyaγasun ᠤᠶᠠᠭᠠᠰᠤᠨ "系绳，拴绳，带"[34]
ᠴᠣᠮᠣ como "大酒杯"	ʧɔmɔ:	čomo ᠴᠣᠮᠣ "杯子"
ᡩᡝᡥᡝ dehe "鱼钩"	dəgə:	degege ᠳᠡᠭᠡᠭᡝ "钩子"[35]

因为满语中没有前化元音，所以蒙古语口语中的前化元音 æ: 借入满语以后，一般由相应的短元音 a 来调适。例如：

满语	蒙古语	
	口语	书面语
ᡩᠠᡵᡳᠮᠪᡳ dari-mbi "顺便去"	dæ:rɑx	daγari-xu � "经过，路过，假道"
ᡩᠠᡵᡳᠨ darin "迎鞍疮"	dæ:rɑn	daγarin ᡳmachar "鞍伤，迎鞍疮"
ᡥᠠᡵᡳᠮᠪᡳ hari-mbi "烤，烙，烫"	xæ:rɑ-x	xaγari-xu ᡳmachar "烙，煎"

3. 蒙古语短元音与满语短元音

前面已经讲过，满语和蒙古语的元音系统相互之间有区别，因此，为了使借入满语的蒙古语借词完全融入满语元音系统，对于那些不适合满语元音系统的蒙古语借词元音，需要进行一番调适，以使其达到规范的目的。

蒙古语书面语元音系统中有七个短元音音位，即：a[ɑ]、e[ə]、i[i]、o[ɔ]、u[ɷ]、ö[o]、ü[u]。

蒙古语口语中除了有上述七个短元音以外，还有前元音（仅限于本书所涉及的内容），即：[ɑ]、[ə]、[i]、[ɔ]、[ɷ]、[o]、[u]、[æ]、[e]、[y] 等。

满语书面语有六个短元音音位，即：a[ɑ]、e[ə]、i[i]、o[ɔ]、u[u]、v[ɷ]。

两种语言相互比较，满语的短元音 a[ɑ]、e[ə]、i[i]、o[ɔ]、u[u] 与蒙古语书面语和口语的 [ɑ]、[ə]、[i]、[ɔ]、[u] 等元音完全一样，不一样的元音有 [ɷ]、[o] 和前元音 [æ]、[e]、[y] 及长元音等。

从音质上看，虽然满语元音 v[ɷ] 与蒙古语元音 [ɷ] 相一致，但是满语元音 v[ɷ] 还没有发展成为完全独立的音位，它只是一个正在形成中的元音。它的出现条件有限，只出现在舌根辅音 h 和 g、k 之后，在其他场合几乎不出现。在书面语词首出现的 v，它的读音不是 [ɷ]，而是 [ɔ]。所以该元音 v[ɷ] 虽然在以往的语法书中被认为是元音音位，但是实际上还不具有独立构成音节的功能，不能出现在词首（少数词中有词首 v，但是其读音是 [ɔ] 而不是 [ɷ]），没有稳定的音值（在词首时读为 [ɔ]，在舌根辅音 h 和 g、k 之后读为 [ɷ]）。根据这些情况，它是仍处在元音变体阶段的一个非独立的元音，不具有独立音位功能，所以它不能与蒙古语的元音 [ɷ] 形成完全的对应关系。

另一个是蒙古语的元音 [o]，该元音在满语中没有相对应的元音，因此，蒙古语借词的元音 [o] 借入满语以后需要调适。

蒙古语口语的前化元音在满语书面语中没有与之相对应的元音，因此，蒙古语中的 [æ]、[y]、[e] 等元音在借入满语以后都需要用适当的元音来调适。

蒙古语元音 [ɷ] 和 [o] 与前元音 [æ]、[y]、[e] 等在满语中的调适情况大致如下：

蒙古语	[ɷ]	[o]	[æ]	[y]	[e]
满语调适为	o[ɔ]~ u[u] ~ v[ɷ]	u[u] ~ o[ɔ]~ e[ə]	a[ɑ]	u[u]	eii[əi]

（1）蒙古语元音 [ɷ] 在满语中的调适

蒙古语元音 [ɷ] 被替换为满语元音 o[ɔ]。例如：

满语	蒙古语
ᠣᡥᠣᠮᠪᡳ oho-mbi "剜，抠，挖"	ᠣᡥᠣᠰᠣ uxu-xu "挖，抠，掘，凿"
ᠣᡤᡨᠣᠮᠪᡳ ogto-mbi "迎，迎接"	ᠣᡤᡨᠣᠰᠣ uɣtu-xu "接，迎接，接应"
ᠣᡥᠣᠯᠵᠠ oholja "盘羊"	ᠣᡤᠠᠯᠵᠠ uɣalja "公盘羊"[36]

蒙古语元音 [ɷ] 被替换为满语元音 u[u]。例如：

满语	蒙古语
sula "闲的，空闲的"	sula "松的，虚的，空闲的，弱的"
tusa "益，利益，济"	tusa "利益，益处，好处，效果"
ucara-mbi "相遇，相逢"	učara-xu "遇见，碰见，遭遇"
buhv "鹿"	buyu "鹿"
burɣasu "柳"	burɣasu "柳"
ula-mbi "传，传递，传授"	ulam-ǰilaxu "继承，继嗣，传授，流传"
ulan "传"	ulam-ǰilaxu "继承，继嗣，传授，流传"
unahan "一岁的骆驼，驴，马的驹子"	unaɣan "马驹子，驹"
unu-mbi "背，负，任"	unu-xu "骑" ③⑦
uruldu-mbi "赛马"	uruldu-xu "比赛，赛"
uyakan "略稀，略柔软"	uyaxan "略有弹性的，略柔软的" ③⑧
suiha "艾，艾蒿"	suixa "艾蒿"
subarɣan "塔"	subarɣan "塔"
sadun "亲家"	sadun "亲戚，亲属，亲族"
taɡtu "楼"	taɣtu "城楼，楼阁"
saɡsula-mbi "盛，装"	saɣsula-xu "盛，装"
sarluɡ "牦牛"	sarluɣ "牦牛"

蒙古语元音 [ɷ] 在满语中保留为 v[ɷ]。

满语的元音 v[ɷ] 只出现在舌根辅音之后，所以符合满语这一条件的那一部分蒙古语借词中的元音 [ɷ]，在满语中保留为 v[ɷ]。但是这种对应关系并不具有普遍性，它只涉及一部分舌根辅音，并非全部舌根辅音。例如：

满语	蒙古语
ᠪᡠᡥᡡ buhv "鹿"	ᠪᡠᠶᡠ buɤu "鹿" [39]
ᡥᡠᠯᡥᠠ hvlha "偷，盗"	ᠬᡠᠯᠠᡤᠠᡳ xulaɤai "贼，小偷，扒手，盗贼" [40]
ᠵᠣᠯᡥᡠ jolhv "缰绳，扯手"	ᠵᡳᠯᡠᡤᡠ ǰiluɤu "扯手，缰绳"
ᡥᠠᠯᡥᡠᠨ halhvn "热"	ᠬᠠᠯᠠᡤᡠᠨ xalaɤun "热" [41]
ᠨᠠᡵᡥᡠᠨ nar-hvn "细，细长"	ᠨᠠᡵᡳᠨ narin "细的，窄的，尖的" [42]
ᡴᡠᡵᡠ kvru "奶饼子"	ᠬᡠᡵᡠᢑ xurud "熟奶豆腐" [43]
ᠵᠠᡵᡥᡠ jarhv "豺狼"	ᠵᠠᡵᡍᡠᢑ ǰarxud "豺狼" [44]
ᡩᠠᠪᡴᡠᡵᡳ dabkvri "重的，重叠的"	ᡩᠠᠪᡍᡠᡵ dabxur "双的，重叠的" [45]
ᡤᡠᠴᠠ gvca "母山羊"	ᡍᡠᠴᠠ xuča "种绵羊" [46]
ᡥᡠᠨᡨᠠᡥᠠᠨ hvntahan "盅子，酒杯"	ᡍᡠᠨᡩᠠᡤᠠ xundaɤa "盅子，酒杯" [47]
ᡴᡠᠪᡳᠯᡳᠮᠪᡳ kvbili-mbi "变，变化"	ᡍᡠᠪᡳᠯᡍᡠ xubil-xu "变，变化" [48]
ᡴᡠᡨᡠᡤᡨᡠ kvtugtu "活佛"	ᡍᡠᡨᡠᡤᡨᡠ xutuɤtu "活佛"
ᡴᡠᡩᡥᡠᠮᠪᡳ kvdhv-mbi "搅，搅和，混合"	ᡍᡠᡩᡍᡠᡍᡠ xudxu-xu "混合，搅和" [49]
ᡥᡠᠶᠠᠰᡠᠨ hvyasun "（鹰）脚绳"	ᡠᠶᠠᡤᠠᠰᡠᠨ uyaɤasun "系绳，拴绳，带" [50]

（2）蒙古语元音 [o] 在满语中的调适

多数情况下蒙古语 [o] 被替换为 u[u]。例如：

满语	蒙古语
ᠪᡠᡤᠰᡠ bugsu "臀部"	（bogs 口语）ᠪᠥᡤᠰᡝ bögse "臀部" [51]
ᠪᡠᡵᡳᠮᠪᡳ buri-mbi "挽（鼓），包上，蒙上"	ᠪᠥᡵᡳᡍᡠ böri-xü "上，苫，围，蒙"
ᠪᡠᡵᡝᠨ buren "海螺"	（borə:n 口语）ᠪᠥᡵᡳᠶᡝᠨ böriyen "号角，喇叭" [52]
ᡤᡠᠪᠴᡳ gubci "全，全部"	ᠪᠥᠪᠴᡳᠨ xöbčin "全，全部，整个" [53]
ᡴᡠᠪᡠᠨ kubun "棉花"	ᠪᠥᠪᠥᠩ xöböŋ "棉花" [54]
ᡴᡠᡴᡠ kuku "灰色"	ᠪᠥᡥᡝ xöxe "蓝的，青的" [55]
ᡴᡠᠯᡠᡤ kulug "骏马"	ᠪᠥᠯᠥᡤ xölög "骥，骏马，良马" [56]

偶有被替换为满语 o[ɔ] 的情况。这类词只见于拟声词中。例如：

满语	蒙古语
᠊ᠣᠭ, ᠊ᠣᠭ, ᠊ᠣᠭ tog tog seme "形容心跳的样子"	᠊ᠣᠭ ᠊ᠣᠭ ᠊ᠣᠭ tög tög geǰü "形容心跳的样子"

双唇 m 辅音后出现的蒙古语词的 [o] 则被替换为满语 e[ə]。这类词很少见，该借词可能是从蒙古语方言中借入的，在科尔沁语中读为 məŋgən~məŋŋən。例如：

满语	蒙古语
᠊ᠣᠨ meŋgun "银子"	᠊ᠣᠨ möŋgün "银子"[57]

（3）蒙古语元音 [ɔ] 在满语中的调适

蒙古语 [ɔ] 被替换为满语的 u[u]。例如：

满语	蒙古语
᠊ᠣᠨ turgvd "杜尔伯特"	᠊ᠣᠨ torɣud "杜尔伯特"
᠊ᠣᠨ suŋgina "野葱"	᠊ᠣᠨ soŋɣina "葱"

蒙古语 [ɔ] 被替换为满语的 e[ə]。例如：

满语	蒙古语
᠊ᠣᠨ berten "污垢"	᠊ᠣᠨ bortaɣ "垢，污浊，污垢"[58]

类似情况也见于 ᠊ᠣᠨ meŋgun "银子" / ᠊ᠣᠨ möŋgün "银子" 中，这反映了满语中圆唇元音的展唇化发展的语音演变倾向。

（4）蒙古语元音 [æ]、[e] 在满语中的调适

蒙古语口语中的前化短元音 [æ]、[e]，因为满语中没有前化元音 [æ]、[e]，所以蒙古语前元音 [æ] 用相近的短元音 a[ɑ]、aii[ɑi] 来标记，[e] 用 eii[əi] 来标记。例如：

满语	蒙古语	
	口语	书面语
 šari-mbi "化铁"	ɕærɑ-x	 sira-xu "（在火中）烧, 烤"
 karula-mbi "报, 报答, 报应"	xærɯ:lɑ-x	 xariɣula-xu "回答, 回应, 报答"
 aisi "利, 利益"	æsig	 asiɣ "利, 利益" ⑤⑨
 keibisu "毛毯, 毯子"	xebis	 xebis "裁绒毯" ⑥⓪

（5）蒙古语元音 [y] 在满语中的调适

蒙古语口语中有前化短元音 [y]，因为满语中还没有前化元音 [y]，所以满语中用短元音 u[u] 来替换。例如：

满语	蒙古语	
	口语	书面语
 jucun "戏"	dʒytʃug	 jüjüge "戏" ⑥①

（6）蒙古语塞擦音、擦音后的 ü、a 等在满语中的调适

蒙古语书面语的塞擦音、擦音后出现的后元音 ü、a 等，在满语中往往被调适为前元音 i 等。例如：

满语	蒙古语
 jisu-mbi "拉, 割开, 划破"	 jüsü-xü "拉, 割开, 划破"
 camci "衬衣"	 čamča "大褂, 长衫, 衬衣"
 olji "俘虏"	 olja "获得物, 猎获物, 虏获"
 sile "汤, 肉汤"	 šüle "肉汤"

注释：

① 关于词中 k/x 的对应，见本节中关于"早期舌根辅音 k"的有关说明。

② 蒙古语借词词尾添加了元音 -u，对此见本节中关于"闭音节辅音

后添加元音"的有关说明。

③ 蒙古语书面语 ᠠᠢᠯ（ail）在口语中演变为 [ɑil] 或 [æ:l]；蒙古语借词词尾添加了元音 -i，对此见本节中关于"闭音节辅音后添加元音"的有关说明。

④ 蒙古书面语 ᠠᠢᠮᠠᠭ（aimaγ）在口语中演变为 [ɑimɑγ] 或 [æ:mɑg]；对于词尾 n/γ 的对应关系，见本节中关于"更换结尾辅音"的有关说明。

⑤ 对于词首 k/x 的对应，见本节中"早期舌根辅音 k"的有关说明。

⑥ 对于词尾添加元音，见本节中"闭音节辅音后添加元音"的有关说明。

⑦ 蒙古语书面语中的 eregüü（ᠡᠷᠡᠭᠦᠦ）的早期形式是有结尾辅音 -n 的 eregün，它在口语中演变为 [əru:n]，即词中 -egü- 演变为长元音 -u:-，这个时期借入满语并调适为 ᠡᠷᠦᠨ（erun）；而在蒙古语中 [əru:n] 在继续演变中词尾 -n 脱落，演变成了 [əru:]，[əru:] 的书面语形式为 ᠡᠷᠡᠭᠦᠦ，所以书面语中的 ᠦ 是长元音的书写形式。

⑧ 蒙古语口语中的 [xɑlɷ:n]，在借入满语以后被调适为 halun，之后附加了形容词比较级词缀 -kan，派生为 ᠬᠠᠯᠤᠬᠠᠨ（halu-kan），而此词在蒙古语中没有发生与满语相同的派生发展现象。

⑨ 对于词首 k/x 的对应，见本节中"早期舌根辅音 k"的有关说明。

⑩ 蒙古语口语 [xɑşa:] 借入满语以后标记为 haša。蒙古语口语 [xɑşa:] 在蒙古语中多用于表示"羊圈"，同时也用于表示堆放柴草的"圈"，因为满族没有圈养的羊群，所以 haša 被用于表示存放杂物、粮食的"仓房"。

⑪ 蒙古语口语 [nɔ:n] 在满语中写作短元音的 non（ᠨᠣᠨ）。

⑫ 满语的派生名词词缀 ᠴᠢ（-ci）与蒙古语 ᠴᠢᠨ（-čin）相对应，蒙古语 ᠴᠢᠨ 词缀的词尾 -n 在满语中都脱落。

⑬ 蒙古语口语 [ɷ:lɑn] 借入满语以后，虽然满语中也有短元音 [ɷ]，但是它不出现在词首，更没有长元音 [ɷ:]，所以，[ɷ:] 在第二音节 a 元音的影响下，被调适为 a，从而蒙古语的 [ɷ:lɑn] 在满语中演变为 alan。之后 alan 又接受了满语开音节结构的音节规范，词尾辅音 -n 脱落，故而演变成

了开音节的 ala。

⑭ alin 是在满语的 alan 基础上演变来的。alan 的这个阶段经历了元音屈折变化，即将第二音节元音 a 变为 i，从而 alan 变成了 alin，并与 alan 并列存在。之后，并列的 alin 和 alan 在语义上进行了分工：alan 表示"山岗，平山"；alin 表示"山"。之后，alan 接受了满语开音节结构的规范，词尾辅音 -n 脱落，最后演变成了 ᠊᠊᠊᠊（ala）。

⑮ 因为满语第六元音 [ɷ] 不出现在词首，所以蒙古语的 ɷ 元音在满语中用相近的 u 元音来替换，[bɷdɑ:] 在满语中被调适为 ᠊᠊᠊᠊（buda）。

⑯ 在满语语音系统中没有 [o] 元音音位，所以蒙古语的 [o] 元音在满语中用相近的元音 u 来替换，因此，蒙古语的 [borə:n] 在满语中被调适为 ᠊᠊᠊᠊（buren）"海螺"。在早期蒙古语中，"号角，喇叭"的语音形式是 [borə:n] < böriyen（᠊᠊᠊᠊），到了现代，词尾 -n 脱落，演变成了 [borə:] < böriye（᠊᠊᠊᠊）。可见，满语的 ᠊᠊᠊᠊（buren）是在 -n 脱落以前被借入的，也就是说，它是在词尾 -n 还存在之时被借入的。

⑰ 蒙古语借词 ᠊᠊᠊᠊（baturu）涉及三种调适：一是蒙古语 [bɑ:tɷr] 借入满语以后，长元音 ɑ: 被规范为短元音 a；二是蒙古语元音 [ɷ] 虽然对应满语第六元音 [ɷ]，但是满语第六元音 [ɷ] 只出现在舌根辅音之后，在其他辅音之后不出现，所以蒙古语元音 [ɷ] 被相近的元音 u 所替换；三是根据满语以开音节结构为主的音节结构特点，闭音节词尾 -r 后遵照元音和谐律添加了元音 u，从而使其变成了开音节结构。经过以上调适，最后完成了蒙古语 [bɑ:tɷr] 在满语中的变化，即 [bɑ:tɷr]→batur→baturu。

⑱ 蒙古语的 [ʧɷ:lgɑn] 在满语中被调适为 culgan，culgan 在附加 -mbi 时词尾 -n 脱落，变成了 culga-mbi。因为满语 [ɷ] 只出现在舌根辅音之后，在其他辅音之后不能出现，所以第一音节的 [ɷ] 也被相近的 u 替换了。

⑲ 关于 ejihe/ ə:dʒig< ə:dʒikə 中辅音 h/g 的对应，见本节中"早期舌根辅音 k"的有关说明。

⑳ 蒙古语 saxal（᠊᠊᠊᠊）在《蒙汉词典》（增订本）中将其口语形式标注为 sɑxăl，词中的辅音 x 虽然还保留着，但是其元音已经弱化。而在

有的方言中，如在科尔沁语、喀喇沁语中则读作 saᵡal 或 sɑ:l，即词中还勉强保留着微弱的小舌浊擦音 [ᵡ]，或该小舌浊擦音 [ᵡ] 完全消失而变成长元音。因此，满语中的借词 ᵼᵢᵃᵢᵃ（salu）可能是从方言的 sɑ:l 借入的。借入满语以后长元音 ɑ: 被调适为短元音 a，之后又按照满语音节结构特点，将闭音节结构改造为开音节结构，即在 -l 后添加了元音 u，变成了 ᵼᵢᵃᵢᵃ（salu）。

㉑满语的 v[ɷ] 虽然与蒙古语的 [ɷ] 一样，但是它只出现在舌根辅音之后，而且没有长元音，所以蒙古语长元音 ɷ: 用相近的短元音 u 来调适，即 ᵼᵃᵢᵢ（uce），并在中性元音 u 的影响下，其后音节元音被调适为 e。

㉒㉓㉔㉕对于辅音 k/h 的对应关系，见本节中"早期舌根辅音 k"的有关说明。

㉖满语的 v[ɷ] 在词中只出现在舌根辅音之后，而且没有长元音，所以蒙古语长元音 ɷ: 用相近的短元音 u 来调适，之后再按照满语开音节结构的音节特点，在 r 后添加元音 i 构成了开音节结构。

㉗蒙古语 xejiyenei（ᵼᵢᵢᵢᵢᵃ）的词尾 -nei 在口语中变成了 [-ne] 或 [-ne:]，其读音不稳定，这两种语音在满语中都没有，所以用 e 来调适。

㉘满语的 v[ɷ] 在词中只出现在舌根辅音之后，而且没有长元音，所以蒙古语的长元音 ɷ: 用相近的短元音来调适，因为其前面有元音 o[ɔ]，所以根据元音和谐律也调适为 o[ɔ]。

㉙蒙古语 [dʒɔlɔ:] 借入满语以后被调适为 jolo，之后在附加词缀 -hv 时，后面的元音 o 脱落。

㉚在科尔沁等蒙古语东部方言中，蒙古语书面语的 ᵼᵢᵢᵢᵃ（čilüge）读作 ʂolo:，在借入满语以后，因为满语中没有元音 [o]，所以将其调适为相近的 ᵼᵢᵃᵢᵃ（šolo）。

㉛蒙古语 [imɑ:] 借入满语以后被调适为 ima，之后又附加了词缀 -hv，从而派生为 ᵼᵢᵢᵢᵃᵃ（ima-hv）。

㉜关于辅音 k/x 的对应，见本节中"早期舌根辅音 k"的有关说明。

㉝关于辅音 k/x 的对应，见本节中"早期舌根辅音 k"的有关说明。满语的 v[ɷ] 在词中只出现在舌根辅音之后，而且也没有长元音，所以蒙古

语长元音 [ɷ:] 被调适为相近的元音 u[u]。

㉞中世纪蒙古语词首曾有过的 h- 在现代蒙古语中已经完全脱落，即 huya'asun →[ɷjɑ:sɷn]。满语中的借词 hvyasun 还保留着中世纪蒙古语的特点，因此，该词可能是中世纪时借入满语的。

㉟关于辅音 h/g 的对应，见本节中"早期舌根辅音 k"的有关说明。

㊱关于词中 h/γ 的对应，见本节中"早期舌根辅音 k"的有关说明。

㊲满语中固有词 ﷽（yalu-mbi）表达"骑，乘"的意义，其语义与蒙古语 ﷽（unu-xu）"骑"完全一致，但是它们并没有词源关系。蒙古语借词 ﷽（unu-mbi）借入满语以后与满语中固有的 ﷽（yalu-mbi）在语义上进行了更加细致的分工，表达与"骑，乘"有关的"背，负，任"等意义，从而与 ﷽（yalu-mbi）"骑，乘"构成了近义词关系。

㊳关于词中 k/x 的对应，见本节中"早期舌根辅音 k"的有关说明。

㊴关于词中 h/γ 的对应，见本节中"早期舌根辅音 k"的有关说明。

㊵蒙古语 ﷽（xulaγai）是由 ﷽（kulakan）演变来的。历史上，﷽（kulakan）经历了词尾辅音 -n 脱落的发展过程。蒙古语静词词尾 -n 的脱落方式有两种：一种是静词词尾 -n 直接脱落，例如 ﷽ → ﷽（morin→mori）"马"；另一种是词尾 -n 通过 y 演变为 i，例如 ﷽ → ﷽（kedün→xedüi）"几"。蒙古语早期 kulakan 中发生了如下变化，即 xulakan→ xulaγan→ xulaγai。在 xulakan 这个阶段时借入了满语，并在满语中经历了如下演变，即满语中词尾辅音 -n 脱落，变成了 xulaka，之后 xulaka 的词中辅音 k 演变为 h 的同时前面元音 a 脱落，变成了现在的 hulha。它的演变过程如下： xulakan→xulaka→hulaha→hulha。对于词中 h 前的元音脱落，见本节中"元音脱落引起音节减缩"的有关论述。关于词中 h/γ 的对应，见本节中"早期舌根辅音 k"的有关说明。

㊶关于词中 h 前的元音脱落，见本节中"元音脱落引起音节减缩"的有关论述；关于词中 h/γ 的对应，见本节中"早期舌根辅音 k"的有关说明。

㊷在满语中，蒙古语 ﷽（narin）在附加词缀 -hvn 时，词尾 -n 和 -i 连续脱落，即 narin-hvn→nari-hvn→nar-hvn。对此见本节中"元音脱落引

起音节减缩"的有关论述。

㊸蒙古语借词 ᠺᠦᠷᠦ（kvru）中词尾 -d 脱落了，对此见本节中"闭音节去掉结尾辅音"的有关说明。

㊹蒙古语借词 ᠵᠠᠷᠬᠤ（jarhv）中词尾 -d 脱落了，对此见本节中"闭音节去掉结尾辅音"的有关说明。

㊺关于词中 k/x 的对应，见本节中"早期舌根辅音 k"的有关说明。蒙古语借词 ᠳᠠᠪᠬᠤᠷ（dabkvr）词尾添加了元音 i，构成了 dabkvri 的开音节。

㊻关于词首 g/x 的对应，见本节中"早期舌根辅音 k"的有关说明。

㊼关于词中 h/γ 的对应，见本节中"早期舌根辅音 k"的有关说明。

㊽㊾关于词首 k/x 的对应，见本节中"早期舌根辅音 k"的有关说明。

㊿中世纪蒙古语词首的 h 在现代蒙古语中已经完全脱落了，即 huya'asun →[ɷjaːsɵn]。蒙古语借词 ᠬᠤᠶᠠᠰᠤᠨ（hvyasun）中还保留着中世纪蒙古语词首的 h 这一语音特点，由此认为该词可能是在中世纪蒙古语时期借入满语的。

�51蒙古语借词 ᠪᠤᠭᠰᠤ（bugsu）借自蒙古语口语 [bogs]，蒙古语口语 [bogs] 借入满语以后词尾添加了元音 u，构成了开音节词。

�52蒙古语借词 ᠪᠦᠷᠡᠨ（buren）借自蒙古语口语 [borəːn]，蒙古语长元音 ə: 在满语中调适为短元音 e。

�53关于词首 g/x 的对应，见本节中"早期舌根辅音 k"的有关说明。蒙古语借词词尾辅音 -n 脱落了，这类例词见本节中"早期静词词尾 -n"的有关说明。

�54关于词首 k/x 的对应，见本节中"早期舌根辅音 k"的有关说明；蒙古语借词中词尾辅音 n/ŋ 的关系，见本节中"早期静词词尾 -n"的有关说明。

�55㊹关于词首、词中 k/x 的对应，见本节中"早期舌根辅音 k"的有关说明。

�57由于满语中没有 [o] 元音，蒙古语 ö[o] 被调适为 e。

�58蒙古语 bortaγ（ᠪᠣᠷᠲᠠᠭ）中的词首圆唇元音 o[ɔ] 在满语中变成展唇

元音 e，是属于满语中圆唇元音向展唇元音发展的现象。尽管这种现象并不普遍，但是它的影响在一些词中仍然存在。对于词尾 n/ɣ 的对应，见本节中"更换结尾辅音"的有关说明。

㊣蒙古语借词 （aisi）中词尾辅音 -g 脱落，对此见本节中"闭音节去掉结尾辅音"的有关说明。

㊿蒙古语借词 （keibisu）词尾添加了元音 -u，对此见本节中"闭音节辅音后添加元音"的有关说明。

㊽满语 （jucun）借自蒙古语口语 [dʒyʧug]，对于词尾 n/g 的对应，见本节中"更换结尾辅音"的有关说明。

二、蒙古语借词的音节结构

总体来看，蒙古语和满语的音节结构基本一样，都有开音节结构和闭音节结构，但是在音节的倾向性方面，或者说在音节的主要结构上，它们相互有区别。蒙古语中开音节和闭音节同时存在，不存在孰多孰少的问题，满语中则不然，虽然在满语中两种音节结构都有，但是在其发展趋势上开音节结构占上风，闭音节结构则相对较少。因此，蒙古语借词进入满语以后，如果不符合满语音节结构的要求，那么就会被调适为符合满语音节结构要求的音节形式。

1. 闭音节规范为开音节

由于蒙古语和满语的音节结构不完全一致，满语以开音节结构为主，无论是从蒙古语口语借入的借词，还是从蒙古语书面语借入的借词，其进入满语以后如果不符合满语音节结构特点，那么满语就会对蒙古语借词的音节结构进行调适，从而使其规范为开音节结构，以符合满语的音节结构特点。但是少数模拟词和借入时间较短的词例外。

将蒙古语借词规范为开音节结构，可以发生在词的任何位置上，可以发生在词中，也可以发生在词尾。规范方式有两种：一种是如果蒙古语借词是以辅音结尾的闭音节结构，那么它在进入满语以后，要在音节末尾添加元音变成开音节结构；另一种是去掉以辅音结尾的闭音节结尾辅音，使其也变成开音节结构。

（1）闭音节辅音后添加元音

对以辅音结尾的闭音节结构，根据元音和谐律添加相应的元音，从而将闭音节结构规范为符合满语音节结构特点的开音节结构。例如：（下列例词，如果是借自口语，则将其口语形式放在方括号内，下同）

满语	蒙古语
alha "花的"	alaɣ "花毛的，杂色的"①
arsalan "狮子"	arslan "狮子"②
aiili "村庄"	[æ:l] aiil "村子，屯，户，家"③
asari "阁"	asar "楼，阁"
arsari "寻常的，平常的"	arsar "零碎的，琐碎的"
badiri "钵，钵盂"	badir "化缘，募化，钵，钵盂"④
baturu "勇，勇士"	[ba:tɵr] baɣatur "英雄，勇士"⑤
belege "礼物"	beleg "礼物"
beleni "现成的"	belen "现成的"
cacari "布凉棚"	čačar "（方形的）大天幕，尖顶大帐篷"
cilburi "偏缰"	[tʃilbɵ:r] čolboɣor "偏缰"⑥
cohome "专门的，特意的"	čoxom "才是，究竟，到底，原本的"
erdemu "德，才，武艺"	erdem "学问，学识，技艺，技能，德，德行"
gindana "牢"	ɣindan "牢，狱"
hujiri "碱"	xuǰir "碱"
keibisu "毛毯，毯子"	[xebis] xebis "裁绒毯"⑦
kukuri "背壶，偏壶"	xüxür "鼻烟壶"⑧
keremu "垛口，城垛口"	xerem "墙，墙壁"
kurume "褂子"	[xorom] xürme "马褂，短上衣"⑨
saiburu "（马）小走"	[sæ:bɵr]saibur "小走，破对侧步（马的一种步法）"⑩
dabkvri "重的，重叠的"	dabxur "双的，重叠的"⑪

满语	蒙古语
ᠪᡠᡤᠰᡠ bugsu "臀部"	[bogs] bögse ᠪᡈᡭᠰᡠ "臀部"⑫

（2）闭音节去掉结尾辅音

这是将蒙古语闭音节结构调适为开音节结构的另一种方法。该方法与上一个方法相反，它不是在蒙古语词的结尾辅音后添加元音，从而使其变成开音节结构，而是将闭音节的结尾辅音直接去掉，从而使其变成开音节结构。这种调适在词中、词尾的任何部位都可以发生。直接去掉的这类辅音一般有 g（γ）、d、n、l、r 等。有一些蒙古语词以复元音 -i 结尾，对于这类复元音，也采取同样的方法，直接将词尾 -i 去掉，从而使其变成单元音的开音节结构。例如：

满语	蒙古语
ᠠᡳᠰᡳ aisi "利，利益"	[æsig] ᠠᠰᡳ asiγ "利，利益"⑬
ᠠᠶᠠᡵᠠ ayara "酸奶"	[æ:rɑg] ᠠᠶᡵᠠᡭ airaγ "嗜酸奶子，酸马奶子"⑭
ᠺᡝᠰᡳ kesi "福气，运气，造化"	ᠺᡝᠰᡳ xesig "福，福气，福禄，恩赐"⑮
ᡨᠠᡵᠠ tara "酸奶子，奶豆腐"	ᡨᠠᡵᠠᡭ taraγ "奶酪"
ᠪᡠᡵᡠ ᠪᠠᡵᠠ buru bara "渺茫，恍惚，依稀"	ᠪᡦᡵᡦᡤ ᠪᠠᡵᡦᡭ bürüg baruγ "昏暗的，朦胧的"⑯
ᠪᠠᠯᠮᠠ balma "狂，轻狂"	ᠪᠠᠯᠮᠠᡩ balmad "狂妄的，蛮横的，凶蛮的"
ᡴᡦᡵᡦ kvru "奶饼子"	ᡍᡦᡵᡦᡩ xurud "熟奶豆腐"⑰
ᠵᠠᡵᡥᡦ jarhv "豺狼"	ᠵᠠᡵᡍᡦᡩ ǰarxud "豺狼"
ᡨᡝᡵᡤᡝᠴᡳ tergeci "车夫"	ᡨᡝᡵᡤᡝᠴᡳᠨ tergečin "车夫"⑱
ᠪᠠᡳᡨᠠ baita "事，事情"	ᠪᠠᡳᡩᠠᠯ baidal "情况，形态，形势"
ᠮᠣᠩᡤᠣ moŋgo "蒙古"	ᠮᠣᠩᡭᠣᠯ moŋγol "蒙古"
ᡠᡵᡤᡠᠵᡳ urguji "不停地，连续，不断地"	ᡦᡵᡤᡦᠯᠵᡳ ürgülji "经常，常常，往往，连绵的"
ᡠ-ᠰᡝ u-se "种子"	[ur] ᡦᡵᡝ üre "种子"⑲
ᠴᡳᠪᠠᡥᠠᠴᡳ cibahaci "女喇嘛"	ᠴᡳᠪᠠᠶᠠᠨᠴᠠ čibaγanča "尼姑，削发妇女"
ᠪᠠᠯᡠ balu "（眼）瞎，瞎子"	ᠪᠠᠯᠠᡳ balai "蒙昧的，无知的，盲目的"
ᡥᡦᠯᡥᠠ hvlha "偷，盗"	ᡍᡦᠯᠠᡭᠠᡳ xulaγai "贼，小偷，扒手，盗贼"⑳

046

（3）更换结尾辅音

满语音节结构并非绝对是开音节结构，只是其开音节结构占多数并且呈现出一种发展趋势。在满语中也存在着一定数量的闭音节结构，这些闭音节仅以 n、r 或 ŋ 等辅音结尾，且数量较少。因此，借入满语的蒙古语借词，凡不符合满语以上特点的闭音节，如果不将其调适为开音节，那么就将这些辅音用 -n 辅音来替换，使其成为以 -n 辅音结尾的闭音节结构。这类蒙古语借词既有从口语借入的借词，也有从书面语借入的借词。例如：

满语	蒙古语	
aiman“部落，部族”	[æ:mɑg]	aimaγ“宗族，部落，盟”㉑
jemden“毛病，弊病”		ǰemdeg“残的，残伤的，残缺的”
berten“污垢”		bortaγ“垢，污浊，污垢”㉒
jucun“戏”	[ʤyʧug]	ǰüǰüge“戏”
karun“哨探，哨兵”	[xɑrɷ:l]	xaraγul“岗哨”㉓

然而，在满语中偶有一些拟声词等不被改造，依然保留着原来的音节面貌借入。例如：

满语	蒙古语
tog tog seme“形容心跳的样子”	tög tög geǰü“形容心跳的样子”

2. 元音脱落引起音节减缩

一些蒙古语借词进入满语以后，在满语语音系统的制约下，发生了一些变化，包括语音脱落、增音等，从而导致其音节数量也发生了变化。除了上述情况以外，在词的内部前后语音的影响下，也会发生元音脱落而导致音节数量变化的情况。例如：

满语	蒙古语
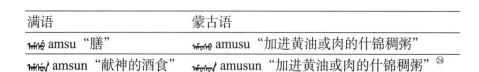 amsu "膳"	amusu "加进黄油或肉的什锦稠粥"
amsun "献神的酒食"	amusun "加进黄油或肉的什锦稠粥"[24]

以上蒙古语借词中，辅音 s 前的第二音节元音都脱落了，从而第一音节演变为闭音节结构。与蒙古语词相比较，蒙古语的三音节词，在满语中缩成了两个音节。

在满语中，h、k 辅音前的元音一般也都要脱落，从而使音节数量发生变化。例如：

满语	蒙古语
arki "酒"	arixi "酒"[25]
alha "花的"	alaɣ "花毛的，杂色的"[26]
halhvn "热"	xalaɣun "热"[27]
nar-hvn "细，细长"	narin "细的，窄的，尖的"[28]
hvlha "偷，盗"	xulaɣai "贼，小偷，扒手，盗贼"[29]
julhv "缰绳"	ǰiluɣu "缰绳"[30]
bulhari "香牛皮"	buliɣari "香牛皮"[31]

与蒙古语词相比较，当满语的蒙古语借词中出现辅音 k、h 时，在辅音的吐气作用下其前面的元音脱落，从而使蒙古语原来的三音节词在满语中都变成了二音节词。

3. 保留早期蒙古语词形结构

满语中的一些蒙古语借词，在词形结构方面与现代蒙古语的词形结构完全不同。这一类词虽然不多，但是一方面反映着这两种语言之间很早以前就已经发生了借用关系，另一方面也给我们提供了研究蒙古语词发展变化的直接证据。这些词除了一些语音变化以外，还发生了一系列的词尾语音脱落等变化，从而引起了音节数量的减少，即从多音节词变成了单音节词。实际上，在蒙古语中这种发展变化一直没有停止。比较蒙古语的书面语和口语就会发现，蒙古语口语中一直存在着语音脱落而导致音节减缩的

现象。例如：ᡠᠯᡠᠰ ulus→[ɵls] "国家"，ᡍᡠᠮᡠᠰ xümüs→[xums] "人们，众人"，
ᠠᡵᠠᡩ arad→[ard] "人民"。

我们认为，现在的书面语就是早期口语的文字记录形式，在书面语形
成之前满语就已经从蒙古语借入了蒙古语词。这些词虽然在蒙古语中已经
有了一系列语音脱落等变化，但是在满语中依然保留着语音脱落以前的词
形结构。

（为了便于观察，将蒙古语词的语音脱落过程放在圆括号内）

满语	蒙古语
ᠨᠣᠮᠣᠨ nomon "宗教典籍，经"	（nomon→nomo→）ᠨᠣᠮ nom "书，（宗教）经典"
ᡩᡝᠯᡠᠨ delun "鬃毛"	（delun→ delu→）ᡩᡝᠯ del "马鬃"
ᡩᡝᠪᡨᡝᠯᡳᠨ debtelin "本子，卷"	（debtelin→ debteli→ debtel→）ᡩᡝᠪᡨᡝᡵ debter "书，本子"
ᡴᡝᠮᡠᠨ kemun "尺度，尺寸"	（kemün→kemü→kem→）ᡍᡝᠮ xem "尺度，尺寸"③②
ᡤᡳᠶᠠᠮᡠᠨ giamun "驿站"	（giamun→ʤamun →ʤamu→）ᠵᠠᠮ ǰam "路，轨道"③③
ᡩᠠᠮᠪᠠᡤᡠ dambagu "烟"	（tabaku → dambagu→damaga→）ᡩᠠᠮᠠᡶᠠ ~ ᡩᠠᠮᠠᡍᡳ damaγa~damaxi "烟"③④

注释：

① ᠠᠯᡍᠠ（alha）/ ᠠᠯᠠᡶ（alaγ）中的词中辅音 h/γ 的对应，见本节中 "早
期舌根辅音 k" 的有关说明。满语中 h 前的元音脱落，类似例词见本节中 "元
音脱落引起音节减缩" 的有关例词。

② 蒙古语词的第一音节是以复辅音结尾的，即 ars-。ars- 借入满语
以后，在 -s 后添加了元音 -a-，从而 ars- 的闭音节结构变成了 arsa- 的开
音节结构。

③ 蒙古语书面语的 aii 结构，在口语中都演变成了前元音 [æ:]，因
为满语中没有前元音 [æ:]，所以用相近的复元音 ai 来替代。在书写中，ai

书写为 ，其元音间的长牙 i 是隔音符号，不读声，只起隔音作用。

④ 蒙古语的 （badir）原是藏语借词，它从蒙古语借入满语时词尾添加元音 i 而被改造成了开音节的 （badiri）。

⑤ 满语的 （baturu）是从蒙古语口语 [bɑ:tor] 借入的，借入满语以后经历了一系列调适：蒙古语的长元音 -ɑ:- 被调适为满语的短元音 -a-；满语虽然也有 v[ɷ] 元音，但是它只出现在词中舌根辅音之后，所以蒙古语 [ɷ] 元音用相近的 u[u] 来替换；在音节结构上，将蒙古语词尾闭音节结构改造为开音节结构，方法是在词尾添加了元音 u。经过上述几番调适，蒙古语口语 [bɑ:tor] 在满语中变成了 （baturu）。

⑥ 蒙古语口语的 [ʧilbɷ:r] 借入满语以后，虽然满语中也有与 [ɷ] 相对应的 v[ɷ]，但是因为它只出现在词中舌根辅音之后，所以蒙古语长元音 ɷ: 被替换为相近的短元音 u[u]。

⑦ 关于词首辅音 k/x 的对应，见本节中"早期舌根辅音 k"的有关说明。满语中因为没有前化元音 [e]，所以将蒙古语口语 [xebis] 中的 [e]，用复元音 ei 来调适，ei 书写为 （eii）。

⑧ 关于词首辅音 k/x 的对应，见本节中"早期舌根辅音 k"的有关说明。

⑨ 关于词首辅音 k/x 的对应，见本节中"早期舌根辅音 k"的有关说明。因为满语中没有 [o] 元音，所以蒙古语的 [o] 在满语中用相近的 [u] 来调适。

⑩ 满语的 （saiburu）借自蒙古语口语 [sæ:bor]。满语中没有长元音 æ:，所以用相近的复元音 ai 来替代。满语中 ai 书写为 ，元音间的长牙 i 只起隔音作用，不读声。

⑪ 关于词中位置上的 k/x 的对应，见本节中"早期舌根辅音 k"的有关说明。

⑫ 满语中没有 [o] 元音，因此，蒙古语的 [o] 在满语中用相近的 [u] 来调适。

⑬ （aisi）是从蒙古语口语借入的，因为满语中没有前化元音 æ，所以用相近的复元音 ai 来调适。类似情况还见于 （keibisu）"毛毯，

毯子"，它借自蒙古语口语 [xebis]，因为满语中没有前化元音 [e]，所以用复元音 ei 来调适。

⑭ ᠠᠶᠠᠷᠠ（ayara）"酸奶"/ [æ:rɑg] ᠠᠶᠢᠷᠠᠶ (airaγ) 的情况与上例 [æsig] 有点不同，蒙古语长元音 æ: 在满语中也应被调适为 ai，而书写为 ᠠᠶᠢᠷᠠ(aira)，但是这里写的是 aya-，而不是 aii-，我们认为这里可能存在笔误，误将 ai- 写成了 aya-。

⑮ 关于词首位置上的 k/x 的对应，见本节中"早期舌根辅音 k"的有关说明。

⑯ 满语中虽然也有 v[ɷ] 元音，但是它只出现在词中舌根辅音之后，蒙古语 baru 的 u[ɷ] 元音之所以用 a 来替换，是因为受到前面的元音 a 的影响（元音和谐律）。

⑰ 关于词首位置上的 k/x 的对应，见本节中"早期舌根辅音 k"的有关说明。

⑱ 满语中，-cin 词缀的辅音 n 一律脱落而变成 -ci。

⑲ 蒙古语借词 ᠣᠰᠸ（u-se）的情况有些特殊，它的词根是 u-，它与蒙古语 [ur]（口语）的词根相对应。[ur]（口语）借入满语以后，按照满语音节结构要求，将辅音 r 脱落，之后，满语在汉语的影响下，也模仿汉语"种子"这种组词方式，在 u- 后加上了"子"（se），构成了 ᠣᠰᠸ（u-se）一词。

⑳ 在满语中，辅音 h 前的元音往往要脱落。对此见本节中"元音脱落引起音节减缩"的相关说明。

㉑蒙古语 ᠠᠶᠢᠮᠠᠶ aiimaγ 中的 aii 结构，在口语中已经演变成了前元音 æ:，因为满语中没有 æ:，所以在满语中用相近的复元音 ai 来调适。

㉒与其他语族语言比较，满语中存在着圆唇元音向展唇元音发展的倾向，例如：

鄂温克语 bu "我们"　　　　　　满语 be "我们"

鄂温克语 bɔγɔ "地"　　　　　　满语 ba "地"

尽管这种现象并不普遍，但是它的影响在一些词中依然存在。蒙古语

（bortaɣ）中的第一音节圆唇元音 o 在满语中变成展唇元音 e 即属于这一现象。

㉓满语中没有长元音，因此，蒙古语的 ω: 被调适为相近的短元音 u。之后，karul 的词尾 -l 被替换为 -n，最后变成了 karun。关于 k/x 的对应，见本节中"早期舌根辅音 k"的有关说明。

㉔蒙古语中 （amusun）的词尾辅音脱落，变成了 （amusu）。蒙古语 （amusun）借入满语以后变成了 （amsun），后期，蒙古语的 （amusu）也被借入满语变成了 （amsu），因而满语中 （amsun）和 （amsu）并列存在。

㉕关于词中 k/x 的对应，见本节中"早期舌根辅音 k"的有关说明。

㉖关于词中 h/ɣ 的对应，见本节中"早期舌根辅音 k"的有关说明。

㉗关于词中 h/ɣ 的对应，见本节中"早期舌根辅音 k"的有关说明。

㉘蒙古语 （narin）借入满语以后，发生了词尾语音连续脱落的变化，首先，基于开音节结构要求，narin 的词尾 -n 脱落，变成了开音节的 nari，之后 nari 在附加词缀 -hvn 派生新词时，h 前的元音 i 又脱落了，即 narin →nari-hvn→nar-hvn。

㉙蒙古语 （xulaɣai） 是 由 （kulakan） 演 变 来 的。蒙古语静词词尾辅音 -n 在历史发展过程中都脱落了，静词词尾 -n 的脱落有两种方式：一种是静词词尾 -n 直接脱落，例如 → （morin→mori）"马"；另一种是词尾 -n 通过 y 演变为 i，例如 → （kedün→xedüi）"几"。因此，蒙古语 kulakan 发生了如下变化，即 kulakan→xulakan→xulaɣan→xulaɣai。该词在 xulakan 这个阶段借入了满语，并在满语中有了不同于蒙古语的变化。在满语中 xulakan 的词尾辅音 -n 亦脱落，变成了 hvlaka，继而 hvlaka 的词中辅音 k 演变为 h 的同时使其前面元音 a 脱落，变成了现在的 hvlha，即 xulakan→hvlaka→hvlaha→hvlha。关于词中 h/ɣ 的对应，见本节中"早期舌根辅音 k"的有关说明。

㉚早期蒙古语形式 jiluku 借入满语以后，k 演变为 h 的同时，h 前面的元音 u 脱落，演变成 （julhv），即 jiluku→juluhu→julhv。关于词中

h/γ 的对应，见本节中"早期舌根辅音 k"的有关说明。

㉛ ᠪᠤᠯᠬᠠᠷᠢ（bulhari）是从蒙古语早期形式 bulikari 借入的，之后，在满语中 k 演变为 h 的同时，h 前的元音 i 脱落，演变为 ᠪᠤᠯᠬᠠᠷᠢ（bulhari）。关于词中 h/γ 的对应，见本节中"早期舌根辅音 k"的有关说明。

㉜对于词首辅音 k/x 的对应，见本节中"早期舌根辅音 k"的有关说明。

㉝蒙古语中曾发生过舌根辅音腭化发展的情况，从而完成了 g→j 的变化。

㉞蒙古语 ᠳᠠᠮᠠᠶᠠ ~ ᠳᠠᠮᠠᠬᠢ（damaγa~damaxi）"烟"是外来语，后又从蒙古语借入满语。

三、蒙古语借词的辅音系统

一些蒙古语借词的语音特点与早期蒙古语语音特点相同，而与现代蒙古语语音特点不一致。对于这种现象我们从语音发展演变的层面去考虑，认为是这些语音在蒙古语中进一步发展变化所引起的结果，根据语音特点来判断，这些蒙古语借词是早期借入的借词，借入满语时这些语音还没有进一步发展变化。借入满语以后，这些语音在新的语言环境中作为新成员被原样保留下来了，而在蒙古语中则没有停止其发展变化的脚步，继续按照该语言自身的演变规律进行演变，从而形成了现在不同语音之间的对应关系。这些早期语音之所以在满语中能够保持借入时的语音面貌而没有发生变化，是因为这些语音完全符合满语语音系统；如果它们不符合满语语音系统，那么它们要接受满语语音系统的调适。

1. 早期舌根辅音 k

现代蒙古语中舌根辅音有擦辅音 x 和不吐气塞辅音 g 两种。在中世纪蒙古语中舌根辅音有 k（在文献资料中将 k 分别转写为阳性元音词中的 q 和阴性元音词中的 k 两种）和 g（在文献资料中分别转写为阳性元音词中的 γ 和阴性元音词中的 g 两种）。也就是说，中世纪蒙古语中只有舌根辅音 k 和 g，即舌根辅音只有吐气的和不吐气的两种，现代蒙古语中，k 演变为 x（在一些方言中依然保留着 k 的发音），从而中世纪蒙古语的舌根

辅音 k/g 到了现代蒙古语中则变成了 x/g。即:

中世纪蒙古语	现代蒙古语
k（转写为 q 和 k ）	x
g（转写为 γ 和 g ）	g

与蒙古语相比较,在满语中有三个舌根辅音,即 k、x、g。由于满语中有辅音 k,早期蒙古语借词的 k 能够原封不动地保留在满语中。我们根据满语中所保留的 k,确认这些借词是早期借入的蒙古语借词。

按照一般语音演变规律,k 在一定的语音环境中会失去闭塞作用而进一步演变为 h[x],k 也可以在一定的语音环境中失去吐气作用而演变为 g,因此,k 可以有 k→h[x] 的演变,也可以有 k→g 的演变。然而,h[x] 或者 g 如果没有特殊的语音环境支持,是绝对不会演变成 k 的。根据以上顺势演变关系和逆势演变关系,我们对蒙古语借词和蒙古语词之间所保持的对应关系,可以做出孰是早期语音形式,孰是晚期语音形式的判断,例如:满语 dahan “马驹子”/ 蒙古语 dayan “马驹子”。

“马驹子”是母马下的“仔畜”,因为母畜“马”morin 这个词是从蒙古语借入的,所以满语“仔畜”的 dahan “马驹子”也一定是蒙古语 dayan “马驹子”借入的借词无疑,而且从语音形式上看,除了词中的 h[x]:γ 不同以外,其他语音都一样,因此其借词关系是可以肯定的。

可是,词中 h[x]:γ 的对应关系应该如何认识呢? 为什么蒙古语的 γ 在满语中要变成 h 呢? 如果这是借入满语后的语音变化,可是从满语的语音环境来看并没有导致这种变化的语音条件。

从语音演变的顺序来看,如上所述,可以有 k→γ 或 k→x 的顺势演变,但是不能有相反的逆势演变。在一定的语音环境中,吐气的 k 在前后语音的影响下一旦失去吐气作用,就会演变成不吐气的 γ~g;而在另一种语音环境中,k 的舌根器官的闭塞被破坏,便会演变成为擦音 x。这两种变化在各种语言中都是比较常见的,是基于发音方法上的正常变化。而相反的变化，即 γ~g→x 或 x→γ~g，只有在非常特殊的语音条件下才有可能发生，否则这种演变是不可能实现的。

通过以上分析，单从 h:γ 的关系不能确定借词关系，但是它们的确是蒙古语借词。那么，这个问题该怎么解决呢？

假如满语 ᠊ᠠᠨ dahan 不是从蒙古语 ᠊ᠠᠨ daγan 这个阶段借入的，而是从更早期借入的，即它是在 dakan 这个阶段借入的，那么以上问题就迎刃而解了。

从蒙古语辅音 k 的历史演变可知，中世纪蒙古语时期的 k 在现代蒙古语中演变成了 γ~g 或 x。根据这个情况，我们认为蒙古语舌根辅音尚处于 k 时，即蒙古语词处于 dakan 这个阶段时借入了满语。因为借入的时间很早，所以 dakan 在满语和蒙古语这两种语言中都发生了一定的变化。在满语中，由于处于不同的语言环境，k 演变成了 h[x]，因此，dakan 变成了 ᠊ᠠᠨ dahan，而在蒙古语中，则 k 演变成了 γ。这样，dakan 在满语中变成了 ᠊ᠠᠨ dahan，而在蒙古语中变成了 ᠊ᠠᠨ daγan，因此，确认 ᠊ᠠᠨ dahan 是早期的蒙古语借词。

k 在不同的语言中分别有了 h[x] 和 γ~g 的不同变化，这是由两种语言不同的内部演变规律所决定的。

蒙古语舌根辅音 k 直到中世纪蒙古语时期还存在，之后才开始逐渐演变为擦辅音 x，而不吐气音 γ~g 则早于 x 就已经出现了，因此，中世纪蒙古语中有 k 和 γ~g 并列存在的现象。其后 k 开始慢慢消失，才出现了 γ~g 和 x 并列的情况。

根据蒙古语借词与蒙古语舌根辅音的对应情况，可以了解到 k 在不同语言中的演变关系。这种演变关系在词首或词中位置都可以见到。

（1）从书面语借入的蒙古语借词

k 在满语中保持为 k，在蒙古语中演变为 x，例如：

满语	蒙古语
ᠺᠠᡤᠰᡳᠮᠪᡳ kagsi-mbi "咯，咳"	ᠬᠠᠭᠰᡳᡍᡠ xaɣsi-xu "咯，咳"
ᠺᠠᠵᠠᠮᠪᡳ kaja-mbi "咬，啃"	ᠬᠠᠵᠠᡍᡠ xaǰa-xu "咬，啃"
ᠺᠠᡨᡠᠨ katun "喀屯，女皇"	ᠬᠠᡨᡠᠨ xatun "夫人，女皇"
ᠺᠠᡨᠠᠮᠪᡳ kata-mbi "干，发干，枯干"	ᠬᠠᡨᠠᡍᡠ xata-xu "干，发干，枯干"
ᠺᠠᡵᠮᠠᠮᠪᡳ karma-mbi "保护，保卫，管"	ᠬᠠᡵᠮᠠᠯᠠᡍᡠ xarma-la-xu "保护，保卫，吝啬"
ᠺᠠᡵᠠᠨ karan "高台，台子"	ᠬᠠᡵᠠᠨ xaran "看"
ᠺᠠᡵᠠᠪᡠᠮᠪᡳ kara-bumbi "使看，使望"	ᠬᠠᡵᠠᡤᡠᠯᡍᡠ xara-ɣul-xu "使看，使望"
ᠺᠠᡵᠠᠮᠪᡳ kara-mbi "望，观望，瞭望，注视"	ᠬᠠᡵᠠᡍᡠ xara-xu "望，观望，瞭望，注视"
ᠺᠠᠨᡳ kani "党类，朋党，志同道合的人"	ᠬᠠᠨᡳ xani "伴，朋党，志同道合的人"
ᠺᠠᡵᠠ kara "黑"	ᠬᠠᡵᠠ xara "黑"
ᠺᠠᠮᠴᡳᠨ kamcin "合并，兼，附庸"	ᠬᠠᠮᠵᡳᠨ xamǰin "合并，协作"
ᠺᠠᠮᠴᡳᠮᠪᡳ kamci-mbi "合，合并，兼任"	ᠬᠠᠮᠵᡳᡍᡠ xamǰi-xu "协作，合作"①
ᠺᠠᠯᡨᠠᡵᠠᠮᠪᡳ kaltara-mbi "滑，打滑"	ᠬᠠᠯᡨᠠᡵᠠᡍᡠ xaltara-xu "滑，打滑"
ᠺᠠᠯᡳᠮᠪᡳ kali-mbi "（飞行动物）往上腾飞"	ᠬᠠᠯᡳᡍᡠ xali-xu "飞翔，滑翔，掠"
ᠺᠠᡳᠺᠠ kaika "盾牌，盾，挡箭牌"	ᠬᠠᠯᡥᠠᠯᠠᡍᡠ xalxa-la-xu "挡，掩盖，遮掩"②
ᠺᠠᠯᠵᠠ kalja "谢顶的，秃顶的"	ᠬᠠᠯᠵᠠᠨ xalǰan "光秃的，秃顶的"③
ᠺᠠᡩᠠᠯᠠᠮᠪᡳ kadala-mbi "管，管理，掌管，指挥"	ᠬᠠᡩᠠᡤᠠᠯᠠᡍᡠ xada-ɣala-xu "储藏，保管，维持"④
ᠺᡝᡴᡝᡵᡝᠮᠪᡳ kekere-mbi "打嗝儿"	ᠬᡝᡤᡝᡵᡝᡍᡦ xegere-xü "打嗝儿"
ᠺᡝᠯᡶᡳᠮᠪᡳ kelfi-mbi "偏，斜"	ᠬᡝᠯᠪᡝᡳᡍᡦ xelbeii-xü "偏，偏斜，倾斜"⑤
ᠺᡝᠮᠨᡝᠮᠪᡳ kemne-mbi "量，度"	ᠬᡝᠮᠨᡝᡍᡦ xemne-xü "量，估量"
ᠺᡝᠰᡳ kesi "福气，运气，造化"	ᠬᡝᠰᡳᡤ xesig "福，福气，福禄，恩赐"⑥
ᠺᡝᡵᡝᠮᡠ keremu "垛口，城垛口"	ᠬᡝᡵᡝᠮ xerem "墙，墙壁"⑦
ᠺᡳᡩᠠᠨ kidan "契丹"	ᠬᡳᡩᠠᠨ xidan "契丹"
ᠺᡠᠪᡠᠨ kubun "棉花"	ᠬᡡᠪᡠᠩ xöböŋ "棉花"⑧
ᠺᡠᡴᡠ kuku "灰色"	ᠬᡡᡘᡝ xöxe "蓝的，青的"⑨
ᠺᡠᠯᡠᡤ kulug "骏马"	ᠬᡡᠯᡡᡤ xölög "骥，骏马，良马"⑩
ᠺᡠᠨᡩᡠᠯᡝᠮᠪᡳ kundule-mbi "尊敬"	ᠬᡡᠨᡩᡡᠯᡝᡍᡦ xündüle-xü "尊敬，尊重"
ᠺᡠᠨᡝᠰᡠᠨ kunesun "干粮，口粮"	ᠬᡡᠨᡝᠰᡡᠨ xünesün "食粮，干粮，口粮"
ᠺᡠᡴᡠᡵᡳ kukuri "背壶，偏壶"	ᠬᡡᡘᡡᡵ xüxür "鼻烟壶"⑪
ᠺᡠᡵᠪᡠᠮᠪᡳ kurbu-mbi "打滚儿"	ᠬᡡᡵᠪᡝᡍᡦ xörbe-xü "翻，翻滚，打滚儿"

满语	蒙古语
᠊ᠣ kuteci "牵马人"	᠊ᠣ xötöči "牵马人，马童"
᠊ᠣ kutule-mbi "牵"	᠊ᠣ xötöl-xü "牵"⑫
᠊ᠣ kvbili-mbi "变，变化"	᠊ᠣ xubil-xu "变，变化"
᠊ᠣ kvru "奶饼子"	᠊ᠣ xurud "熟奶豆腐"⑬
᠊ᠣ kvtugtu "活佛"	᠊ᠣ xutuγtu "活佛"
᠊ᠣ kvdhv-mbi "搅，搅和，混合"	᠊ᠣ xudxu-xu "混合，搅和"
᠊ᠣ kvdha-mbi "搅，搅和，混合"	᠊ᠣ xudxu-xu "拌，搅和，混合"
᠊ᠣ kokira-mbi "损害，损伤"	᠊ᠣ xoxira-xu "损失，亏损，耗损，没落"
᠊ᠣ kumdun "空，空虚，中间空的"	᠊ᠣ xöndei "空的，空洞的"⑭
᠊ᠣ beki "坚固"	᠊ᠣ bexi "坚固的"
᠊ᠣ uyakan "略稀，略柔软"	᠊ᠣ uyaxan "略有弹性的，略柔软的"
᠊ᠣ sabka "筷子"	᠊ᠣ sabxa "筷子"
᠊ᠣ saikan "美，美丽，好看"	᠊ᠣ saiixan "美的，美丽的，俊美的，好好的"
᠊ᠣ dabkvri "重的，重叠的"	᠊ᠣ dabxur "双的，重叠的"⑮
᠊ᠣ kemun "尺度，尺寸"	᠊ᠣ xem "度，尺度，限度"⑯

k 在满语中保持不变，在蒙古语中演变为 g，例如：

满语	蒙古语
᠊ᠣ ecike "叔叔"	᠊ᠣ ečige "父，父辈"
᠊ᠣ medeke "消息"	᠊ᠣ medege "消息，情报，通知"
᠊ᠣ kekere-mbi "打嗝儿"	᠊ᠣ xegere-xü "打嗝儿"

k 在满语中演变为 h，在蒙古语中演变为 γ/g，例如：

满语	蒙古语
᠊ᠣ erihe "念珠，珠"	᠊ᠣ erige "念珠，珠"
᠊ᠣ daha-mbi "投降，投诚"	᠊ᠣ daγa-xu "随，随从，顺从，归顺"

满语	蒙古语
dahan "马驹子"	daɣan "马驹子"
oholja "盘羊"	uɣalja "公盘羊"
tarhvn "胖，肥胖"	tarɣun "肥的，胖的，肥胖的"
tomorhon "（书写）清楚，（意思）明白"	tomoraɣun "较大的，较粗大的"
hvlha "偷，盗"	xulaɣai "贼，小偷，扒手，盗贼"
horho "立柜"	xorɣo "橱，立柜"
hvntahan "杯子"	xuntaɣa "杯子"
yatuhan "筝"	yatuɣan "筝"
hadaha "桩子，橛子"	xadaɣa "钉子"
subarhan "塔"	subarɣan "塔"
doholon "瘸"	doɣolaŋ "瘸子" [17]
cibahaci "女喇嘛"	čibaɣanča "尼姑，削发妇女" [18]
delihun "脾"	deligün "脾"
bulhari "香牛皮"	boliɣari "香牛皮" [19]

k 在满语中演变为 g，在蒙古语中演变为 x，例如：

满语	蒙古语
gubci "全，全部"	xöbčin "全，全部，整个" [20]
gvca "母山羊"	xuča "种绵羊"

（2）从口语借入的蒙古语借词

这一类借词从蒙古语口语借入时，口语中还保持着 k 的形式，其后 k 才演变为 x。由此我们判断，在蒙古语口语中 k 演变为 x 以前长元音已经形成。这种判断与蒙古语有的方言中至今还保留着 k 的情况相吻合。这一类借词元音的一个主要变化就是将蒙古语长元音调适为短元音。

满语（k）	蒙古语（x）	
	口语	书面语
᠊ karun "哨探，哨兵"	xaræ:l	᠊ xaraɣul "岗哨" [21]
᠊ karula-mbi "报答，报应"	xæræ:la-x	᠊ xariɣula-xu "回答，回应，报答"
᠊ karu "（回）报，（酬）报"	xæræ:	᠊ xariɣu "回答，回报"
᠊ katun "强壮，健壮"	xatæ:n	᠊ xataɣun "硬的，坚硬，坚固"
᠊ kice-mbi "勤，努力"	xitʃə:-x	᠊ xečiye-xü "谨慎，努力，勤奋，用功"
᠊ kecun "凶恶的，恶毒的"	xətʃu:n	᠊ xečegün "艰难的，厉害的"
᠊ kecu "凶狠的，狠毒的"	xətʃu:	᠊ xečegüü "艰难的，厉害的"
᠊ keibisu "毛毯，毯子"	xebis	᠊ xebis "栽绒毯，地毯" [22]
᠊ keire "枣骝马"	xə:r	᠊ xeger "枣骝毛的（马的毛色）" [23]
᠊ kejine "好久，良久"	xədʒi:ne	᠊ xejiyenei "很早，老早，早已" [24]
᠊ kejini "好久，良久"	xədʒi:ne	᠊ xejiyenei "很早，老早，早已"
᠊ kuren "伍，大队人马"	xurə:n	᠊ xüriyen "院子，营盘"
᠊ kurume "褂子"	xurum	᠊ xürme "马褂，短上衣" [25]
᠊ kušun "不舒服"	xuşu:n	᠊ xösigün "僵硬的，僵化的，笨重的"
᠊ kuŋšun "略有焦味"	xəŋşu:n	᠊ xeŋsigün "燎煳味道"
᠊ korso-mbi "怨恨"	x-csɪcx	᠊ xoros-u "怨恨，恨，嫉恨"

2. 早期静词词尾 -n

早期蒙古语中，静词词尾一般都以舌尖鼻辅音 -n 来结尾，这种现象一直延续到中世纪蒙古语时期，以后，该舌尖鼻辅音 -n 开始发生变化，该变化体现在如下几个方面：

静词词尾 -n 在一部分词中获得了语法功能，例如 morin terge "马车"组合中，-n 在这里获得了定格作用，即 morin"马"修饰 terge"车"，成为"车"的定语（比较 mori 和 terge 时，它们是并列关系，相互没有修饰关系），这种情况下 -n 没有脱落，被保留下来，成为语法成分。

另一部分词中，词尾 -n 演变为其他鼻辅音形式而被保留下来。这里也有几种情况：

-n 异化为与其发音方法相同的 -ŋ。例如：doɣolan→doɣolaŋ "瘸子"。

-n 的发音部位发生变化，异化为唇辅音-m。例如：ɣaran→ɣaram "港口"。

-n 失去鼻化作用，演变为舌面音 y[j]，y[j] 又进一步演变为 i。例如：kedün→kedüi "几"，kedüi 又失去词尾 -i 而演变为 kedü。在口语中 kedü 又进一步演变为 xəd。

除了上述几种情况以外，其他场合的词尾 -n 都已经脱落了，例如：morin → mori "马"。

在以上几种变化中，词尾 -n 大多脱落。词尾 -n 的脱落，虽然在中世纪蒙古语中就已经开始出现，但是还只限于个别词中，并不普及，只有到了现代蒙古语时期，上述变化才成为一种发展趋势而大量出现。

本书所涉及的词尾 -n，在蒙古语借词中都保留完好。以此情况判断，这些借词是在词尾 -n 脱落前借入满语的，因此，它们的借入时间应该是在中世纪时期或更早。

（1）蒙古语借词中依然保留的词尾 -n，在现代蒙古语中已经脱落。例如：

满语	蒙古语
uilen "侍奉"	üile "事业，活动，苦难"
simen "汁，分泌物"	sime "营养，滋养，养分，津液"
sun "奶"	sü "奶子"
arjan "奶酒" （ardʒan 口语）	araǰa "头次回锅奶酒"[26]
labsan "雪片"	labsa "雪片"
morin "马"	mori "马"
honin "绵羊"	xoni "绵羊"
baran "影子"	bara "影子，踪影"

（2）蒙古语借词中依然保留的词尾 -n，在现代蒙古语中已经演变为 -i。例如：

满语	蒙古语
maiman "买卖"	maimai "买卖" [27]
kumdun "空，空虚"	xöndei "空的，空洞的" [28]

（3）蒙古语借词依然保留的词尾 -n，在现代蒙古语中已经演变为 -ŋ。

例如：

满语	蒙古语
doholon "瘸" （dɔgɔlɔŋ 口语）	doγolaŋ "瘸子" [29]
kubun "棉花"	xöböŋ "棉花" [30]
can "钹"	čaŋ "钹" [31]
butvn "坛子"	butuŋ "坛子"
olon "肚带"	oloŋ "肚带"
hvlan "烟筒"	xulaŋ "烟囱"
dalan "堤防，堤"	dalaŋ "堤坝，堤"

（4）蒙古语借词依然保留的词尾 -n，在现代蒙古语中演变为 -m。例如：

满语	蒙古语
heren "厩，棚圈"	xerem "墙"
durun "模子，矩，仪器"	dürim "规矩，制，规程"

3. 早期擦辅音 s

蒙古语词处在早期擦辅音 s 时借入满语，借入满语后它依然保持 s 的形式，而在蒙古语中 s 却腭化演变为卷舌音 š。例如：

满语	蒙古语
soγsi-mbi "不出声地哭"	šoγsi-xu "抽搭，抽泣"
sile "汤，肉汤"	šüle "肉汤"

4. 腭化前的舌根辅音

蒙古语舌面辅音 y 是由早期舌根辅音经过腭化演变来的，一些蒙古语

借词中依旧保留着腭化前的舌根辅音 k 或 g，而在蒙古语中它们已经都腭化发展为 y 了。这一腭化演变过程曾经历过塞擦音阶段。例如：

满语	蒙古语
ᠪᡠᠯᡠᡴᠠᠨ bulukan "温，温和"	ᠪᡡᠯᡳᠶᡝᠨ büliyen "温的，温热的"
ᡥᠣᡵᡳᡤᠠᠨ horigan "牲畜圈"	ᡥᠣᡵᡳᠶᠠᠨ xoriyan "院子，圈"
ᠵᠠᠰᡳᡤᠠᠨ jasigan "信"	ᠵᠠᡥᡳᠶᠠᠨ ǰaxiyan "信"[32]

以上词中，虽然满语的蒙古语借词中依然保留着舌根辅音 k（k 在有的词中变成了 g），但是在蒙古语书面语中都已经通过腭化发展阶段而演变成了舌面辅音 y。

而在下列蒙古语借词中恰好还能见到其腭化过程，该腭化过程在蒙古语中却没有发生。这说明，这些词的腭化发展是在满语内部发生的。例如：

满语	蒙古语
ᠪᠠᡤᡳᠶᠠᠮᠪᡳ bagiya-mbi "把屎，把尿"	ᠪᠠᠶᠠᡍᡠ baɣa-xu "拉屎"
ᡤᡝᠩᡤᡳᠶᡝᠨ geŋgiyen "清，清澈"	ᡤᡝᡤᡝᠨ gegen "明的，明亮的"[33]

很明显，观察以上例词的舌根辅音，蒙古语词中没有变化，但是在蒙古语借词中却已经发生了变化，舌根辅音后已经出现了元音 i，构成了复元音。类似处于腭化过程中的词在满语中随处可见，例如 ᠨᡳᠶᠠᠯᠮᠠ niyalma 读为 [ŋalma] "人"，ᡤᡝᠩᡤᡳᠶᡝᠨ geŋgiyen 读为 [geŋʤen] "清，清澈"等。

因此，腭化现象在蒙古语和满语中都存在，区别只是蒙古语的腭化发展已经完成，其过程已经看不见了，而在满语中，我们还能看到腭化过程，它正处在这个阶段。

5. 腭化前的舌尖辅音

有的蒙古语塞擦音 č 是由早期辅音 t 经过腭化演变而来的，该辅音 t 依然保留在满语的蒙古语借词中，但是很少见。例如：

满语	蒙古语
ᡥᠠᡵᠠᠴᡠ haraču "属下"	ᡥᠠᡵᠠᠴᡠ xaraču "平民，庶民"

6. 词中音组 -mb-

一些蒙古语借词所保留的词中 -mb- 组合，在蒙古语中已经合并为 m。
例如：

满语	蒙古语
ᡩᠠᠮᠪᠠᡤᡠ dambagu "烟"	ᡩᠠᠮᠠᡗᠠ ~ ᡩᠠᠮᠠᡥᠢ damaγa~damaxi "烟"
ᡩᠠᠮᠪᡝᡳ dembei "很，甚，非常"	ᡩᠠᠮᡝᡳ demei "无聊的，不怎么的，（不）太"

我们认为，蒙古语词中的有些 m 辅音是由早期 -mb- 的组合演变来的，
因此，在满语的蒙古语借词中依然保留着 -mb- 的形式。m 和 b 通过相互同化，
最后演变为 m，即 -mb-→-mm-→-m-。类似的例子在蒙古语内部也能见到，
例如：

书面语 xambar→xammar→xamar "鼻子"

书面语 yambar→yammar→yamar "什么"

在蒙古语喀喇沁土语中，"烟"称作 dambɷ:，而在科尔沁土语中称作
damɷ:。它们之间就存在 -mb- 音组的 -mb-→-mm-→-m- 的变化。

在日语中，"烟"称作 tabako（タバコ借自葡萄牙语 tabaco）。日语
中的 tabako 与蒙古语借词 ᡩᠠᠮᠪᠠᡤᡠ dambagu 是同一个来源的借词，因此，它们
具有比较价值。比较来看，日语中保留着早期形式 b，b 在这些借词之间存
在着 -b-→-mb-→-m- 的演变过程。也就是说，-mb- 的早期形式是 -b-，由
于 b 前增生了 m 而演变成 mb。实际上，无论是日语的 tabako，还是蒙古
语书面语的 ᡩᠠᠮᠠᡗᠠ ~ ᡩᠠᠮᠠᡥᠢ damaγa~damaxi，以及蒙古语喀喇沁土语的 dambɷ:
等，它们的来源都是波斯语。

ᡩᠠᠮᠪᡝᡳ dembei/ ᡩᠠᠮᡝᡳ demei 中的 -mb-/-m- 的对应也属于这一类变化。早期词
中的 b，增加了过渡音 m 而变成 -mb-，之后 -mb- 又相互影响而同化为 -mm-，

再后来 -mm- 合并为 -m-。因此，满语的蒙古语借词中所保留的是过渡阶段的 -mb-，蒙古语中保留着的是其演变结果的 -m-，而早期的 b 则已经消失了。

注释：

① 根据满语发音习惯，将蒙古语词中的辅音 j 变成满语的 c。

② 满语中，在 k-k- 的相同强辅音作用下，k 前的辅音 l 演变为 i。

③ 满语中基于开音节结构，当前面有舌尖边音 l 时词尾 -n 辅音脱落，从而构成了开音节词尾形式。

④ 分析蒙古语书面语的 ᠬᠠᠳᠠᠭᠠᠯᠠᠬᠤ（xada-γala-xu），它是在早期词根 kada- 上接加使动意义的词缀 -γa，再接加 -la 等词缀派生而来的派生词，在现代蒙古语中，词根 kada- 已经失去派生能力，变成僵化词根，只有词干 xada-γala- 才具有派生能力。在 kada- 作为词根的阶段时借入满语，在满语中接加词缀又派生为 ᠬᠠᠳᠠᠯᠠᠮᠪᠢ（kadala-mbi）。

⑤ 满语中，在词首辅音 k 的吐气作用下，第二音节 b 演变为 f。

⑥ 满语中，基于构成开音节结构的需要，蒙古语词尾辅音 g 脱落。类似情况见本节中"闭音节去掉结尾辅音"的有关说明。

⑦ 满语中，基于构成开音节结构的需要，在词尾 -m 后添加了元音 u 构成了开音节结构。对此见本节中"闭音节辅音后添加元音"的有关说明。

⑧ 早期蒙古语静词都以 -n 来结尾，这时借入满语的词，仍保持词尾 -n，而在蒙古语中词尾 -n 继续演变，变成了 -ŋ。

⑨ 由于满语中没有 [o] 元音，所以满语中将蒙古语 [o] 调适为 u，并在 [o] 元音的和谐作用下，第二音节元音 e 也被和谐为 u。

⑩ 由于满语中没有 [o] 元音，所以在满语中将蒙古语 [o] 都调适为 u。

⑪ 满语中，基于开音节结构的需要，在蒙古语借词词尾添加了元音 i，构成了开音节结构。对此见本节中"闭音节辅音后添加元音"的有关说明。

⑫ 由于满语中没有 [o] 元音，所以在满语中将蒙古语 [o] 都调适为 u。

⑬ 满语中，基于开音节结构的需要，蒙古语词词尾辅音 d 脱落，从

而构成了开音节结构。对此见本节中"闭音节去掉结尾辅音"的有关说明。

⑭由于满语中没有 [o] 元音，所以在满语中将蒙古语 [o] 调适为 u。蒙古语 ᠬᠥᠨᠳᠡᠢ（xöndei）是由早期的 ᠬᠥᠨᠳᠡᠨ（könden）经过词尾辅音 -n 的演变，即 n→i 的发展演变而变成的，因此，满语 ᠺᠤᠮᠳᠤᠨ（kumdun）是在蒙古语 ᠬᠥᠨᠳᠡᠨ（könden）这个阶段借入满语的。借入满语后，第一音节末尾辅音 n 在词尾辅音 n 的影响下异化为 m。

⑮满语中，基于开音节结构的需要，借词词尾添加了元音 i，对此见本节中"闭音节辅音后添加元音"的有关说明。

⑯借词中保留着蒙古语词 ᠬᠡᠮ（xem）的早期结构形式，在后期发展中，蒙古语中曾发生了词尾语音连续脱落的变化，对此见本节中"保留早期蒙古语词形结构"的有关说明。

⑰早期蒙古语静词都以 -n 来结尾，这时借入了满语，仍保持词尾 -n 的形式，而在蒙古语中词尾 -n 继续演变，变成了 -ŋ。

⑱满语中，基于开音节结构的需要，词尾 -ci 前的 -n 脱落。

⑲满语中辅音 h 前的元音脱落，对此见本节中"元音脱落引起音节减缩"中的有关论述。

⑳满语中，基于开音节的需要，词尾 -n 脱落；由于满语中没有 [o] 音位，所以将蒙古语 ö [o] 调适为 u。

㉑借词中，词尾辅音 -l 被更换为 -n，对此见本节中"更换结尾辅音"的有关说明。

㉒蒙古语口语中的 [e]，在满语中用复元音 ei（标记为 ᡝᡳ eii）来表示。为了满足开音节需要，在结尾辅音后添加了元音 u，构成了开音节。对此见本节中"闭音节辅音后添加元音"的有关说明。

㉓蒙古语口语长元音 [ə:] 在满语中被调适为相近的复元音 ei（标记为 ᡝᡳ eii）。为了满足开音节需要，在结尾辅音后添加了元音 e，构成了开音节。对此见本节中"闭音节辅音后添加元音"的有关说明。

㉔蒙古语口语长元音 [i:] 在满语中被调适为短元音 i。蒙古语口语词尾 [e] 在满语中被调适为短元音 e。

㉕在满语中，基于开音节结构的需要，在蒙古语口语词尾 -m 后添加了元音 e，构成了开音节结构。对此见本节中"闭音节辅音后添加元音"的有关说明。

㉖（arjan）是借自蒙古语口语 ardʒan。

㉗蒙古语 （maimai）"买卖"是汉语借词，汉语的"买卖"借入蒙古语后按照蒙古语发音习惯曾发音为 maiman，在这个时期借入了满语。

㉘满语中没有 ö[o] 元音，所以在满语中将 ö[o] 调适为相近的 u，并在 u 的圆唇影响下，第二音节的展唇元音也变成了 u（元音和谐律的唇状和谐）。

㉙蒙古语借词来自蒙古语口语 dogoloŋ。对于词中 h/g 的对应，见本节中"早期舌根辅音 k"的有关说明。

㉚对于词首 k/x 的对应，见本节中"早期舌根辅音 k"的有关说明。满语中没有 ö[o] 元音，所以在满语中将 ö[o] 调适为相近的 u。

㉛蒙古语 （čaŋ）"钹"是汉语借词，原来的读音是 ča"镲"，借入蒙古语后按照蒙古语发音习惯发为 čan，在这个时期借入了满语。

㉜（jasigan）/ （jaxiyan）中，就词中辅音 s/x 来看，x 是早期语音形式，是 x 和 i 的结合演变为 si，这一演变在蒙古语中没有发生，而在满语中则发生了，这是借入满语后发生的演变。因此，我们认为，在蒙古语词早期 jakikan 时就借入了满语，之后 jakikan 在这两种语言中有了不同的演变，即满语中 jakikan→jaxikan→jasigan，蒙古语中 jakikan→jaxikan→jaxikian→jaxiyan。

㉝词中辅音 g 前增加鼻辅音 ŋ 是舌根辅音的同化现象。

第三节　蒙古语借词的借入途径

满语中的蒙古语借词不是从一个途径借入的，有从书面语借入的蒙古语借词，也有从口语借入的蒙古语借词，还有从方言借入的蒙古语借词；从时间上看，有早期借入的蒙古语借词，也有晚期借入的蒙古语借词。下面根据蒙古语借词的特点来分析其借入途径。

一、从蒙古语书面语借入的借词

在与蒙古族接触过程中满族的很多文人墨客都习用蒙古文，熟练地掌握和精通蒙古文的人不在少数，他们平时用蒙古文记事、行文、传递书札，蒙古文成了他们的书面工具。这是因为蒙古语和满语同属一个语系，它们的语音、语法都非常相近，同源词很多，相互很容易学习和掌握。正因为存在如此的便利关系，清王朝建立以后，当需要创制自己的文字时满族人首先想到的就是蒙古文。于是在蒙古文字母基础上经过一些改进，并添加识别符号以后，满族人成功地创制了独立的满文。这种情况说明了两种关系，一种是满族和蒙古族之间存在着由来已久的文化联系，另一种是这种文化层面上的联系，给满语与蒙古语相互接触创造了机会。这种文化背景，也为蒙古语借词进入满语敞开了大门。因为蒙古族与满族的交往由来已久且十分密切，所以借用蒙古语词的情况在满语中从来没有中断过，尽管我们还不能确定是从哪个时期开始的，但是我们可以确定，其语言的接触一直延续到清王朝。我们认为，早期借词都是从早期书面语借来的（因为书面语与早期蒙古语基本相同），它具有早期蒙古语的诸多特点；而晚期借词则大多是从蒙古语口语借入的，因为从蒙古语借词中可以看到蒙古语口语的特点。

下面例举的借词，它们与蒙古语书面语形式基本一样，因此，我们认为它们都是从蒙古语书面语借来的。例如：

满语	蒙古语书面语
ᠠᠪᠠ aba "（打）围"	ᠠᠪᠠ aba "围，围猎"
ᠠᠭᠲᠠ agta "骟过的牲口"	ᠠᠭᠲᠠ aɣta "骟过的，骟马"
ᠠᠮᡨᠠ amta "味道"	ᠠᠮᡨᠠ amta "味道，味"
ᠠᠩᡤᡳ aṅgi "部分，人群，阶层"	ᠠᠩᡤᡳ aṅɣi "班，队，阶层，部分，段"
ᠠᠷᡤᠠ arga "办法，计，法术"	ᠠᠷᡤᠠ arɣa "办法，手段，计策"

满语	蒙古语书面语
᠊ᠠᠷᡠ aru "北，边，侧，里"	᠊ᠠᠷᠤ aru "背，后，北"
᠊ᠠᠰᡠᠷᡠ asuru "太，甚，极，很"	᠊ᠠᠰᠤᠷᠤ asuru "甚，极，很，非常"
᠊ᠠᠵᡳᠷᡤᠠᠨ ajirgan "公的，雄性的"	᠊ᠠᠵᠢᠷᠠᠨ ajirɣan "儿马，种马，公的，雄的"
᠊ᠪᠠᡩᠠᠷᠠᠮᠪᡳ badara-mbi "发展，滋蔓"	᠊ᠪᠠᡩᠠᠷᠠ badara-xu "兴旺，繁荣，兴奋"
᠊ᠪᠠᡳᠴᠠᠮᠪᡳ baica-mbi "调查，访查，查看"	᠊ᠪᠠᡳᠴᠠ baiča-xu "查，审，观察"
᠊ᠪᠠᡤᠰᡳ bagsi "儒，学者，先生"	᠊ᠪᠠᠶᠰᡳ baɣsi "先生，老师，师父"
᠊ᠪᠠᡤᡨᠠᠮᠪᡳ bagta-mbi "容，容纳，包容"	᠊ᠪᠠᡤᡨᠠ baɣta-xu "容量，容积，气量"
᠊ᠪᠠᠯᠠᡳ balai "任意，妄，放肆"	᠊ᠪᠠᠯᠠᡳ balai "蒙昧的，无知的，昏聩的，盲目的"
᠊ᠪᠠᠰᡠᠮᠪᡳ basu-mbi "嘲笑，耻笑，讥笑"	᠊ᠪᠠᠰᡠ basu-xu "轻视，鄙视，瞧不起"
᠊ᠪᠠᠶᠠᠨ bayan "富"	᠊ᠪᠠᠶᠠᠨ bayan "富，富人"
᠊ᠪᠠᠶᠠᠷᡨᡠ bayartu "喜"	᠊ᠪᠠᠶᠠᠷᡨᡠ bayartu "高兴的，有喜的"
᠊ᠪᡝᡥᡝ behe "墨"	᠊ᠪᡝᡥᡝ bexe "墨"
᠊ᠪᡝᠶᡝ beye "身体"	᠊ᠪᡝᠶᡝ beye "身体"
᠊ᠪᠣᡤᡨᠠ bogta "圣贤"	᠊ᠪᠣᡤᡨᠠ boɣta "圣，圣贤，圣人"
᠊ᠪᠣᠯᠵᠣᠮᠪᡳ boljo-mbi "约定"	᠊ᠪᠣᠯᠵᠣ boljo-xu "约，约定"
᠊ᠪᠣᠷᠣ boro "青，棕色"	᠊ᠪᠣᠷᠣ boro "灰的，紫的，铁青毛的，褐毛的"
᠊ᠪᡠᠷᡳᠮᠪᡳ buri-mbi "挽（鼓），包上，蒙上"	᠊ᠪᠥᠷᡳ böri-xü "上，苫，围，蒙"①
᠊ᠴᠠᠪ cab "经膳"	᠊ᠴᠠᠪ čab "经膳"
᠊ᠴᠠᠴᡠᠮᠪᡳ cacu-mbi "洒酒，祭天"	᠊ᠴᠠᠴᡠ čaču-xu "洒，泼，撒"②
᠊ᠴᠠᡤᠠᠨ cagan "白色"	᠊ᠴᠠᠠᠨ čaɣan "白色"
᠊ᠴᠠᠯᡤᡳᠮᠪᡳ calgi-mbi "（河水）拍打"	᠊ᠴᠠᠯᠢ čalɣi-xu "晃荡，荡出，溅出"
᠊ᠴᡳᡤ cig "标点"	᠊ᠴᡳᡤ čig "点，标点"
᠊ᡩᠠᠪᠠᠮᠪᡳ daba-mbi "越过"	᠊ᡩᠠᠪᠠ daba-xu "越过，跨过，超过"
᠊ᡩᠠᡥᡳᠨ dahin "反复地，再三地"	᠊ᡩᠠᡥᡳᠨ daxin "再，重新"
᠊ᡩᡝᠮᠴᡳ demci "僧医"	᠊ᡩᡝᠮᠴᡳ demči "喇嘛职位，接生婆"
᠊ᡩᠣᡥᠣ doho "石灰"	᠊ᡩᠣᡥᠣ doxo "石灰"
᠊ᡩᠠᡥᡡ dahv "裘"	᠊ᡩᠠᡥᡠ daxu "翻毛光板皮大衣，皮外套"
᠊ᡩᠠᡳᠯᠠᠮᠪᡳ daila-mbi "征讨"	᠊ᡩᠠᡳᠯᠠ daila-xu "征战，征讨"
᠊ᡩᠠᠯᡩᠠ dalda "隐蔽处"	᠊ᡩᠠᠯᡩᠠ dalda "暗地的，背后的，隐蔽的"

满语	蒙古语书面语
degde-mbi "起，浮起，飞起"	degde-xü "升，腾起，飞起，浮起"
degji-mbi "兴旺，兴隆"	degji-xü "升，上升，兴旺，兴盛"
dogsin "暴虐"	dogsin "暴，狂暴，凶暴，剧烈"
durge-mbi "震动"	dürgi-xü "喧哗，躁动"
ebdere-mbi "危害，损害，伤害"	ebdere-xü "坏，破，损，破裂"
elcin "使者"	elčin "使者"
ele "所有，一切，全部，凡，都"	ele "各，诸"
erde "清晨"	erte "早先，早晨，早"
erin "时，时候，时分"	erin "纪元，时代，时候，时节"
ejele-mbi "霸占，占据"	ejele-xü "占领，占有，霸占"
ejen "主人"	ejen "主，主人，君主，主子"
gurege "牛脖子的宽筋"	gürege "颈两侧"
gurun "国"	gürün "邦，国家，国度"
gvnan "三岁的牛"	γunan "三岁的，三岁口的（牛、马等）"
hada "峰，崖"	xada "岩，岩石，山岩，岩峰"
hada-mbi "钉，进入"	xada-xu "钉"
hadu-mbi "割"	xadu-xu "割"
haiiciŋ "海青马"	xaiičiŋ "海青"
hala-mbi "换，更换"	xala-xu "换，改换，更替，交替"
hala-mbi "烫，烧伤"	xala-xu "热，烫，发热"
haŋsi "清明"	xaŋsi "清明" ③
hasi "茄子"	xasi "茄子" ④
holbo-mbi "连，连接"	xolbo-xu "结，连，联，连接"
hoŋgon "铃"	xoŋγon "铃"
honin "羊"	xonin "羊"
neme-mbi "增加"	neme-xü "增加"
simi-mbi "衔，咂"	sime-xü "吸，咂，抿"
siŋge-mbi "浸透"	siŋge-xü "消化，渗入，浸入"
toŋgoli-mbi "翻跟斗，侧栽"	toŋγora-xu "倒，颠倒，翻倒" ⑤

满语	蒙古语书面语
tog tog seme "形容心跳的样子"	tög tög gejü "形容心跳的样子"
tumen "万"	tümen "万"
turgen "湍急，疾驰"	türgen "快的，急的，迅速的"
turɣvd "杜尔伯特"	torɣud "杜尔伯特"
tusa "益，利益，济"	tusa "利益，益处，好处，效果"
ucara-mbi "相遇，相逢"	učara-xu "遇见，碰见，遭遇"
ogca-mbi "附着的东西掉下来，脱开，脱落"	oɣčo-raxu "断"
ula-mbi "传，传递，传授"	ulam-jilaxu "继承，继嗣，传授，流传"⑥
ulan "传"	
unu-mbi "背，负，任"	unu-xu "骑"⑦
uruldu-mbi "赛马"	uruldu-xu "比赛，赛"
subargan "塔"	subarɣan "塔"
subarhan "塔"	subarɣan "塔"
suhe "斧子"	süxe "斧子"
suiha "艾，艾蒿"	suixa "艾蒿"
sungina "野葱"	sonɣina "葱"⑧
surug "牧群，畜群"	sürüg "群，帮，畜群"
tadu-mbi "用手或口把东西扯断，扯"	tata-xu "拉，拖，拽"⑨
tagtu "楼"	taɣtu "城楼，楼阁"
tala "旷野，田野"	tala "平原，平川，草原，原野，田野"
tari-mbi "种"	tari-xu "种"
tebci-mbi "忍，忍心，忍耐"	tebci-xü "舍弃，克制，节制"
tegsile-mbi "整理，整顿"	tegsile-xü "整顿，整理，拉平"
tele-mbi "撑开"	tele-xü "伸展，撑开，劈，胀"
togsi-mbi "敲，敲打，叩"	togsi-xu "敲，叩"

满语	蒙古语书面语
togto-mbi "定，规定"	togto-xu "形成，决定，规定，留下"
toli "萨满的神镜"	toli "镜子"
maihan "帐篷"	maixan "帐篷"
mailasun "柏树"	mailasun "柏树"
magsi-mbi "跳舞"	maγsi-xu "奔走，（摔跤手）跳跃入场"
melje-mbi "较量，赌，赛，比赛"	melǰi-xü "打赌"
miŋgan "千"	miŋγan "千"
moho-mbi "穷尽，用尽"	moxo-xu "钝，力竭，耗竭，到底，灰心"
nemer-ku "雨衣"	nemere-xü "披上" ⑩
og "呕吐的声音"	oγ "呕吐的声音"
ogsi-mbi "呕吐"	oγsi-xu "呕，呕吐，松劲，脱出"
olji "俘虏"	olǰa "获得物，猎获物，虏获" ⑪
sadun "亲家"	sadun "亲戚，亲属，亲族"
sagsula-mbi "盛，装"	saγsula-xu "盛，装"
sarlug "牦牛"	sarluγ "牦牛"
sere-mbi "知觉，察觉"	sere-xü "觉醒，醒悟，感觉，发觉，发现"
šabi "徒弟"	šabi "徒弟"
šabinar "徒弟们"	šabi nar "徒弟们"
šajin "法，法则，禁约"	šaǰin "宗教，法度"
silga-mbi "挑选，拣选"	silγa-xu "检查，审查，考试，挑选"
sili-mbi "精选"	sili-xü "选，挑，选拔，拣选"
silta-mbi "辞，推辞，推托"	silta-xu "借口，借端，推诿"
hori-mbi "圈"	xori-xu "圈，囚禁，关押，封锁"
yada-mbi "穷"	yada-γu "穷，贫穷，贫乏的"
yabu-mbi "走，行走"	yabu-xu "走"

满语	蒙古语书面语
yoso "道，体，体统"	yoso "理，道理，规矩，规律，礼节"
jali "奸计"	jali "奸狡，狡猾，诡计，伎俩"
jarɣuci "理事官"	jarɣuci "讼棍，善于诉讼的人"
jasag "札萨克"	jasaɣ "政，政体，政权，札萨克"
jegsi-mbi "憎恶，讨厌"	jigsi-xü "厌恶，憎恶，讨厌"
jergi "层，辈，等，等级，次"	jerge "级，等级，衔，等，阵"
jirga-mbi "逸，安逸，自在"	jirɣa-xu "享乐，安逸，享福"
jisu-mbi "拉，割开，划破"	jüsü-xü "割，拉，划"⑫

注释：

① 满语中没有 ö[o] 音位，所以将蒙古语借词元音 ö[o] 调适为 [u]。

② 蒙古语 （čaču-xu）是普通动词，泛指"洒，泼，撒"的行为，其借入满语时 （cacu-mbi）只借用了"洒酒"之语义，从而专用于"祭天"。

③ 蒙古语 （xaŋsi）借自汉语的"寒食"，之后又通过蒙古语借入满语。

④ 蒙古语 （xasi）是汉语借词。

⑤ 蒙古语的辅音 r 在满语中被替换为辅音 l。

⑥ 满语 （ulan）"传"是早期借词形式，蒙古语中该词干形式已经失去了独立使用功能，只见于派生形式 （ulam-jilaxu）中，在词干 ulan 上接加词缀 -ji 之时，-n 异化为 -m，即 ulan→ ulam。

⑦ 蒙古语借词 （unu-mbi）与满语固有词 （yalu-mbi）"骑、乘"构成同义词，并且相互做了语义分工，分别表达"骑、乘"和与之有关的"背，负，任"的语义。

⑧ 蒙古语词的 o[ɔ] 在满语中被调适为 u。

⑨ 根据满语发音习惯，将蒙古语词强－强辅音排列的 t-t，在满语中调适为 t-d 的强－弱辅音。

⑩ 蒙古语词 ᠨᠡᠮᠡᠷᠡᠬᠦ（nemere-xü）中的 r 后元音 e，在满语借词的 -ku 词缀前脱落了。

⑪ 蒙古语塞擦辅音后的后元音在满语中往往被调适为前元音 i。

⑫ 蒙古语塞擦辅音后的后元音在满语中往往被调适为前元音 i。

二、从蒙古语口语借入的借词

如前所述，满族和蒙古族自古以来就保持着广泛的密切接触，很多满族上层贤士、文人墨客也都习用蒙古文，从而给蒙古语书面语借词的大量涌入提供了条件和机会。人们日常生活中的相互接触，也为蒙古语口语形式借入满语开辟了更加广泛的途径。蒙古语书面语借词和口语借词同时借入满语，使满语词汇愈加丰富，同时也给满语同义词的产生开辟了一个途径。除了蒙古语借词与有些满语固有词之间能够构成同义词以外，有些从蒙古语书面语和口语借入满语的蒙古语借词，在满语中"安家"以后也构成了同义词。例如：

满语的 ᠶᠠᠪᠤᠮᠪᡳ（yabu-mbi）和 ᠶᠣᠮᠪᡳ（yo-mbi）都是蒙古语借词，其中 ᠶᠠᠪᠤᠮᠪᡳ（yabu-mbi）是从蒙古语书面语借入的借词，ᠶᠣᠮᠪᡳ（yo-mbi）是从蒙古语口语借入的借词。在蒙古语中，书面语的 ᠶᠠᠪᠤ（yabu-）在口语中变成了 jɔ-ß，它们都表达"走"的基本意义。蒙古语的这两种形式借入满语以后，虽然都保留了蒙古语"走"的基本意义，但是它们也进行了一定的分工：

ᠶᠣᠮᠪᡳ（yo-mbi）一词，表达与蒙古语相同的"走，去"的基本语义；

ᠶᠠᠪᠤᠮᠪᡳ（yabu-mbi）一词，除了表达与蒙古语相同的"走，行走"的基本语义以外，它还表达"做，从事，实行，执行，聘，提亲"等语义。显然，ᠶᠠᠪᠤᠮᠪᡳ（yabu-mbi）一词的语义扩大了，从而与 ᠶᠣᠮᠪᡳ（yo-mbi）一词有了区别。

伴随蒙古语书面语借词和蒙古语口语借词纷纷借入满语，满语词汇得到了不断的补充和丰富。因此，在蒙古语和满语的语言接触过程中蒙古语成为主要输出方，而满语对蒙古语的影响则微乎其微。清王朝建立以后，尽管蒙古族被置于满族的皇统之下，也有很多蒙古人开始学习、使用满语和满文，但是满语对蒙古语始终没有造成多大影响。根据统计，进入蒙古语的满语借词仅限于一些官方词语，只有如 "大的，都统"、"公务，官差"之类的十几个词而已。这种情况说明，文化的输入不是以政治的强弱来决定的，而是以文化的贫富程度来决定的。另一方面，满语自身的结局也说明了这一点，满语虽然成了清王朝的官方皇统语言，是很有权威性的语言，但是也没有得到多大优势，最终还是败给了汉语，从而走向了消亡的道路，这也是一桩有力的证明。

借入满语的蒙古语口语借词，有别于从蒙古语书面语借入的借词，这些借词保留着浓厚的口语语音特点，而这些语音特点在书面语中是不存在的。根据这些语音特点能够确认，它们不是从蒙古语书面语借入的，而是从蒙古语口语借入的。比如这些借词存在着蒙古语书面语中看不到的元音的唇状和谐，在书面语中只存在阴性和阳性的和谐，而没有唇状的和谐，唇状的和谐只存在于蒙古语口语中。又如，蒙古语书面语中只有短元音和复合元音，没有长元音，而这些借词中却存在着长元音的调适现象。此外还有基于构成音节的需要而出现的语音脱落现象等。同时我们也发现，这些蒙古语借词借入满语以后，也不是原封不动地保持原状不变，而是在满语语音环境的影响下或多或少地也出现了一些变化。例如：

（为了便于了解蒙古语口语与书面语的关系，将书面语形式排列在口语形式之后，以便于相互比较和观察）

满语	蒙古语口语	蒙古语书面语
dabsun "盐"	dabsɔn	dabusun "盐" ①
gerci "告发人"	gərʧ	gereči "证人，见证人，证物" ②
arjan "奶酒"	ardʒan	araǰa "头次回锅奶酒" ③
karun "哨探，哨兵"	xarɯːl	xaraɣul "岗哨" ④
gohon "钩子"	gɔxɔn	ɣoxan "钩子"
non "妹"	nɔːn	non ← noɣun "妹妹" ⑤
nomhon "忠厚，老实"	nɔmxɔn	nomoxan "忠厚，老实的，驯服的"

满语	蒙古语口语	蒙古语书面语
᠊᠊᠊᠊᠊ tomorhon "清楚，明白"	tɔmɔrxɔn	᠊᠊᠊᠊᠊ tomoraγun "较大的，较粗大的"
᠊᠊᠊ yo-mbi "走"	jɔ-ß	᠊᠊᠊ yabu-xu "走"
᠊᠊᠊ hoton "城墙，城"	xɔtɔn	᠊᠊᠊ xotan "城，城市，家园，牲畜歇处"
᠊᠊᠊ yogto "趣儿，趣味，兴味"	jɔgt	᠊᠊᠊ yoγta "隐喻的，含蓄的"⑥
᠊᠊᠊ joran "大走（马的走法）"	dʒɔrɔ:	᠊᠊᠊ ǰiruγan "大走，（马等）对侧步"⑦
᠊᠊᠊ tod "托忒"	tɔd	᠊᠊᠊ todo "托忒"
᠊᠊᠊ colo "号，称号"	tʃɔl	᠊᠊᠊ čola "称号，名号"⑧
᠊᠊᠊ coman "大酒杯"	tʃɔmɑ:n	᠊᠊᠊ čomo "杯子"⑨
᠊᠊᠊ como "大酒杯"	tʃɔmɔ:	᠊᠊᠊ como "杯子"⑩
᠊᠊᠊ halu-kan "温，暖"	xalɷ:n	᠊᠊᠊ xalaγun "热，温"⑪
᠊᠊᠊ haša "仓房"	xaʂa:	᠊᠊᠊ xasiya "院子，围墙，栏"⑫
᠊᠊᠊ haša-mbi "四周围起"	xaʂa:	᠊᠊᠊ xasiya "院子，围墙，栏"⑬
᠊᠊᠊ jucun "戏"	dʒyʃug	᠊᠊᠊ ǰüǰüge "戏"⑭
᠊᠊᠊ aršan "甘露"	arʂa:n	᠊᠊᠊ arsiyan "温泉，圣水，甘露"
᠊᠊᠊ erun "刑"	əru: < əru:n	᠊᠊᠊ < ᠊᠊᠊ eregün "刑，刑法"
᠊᠊᠊ turule-mbi "带头儿，为首"	turu:lə-	᠊᠊᠊ terigüle-xü "领先，领头"
᠊᠊᠊ tašara-mbi "错处，差错"	taʂa:ra-	᠊᠊᠊ tasiyara-xu "弄错，想错，误解"
᠊᠊᠊ adun "牧群"	adɷ:n	᠊᠊᠊ aduγun "马群，马匹"
᠊᠊᠊ aduci "牧马人"	adɷ:tʃin	᠊᠊᠊ aduγučin "马倌，牧马人"⑮
᠊᠊᠊ ala "山岗，平山"	ɷ:lan	᠊᠊᠊ aγulan "山"⑯
᠊᠊᠊ alin "山"	ɷ:lan	᠊᠊᠊ aγulan "山"⑰
᠊᠊᠊ buda "饭"	bɷda:	᠊᠊᠊ budaγa "饭"⑱
᠊᠊᠊ buren "海螺"	bɔrə:n	᠊᠊᠊ böriyen "号角，喇叭"⑲
᠊᠊᠊ baturu "勇，勇士"	ba:tɔr	᠊᠊᠊ baγatur "勇，英雄"⑳
᠊᠊᠊ culgan "会盟，检阅"	tʃɷ:lgan	᠊᠊᠊ čiγulγan "会盟，集会"

满语	蒙古语口语	蒙古语书面语
ᠴᡠᠯᡤᠠ culga-mbi "会盟，检阅"	ʧɷ:lgɑn	ᠴᡳᠶᡠᠯᡤᠠᠨ čiɣulɣan "会盟，集会"
ᡩᡝᠵᡳ deji "上等的物品"	də:ʤ	ᡩᡝᡤᡝᠵᡳ degeǰi "物之第一件，珍品" ㉑
ᡝᠵᡳᡥᡝ ejihe "奶渣滓"	ə:ʤig < ə:ʤikə	ᡝᡤᡝᠵᡝᡤᡝ egeǰege "奶豆腐" ㉒
ᡥᠠᠨ han "君，皇帝"	xɑ:n	ᠬᠠᠭᠠᠨ xaɣan "皇帝"
ᡨᡝᠮᡝᠨ temen "骆驼"	təmə:n	ᡨᡝᠮᡝᡤᡝᠨ temegen "骆驼"
ᡨᠣᠯᠣ tolo-mbi "数"	tɔ:l-	ᡨᠣᠶᠣᠯᠠ toɣola-xu "数"
ᠵᡝᡵᡝᠨ jeren "黄羊"	ʤə:rən	ᠵᡝᡤᡝᡵᡝᠨ ǰegeren "黄羊"
ᠵᡝᡵᡩᡝ jerde "红色"	ʤʒə:rdə	ᠵᡝᡤᡝᡵᡩᡝ ǰegerde "枣红毛的（马的毛色）"
ᡨᠣᠨ ton "数"	tɔ:n	ᡨᠣᠶᠠᠨ toɣan "数"
ᠰᠠᠯᡠ salu "胡子，胡须"	sɑ:l	ᠰᠠᡍᠠᠯ saxal "胡须" ㉓
ᡠᠴᡝ uce "牛、羊、鹿的臀尖和尾骨"	ɷ:ʧ	ᡠᠶᡠᠴᠠ uɣuča "荐骨部，骶骨部" ㉔
ᡴᡝᠵᡳᠨᡝ kejine "好久，良久"	xədʒi:ne	ᡍᡝᠵᡳᠶᡝᠨᡝᡳ xejiyenei "很早，老早，早已" ㉕
ᡥᠣᡧᠣ hošo "角儿，隅"	xɔʃɷ:	ᡍᠣᠰᡳᠶᡠ ~ ᡍᠣᠰᠣᠣ xosiɣu~ xošoo "角，尖角"
ᠵᠣᠯᡥᡡ jolhv "缰绳，扯手"	ʤɔlɔ:	ᠵᡳᠯᡠᠶᡠ ǰiluɣu "扯手，缰绳" ㉖
ᡧᠣᠯᠣ šolo "闲，空闲"	ʂolo:	ᠴᡳᠯᡳᠸᡤᡝ čilüge "闲，自由" ㉗
ᡳᠮᠠ ima-hv "青羊，山羊"	imɑ:	ᡳᠮᠠᠶᠠᠨ imaɣan "山羊" ㉘
ᡥᡡᠶᠠᠰᡠᠨ hvyasun "（鹰）脚绳"	ɷja:sɔn	ᡠᠶᠠᠶᠠᠰᡠᠨ uyaɣasun "系绳，拴绳，带" ㉙
ᠵᠣᠵᡳᠨ jojin "（马）嚼子"	ʤɔ:ʤin	ᠵᠠᠶᡠᠵᡳᠨ ǰaɣuǰin "（马）嚼子" ㉚
ᡩᡝᡥᡝ dehe "鱼钩"	dəgə:	ᡩᡝᡤᡝᡤᡝ degege "钩子" ㉛
ᡴᠠᡨᡠᠨ katun "强壮，健壮"	xatɷ:n	ᡍᠠᡨᠠᠶᡠᠨ xataɣun "硬的，坚硬" ㉜
ᡩᠠᡵᡳ dari-mbi "顺便去"	dæ:rɑ-x	ᡩᠠᠶᠠᡵᡳ daɣari-xu "经过，路过，假道" ㉝

满语	蒙古语口语	蒙古语书面语
᠊ᠠᠷᠢᠨ darin "迎鞍疮"	dæ:ran	᠊ᠠᠷᠢᠨ daɣarin "鞍伤，迎鞍疮" ㉞
᠊ᠠᠷᠢᠮᠪᠢ hari-mbi "烤，烙，烫"	xæ:ra-x	᠊ᠠᠷᠢᠷᠢᠬᠤ xaɣari-xu "烙，煎" ㉟
᠊ᠠᠷᠢᠮᠪᠢ šari-mbi "化铁"	ɕæra-x	᠊ᠢᠷᠠᠬᠤ sira-xu "（在火中）烧，烤" ㊱
᠊ᠠᠷᠤᠯᠠᠮᠪᠢ karula-mbi "报，报答，报应"	xærɵ:la-x	᠊ᠠᠷᠢᠶᠤᠯᠠᠬᠤ xariɣula-xu "回答，回应，报答" ㊲
᠊ᠡᠩᠭᠦᠨ meŋgun "银子"	məŋgun ~ məŋgən	᠊ᠦᠩᠭᠦᠨ möŋgün "银子"
᠊ᠡᠴᠦᠨ kecun "凶恶的，恶毒的"	xəʧu:n	᠊ᠡᠴᠡᠭᠦᠨ xečegün "厉害的，艰难的" ㊳
᠊ᠡᠴᠦ kecu "凶恶的，狠毒的"	xəʧu:	᠊ᠡᠴᠡᠭᠦᠦ xečegüü "厉害的，艰难的" ㊴
᠊ᠠᠷᠠᠴᠢᠨ taracin "种田人"	tara:ʧin	᠊ᠠᠷᠢᠶᠠᠴᠢᠨ tariyačin "农民，种田人" ㊵
᠊ᠦᠰᠦᠨ kušun "不舒服"	xuʂu:n	᠊ᠦᠰᠢᠭᠦᠨ xösigün "僵硬的，笨重的" ㊶
᠊ᠦᠩᠰᠦᠨ kuŋšun "略有焦味"	xuŋʂu:n ~ xəŋʂu:n	᠊ᠡᠩᠰᠢᠭᠦᠨ xeŋsigün "燎煳味道" ㊷
᠊ᠢᠯᠪᠤᠷᠢ cilburi "偏缰"	ʧilbɵ:r	᠊ᠣᠯᠪᠤᠶᠤᠷ čolboɣor "偏缰" ㊸
᠊ᠠᠪᠱᠠᠨ jabšan "幸运，福气"	ʤabʂa:n	᠊ᠠᠪᠱᠢᠶᠠᠨ jabsiyan "机会，时机，幸运" ㊹
᠊ᠢᠴᠡᠮᠪᠢ kice-mbi "勤，努力"	xiʧə: ~ xəʧə:	᠊ᠡᠴᠢᠶᠡᠬᠦ xečiye-xü "谨慎，努力，勤奋" ㊺
᠊ᠤᠷᠤᠯᠠᠮᠪᠢ burula-mbi "败逃，败走"	bɵrɵ:la-x	᠊ᠤᠷᠤᠶᠤᠯᠠᠬᠤ buruɣula-xu "败走" ㊻

注释：

① 蒙古语 [ɵ] 在满语中用 u 来替代，这是因为满语的 v[ɵ] 不出现在

舌根辅音以外的其他辅音之后。

②蒙古语口语 gərʃ 借入满语以后，为了构成开音节结构，词尾添加了元音 i。

③蒙古语书面语 （araja）曾有过词尾 -n 辅音，它在发展过程中脱落了。蒙古语口语虽然保留了词尾 -n，但是词中第二音节元音 ɑ 却脱落了，蒙古语借词 （arjan）正是在这个阶段借入满语的。

④蒙古语借词中将蒙古语词尾 -l 替换为 -n。

⑤蒙古语书面语的 （non），在《蒙古秘史》中以 （noɣun）的形式出现， （noɣun）在口语中虽然演变为 nɔ:n，但是书写时却写为短元音的 （non）。类似现象也出现在 xɑ:n "皇帝" 中，有时将 xɑ:n 也写为短元音的 （xan），但是多数情况下写为 （xaɣan）。又如将 ʧɔmɔ: 书写为 （como）的情况亦同。

⑥蒙古语口语 jɔgt 借入满语以后，基于满语开音节的音节特点，词尾添加了 o[ɔ]，使之变成了开音节结构的 （yogto）。

⑦蒙古语书面语的 jiruɣan 在口语中演变为 dʒɔrɑ:n 之后，按照元音和谐律要求，演变为 dʒɔrɔ:n，之后词尾 -n 脱落，即 jiruɣan→dʒɔrɑ:n→dʒɔrɔ:n→dʒɔrɔ:。dʒɔrɑ:n 这个阶段时借入了满语，之后长元音 ɑ: 被调适为短元音 a，变成了 （joran）。

⑧蒙古语口语 ʧɔl 借入满语以后，在满语开音节特点要求下，词尾添加 o[ɔ] 元音变成了开音节结构的 （colo）。

⑨在蒙古语科尔沁土语中，蒙古语书面语的 （čomo）被称为 ʧɔmɑ:，ʧɔmɑ: 是 ʧɔmɑ:n 的词尾 -n 的脱落形式，而 ʧɔmɑ:n 的早期形式是 čomaɣan。因此，满语的 （coman）是在蒙古语口语的 ʧɔmɑ:n 这个阶段借入的，之后按照满语的语音特点，将长元音 ɑ: 调适为短元音 a，变成了 （coman）。在蒙古语中 ʧɔmɑ:n 则通过 ʧɔmɑ: 演变为 ʧɔmɔ:（元音和谐律的唇状和谐），书写为 （čomo）。

⑩满语的 （como）借自蒙古语口语 ʧɔmɔ:。在满语中长元音 ɔ: 被调适为短元音 o[ɔ]。蒙古语借词 （como）和 （coman）是在不同

时期从不同地区借入的蒙古语借词。

⑪ 满语的 ᡥᠠᠯᡠᡴᠠᠨ（halu-kan），从结构上分析，是由两个部分组成的，halu- 是词根，-kan 是词缀。词根 halu- 借自蒙古语口语 xɑlɯːn。借入满语以后词中长元音 ɯː 被调适为相近的短元音 u，词尾 -n 在接加词缀 -kan 时脱落了。

⑫ 蒙古语口语的 xaʂaː 借入满语以后，长元音 ɑː 被调适为短元音 a，变成 ᡥᠠᡧᠠ（haša）。在语义上由"围堵"转义为与"围堵"相关的名词"仓房"（满族的仓房是由柳条等围堵起来的储物场所）。

⑬ ᡥᠠᡧᠠᠮᠪᡳ（haša-mbi）是 ᡥᠠᡧᠠ（haša）的动词派生形式，在语义上从表达"围堵"的名词意义变为行为意义，即"四周围起"。

⑭ 蒙古语口语 dʒɣʧʊg 的词尾辅音 -g，在满语中被更换为 -n，对此见前面"更换结尾辅音"的有关说明。

⑮ 满语中词尾辅音 -n 脱落了。

⑯ 蒙古语口语 ɯːlɑn 借入满语以后，因为满语中没有长元音 ɯː，所以将 ɯː 调适为展唇的 a（满语中词首也不出现 ɯ，所以在后音节 a 元音的影响下调适为 a），从而变成了 alan，之后，词尾 -n 辅音脱落，进一步变成了 ᠠᠯᠠ（ala）。词尾 -n 的脱落现象，与上例 -cin→-ci 属同一个现象。

⑰ 蒙古语的 ɯːlɑn 借入满语以后演变成了 alan，alan 在满语残存的元音屈折构词法的作用下，将 alan 的第二音节 a 变成了 i，alan 变成了 ᠠᠯᡳᠨ（alin）。之后并列的 ᠠᠯᠠ（ala）和 ᠠᠯᡳᠨ（alin）在语义上进行了分工，前者表达"山岗，平山"的意义，后者表达"山"的意义。

⑱ 满语的 ɯ 元音不出现在除舌根辅音以外的其他辅音之后，所以将蒙古语 bɯdɑː 的 ɯ 调适为相近的 u；又由于满语中没有长元音 ɑː，所以将蒙古语长元音 ɑː 调适为短元音 a。

⑲ 满语中没有 [o] 元音，所以将蒙古语 borəːn 的 [o] 调适为相近的 u；又因满语中没有长元音 əː，所以将 əː 调适为短元音 e。

⑳ 蒙古语借词 ᠪᠠᡨᡠᡵᡠ（baturu）"勇，勇士"是由蒙古语 bɑːtɯr 调适而来的，在满语中做了如下调适：由于满语中没有长元音 ɑː，所以将长元

音 ɑ: 调适为短元音 a；满语中 ɷ 元音不出现在除舌根辅音以外的其他辅音之后，所以将 ɷ 调适为相近的 u；满语的音节结构以开音节为主，所以在词尾 -r 后按照元音和谐律添加了元音 u，使其变成了符合满语音节特点的开音节 -ru。

㉑ 与上例一样，因为满语中没有长元音，所以将蒙古语 də:dʒ 的长元音 ə: 调适为短元音 e，之后词尾 -dʒ 后添加了短元音 i，使其变成了开音节结构的 ᠳᡝᠵᡳ（deji）。

㉒ 对于 h/g 的对应，见前面"早期舌根辅音 k"的有关说明；为了适应满语开音节为主的音节要求，词尾 -h 后添加了元音 e，使其变成了符合满语音节特点的 -he。

㉓ 蒙古语书面语的 ᠰᠠᡍᠠᠯ（saxal）在《蒙汉词典》（修订本）中将其口语形式标注为 saxǎl，词中的 x 辅音还保留着，但是在有的方言中，如科尔沁、喀喇沁等土语中变成了 saʁal 或 sa:l，即词中只保留着微弱的小舌浊擦音 [ʁ]，或小舌浊擦音 [ʁ] 完全消失，成为长元音。大概满语借词 ᠰᠠᠯᡠ（salu）是从这些方言的 saʁal 或 sa:l 借入的。借入满语以后长元音 ɑ: 被调适为短元音 a，之后按照满语音节特点，将闭音节结构改造为开音节结构，即词尾 -l 后增加了 u 元音，构成了 ᠰᠠᠯᡠ（salu）。

㉔ 蒙古语口语 ɷ:ʧ 借入满语以后长元音 ɷ: 在满语中被调适为相近的 u，之后，根据满语音节特点，词尾 c 后添加了元音 e，构成了开音节的 uce。

㉕ 蒙古语口语 xədʒi:ne: 借入满语以后，长元音 i: 和 e: 分别被调适为短元音 i 和 e。

㉖ 蒙古语口语的 dʒɔlɔ: 借入满语以后，由于满语没有长元音 ɔ:，所以被调适为短元音 o[ɔ]，之后，再接加词缀 -hv 时，h 前的短元音脱落。

㉗ 蒙古语口语的 ʂolo: 是东部地区科尔沁土语中所使用的语音形式，满语 ᡧᠣᠯᠣ（šolo）显然是从这里借入的。满语中由于没有 [o] 和 [o:] 元音，所以都用 o[ɔ] 元音来调适。

㉘ 蒙古语口语的 imɑ: 借入满语以后，由于满语中没有长元音 ɑ:，所

以调适为短元音 a，之后 ima 上再附加词缀 -hv，构成了满语的 ᡳᠮᠠᡥᠠ（ima-hv）。

㉙ 在中世纪蒙古语中该词词首还保留着 h- 辅音，如在《蒙古秘史》语言中的 huya'asun。满语借词 ᡥᠣᠶᠠᠰᡠᠨ（hvyasun）词首还保留着辅音 h- 的情况表明，它是早期借入的词，借入时已经演变成 [hɷjɑ:sɷn]，就是说满语借入的是 [hɷjɑ:sɷn]。借入满语以后词中长元音 ɑ: 被调适为短元音 a，变成 ᡥᠣᠶᠠᠰᡠᠨ（hvyasun）。

㉚ 由于满语中没有长元音 ɷ:，所以将 ɷ: 调适为短元音 o[ɔ]。

㉛ 由于满语中没有长元音 ə:，所以在满语中将长元音 ə: 调适为短元音 e。

㉜ 由于满语中没有长元音 ɷ:，所以将长元音 ɷ: 调适为短元音 u。

㉝㉞㉟㊱ 由于满语中没有前化长元音 æ: 和短元音 æ，所以将 æ: 和 æ 都调适为 a。

㊲ 由于满语中没有前化元音 æ，所以将 æ 调适为 a；由于满语中也没有长元音 ɷ:，所以把长元音 ɷ: 调适为相近的 u。

㊳㊴ 对于词首 k/x 的对应，见前面"早期舌根辅音 k"的有关说明。蒙古语长元音 u: 调适为短元音 u。

㊵ 满语中将蒙古语口语长元音 ɑ: 调适为短元音 a。

㊶ 满语中将蒙古语口语长元音 u: 调适为短元音 u。

㊷ 对于词首 k/x 的对应，见前面"早期舌根辅音 k"的有关说明。满语中将蒙古语口语长元音 u: 调适为短元音 u。

㊸ 满语中将蒙古语口语长元音 ɷ: 调适为相近的短元音 u。遵照满语开音节结构要求，词尾辅音 -r 后添加了元音 i 构成了开音节。

㊹ 满语中将蒙古语口语长元音 ɑ: 调适为短元音 a。

㊺ 对于词首 k/x 的对应，见前面"早期舌根辅音 k"的有关说明。满语中将蒙古语口语长元音 ə: 调适为短元音 e。

㊻ 满语中将蒙古语口语 ɷ 和 ɷ: 都调适为相近的短元音 u。

第四节　蒙古语借词语音变化

满语和蒙古语作为亲属语言，尽管存在着诸多相同或相似成分，但是它们毕竟是相互有区别的两种语言，各自的内部发展规律和发展方式也都有区别。蒙古语借词进入满语以后，在语音上接受满语语音系统的调适和语音规律的支配，由于满语自身发音习惯和词的内部环境，以及发展演变等因素的不同，蒙古语借词语音还发生了一些变化。

1. 塞擦音和擦辅音的变化

蒙古语借词中的一些塞擦音和擦辅音，借入满语以后，在满语发音习惯的影响和前后语音的作用下，塞擦音变成擦音，擦音又变成卷舌音。例如：

满语	蒙古语
hvsun "力，力量"	xüčün "力量，力气，劲"①
seremše-mbi "提防"	seremǰi-lexü "警惕，警戒，提防"
haša-mbi "四周围起"	xasi-xu "堵，截，挡，拦，阻挡"

在以上例词满语中发生了蒙古语 č→ 满语 s、蒙古语 ǰ→ 满语 š、蒙古语 s→ 满语 š 的变化。

2. 舌根辅音的同化

一些词中，在舌根辅音的同化作用下，发生同化或增音变化。例如：

满语	蒙古语
heŋge "瓜"	xemxe "甜瓜"
geŋgiyen "清，清澈"	gegen "明的，明亮的"

第一例中，蒙古语的 xemxe "甜瓜" 的早期形式是 kemke，这个时期 kemke 借入满语。之后，kemke 在两种语言中分别发生了如下不同的语音变化：

蒙古语中：kemke→xemxe（发生了 k→x 的变化）；

满语中： kemke→keŋke→heŋge（在 k 的影响下，m 同化为 ŋ，ŋ 又影响后面的 k 使其演变为不吐气的 g）。

第二例中，蒙古语的 gegen 借入满语以后发生了 gegen→geŋgiyen 的变化，与上例一样，g 前增生了同部位的 ŋ，它们同属一种发音习惯，同时在满语腭化发音习惯的作用下，-gen→-giyen[giən]。但是在蒙古语中 gegen 没有发生变化。

3. 边音 l 的变化

蒙古语词中 j 辅音之后，如果出现 l 辅音时，在满语中将其调适为 n 辅音。例如：

满语	蒙古语
ᠪᠠᠵᡳᠨᠠᠨ bajinan "略略地，少许"	ᠪᠢᠵᡳᠯᠠᠨ bijilan（土语）"小的"

这种变化仅见此一例。

4. 鼻辅音的逆同化

满语中如果后面出现 m、ŋ 等鼻辅音时，受其影响词首要增生 n-。例如（将借自口语的词放在方括号内）：

满语	蒙古语
ᠨᡠᠩᡤᠠᡵᡳ nuŋga-ri "（人畜）毫毛，绒毛"	ᠤᠩᡤᠠᠰᡠ uŋγa-su "（剪下来的）畜毛"
ᠨᡳᠮᠠᠯᠠᠨ nimalan "桑树"	ᡳᠯᠠᠮᠠᠨ ilaman "桑树"（l/m 交换）[2]
ᠨᡳᠮᠠᠨ niman "山羊" [imɑːn]	ᡳᠮᠠᠶᠠᠨ imaγan "山羊" [3]

5. 辅音的换位

与蒙古语相比较，满语中存在着辅音换位现象。这种辅音换位现象发生在如下场合，即如果出现习惯上不能连续发音的两个辅音时，那么就采用辅音换位的方式使其符合满语发音习惯。例如：

满语	蒙古语
ᠨᡳᠮᠠᠯᠠᠨ nimalan "桑树"	ᠢᠯᠠᠮᠠᠨ ilaman "桑树" ④
ᠮᠠᡥᠠᠯᠠ mahala "帽子"	ᠮᠠᠯᠠᠶᠠ malaya "帽子" ⑤

6. 强弱辅音的排列

满语中还存在着如果出现强、弱辅音连续发音的情况则调适为符合自己发音习惯的排列现象，因此，对不符合自己发音习惯的辅音进行调适。其中就包括蒙古语弱－弱辅音在满语中被调适为弱－强辅音，蒙古语强－强辅音在满语中被调适为强－弱辅音，以及蒙古语舌尖颤音被调适为舌尖边音或词尾鼻辅音 -n 被替换为 -ŋ 等情况。这种调适现象主要涉及前后辅音发音方法上的调整，这类例词也并不多见。例如：

满语	蒙古语
ᠠᠮᠼᠠᠮᠪᡳ amca-mbi "追，追赶"	ᠠᠮᠵᡳᠬᡠ amǰi-xu "赶上，来得及" ⑥
ᠲᠠᡩᡠᠮᠪᡳ tadu-mbi "用手或口把东西扯断，扯"	ᠲᠠᠲᠠᡥᡠ tata-xu "拉，拖，拽" ⑦
ᡤᡠᡵᡠᠨ gurun "国，国家，朝廷，部落"	ᡤᡠᡵᡡᠨ gürün "邦，国家，国度" ⑧
ᡤᡠᡵᡠᠩ guruŋ "宫"	
ᡨᠣᠩᡤᠣᠯᡳᠮᠪᡳ toŋgoli-mbi "翻跟斗，侧栽"	ᡨᠣᠩᠶᠣᡵᠠᡥᡠ toŋγora-xu "倒,颠倒，翻倒" ⑨
ᠪᠠᡳᡳᡨᠠ baiita "事，事情"	ᠪᠠᡳᡳᡩᠠᠯ baiidal "情况，形态，形势" ⑩

注释：

① 蒙古语的 ü[u] 在满语中变成了 v[ɯ]，这是由于满语中舌根辅音之后可以出现 v[ɯ]，所以将蒙古语 ü[u] 标记为 v[ɯ]。

② ᠨᡳᠮᠠᠯᠠᠨ（nimalan）"桑树" / ᠢᠯᠠᠮᠠᠨ（ilaman）"桑树"之间涉及两种变化，第一种是蒙古语 ᠢᠯᠠᠮᠠᠨ（ilaman）在满语词中经历了 l/m 辅音的相互换位，从而 ilaman 变成 imalan，在这个基础上，受 m 和 l 的影响，词首添加了辅音 n-，于是 imalan 变成了 nimalan。

③ 词首添加辅音 n- 的现象，在固有词中也不乏见到，这是满语的一种发音习惯。例如：iru "箭" — niru "箭、牛录（一种军事组织）"。

④ 在满语中不习惯于连续发 l-m 序列的辅音，所以当蒙古语 ᠢᠯᠠᠮᠠᠨ（ilaman）借入满语以后，其辅音 l-m 就被调换为 m-l，将 ilaman 变为 imalan。之后，又在后音节 m、l 等鼻辅音的逆向影响下，词首增生了 n-，变成 nimalan。

⑤ ᠮᠠᡥᠠᠯᠠ（mahala）"帽子" / ᠮᠠᠯᠠᡤᠠ（malaɣa）"帽子"虽然存在着 l/ɣ 的换位现象，但是，实际上并不是在满语中进行的换位，而是在蒙古语中发生的换位。我们认为，该词的早期形式是 makala，这个时期借入了满语，之后在满语中演变成了 mahala；而在蒙古语中，makala 演变成了 maɣala 后发生了辅音 ɣ/l 换位，变成了现在的 malaɣa。

⑥ 蒙古语不吐气塞擦音 j 在满语中调适为吐气塞擦音的同时，元音 i 也被同化为 a。

⑦ 蒙古语第二音节吐气的塞辅音 t 在满语中调适为不吐气的塞辅音 d。

⑧ 满语中蒙古语借词 ᡤᡠᡵᡠᠨ（gurun）通过词尾辅音的变化，又分化出 ᡤᡠᡵᡠᠩ（guruŋ）一词，表达 "宫" 的意思。ᡤᡠᡵᡠᠩ 和 ᡤᡠᡵᡠᠨ 借助词尾辅音的不同在语义上进行了分工：ᡤᡠᡵᡠᠩ（guruŋ）表达 "宫" 的意思，ᡤᡠᡵᡠᠨ（gurun）表达 "国，国家，朝廷，部落" 的意思。

⑨ 蒙古语词中的 r 辅音在满语中被替换为 l 辅音。

⑩ 关于 ᠪᠠᡳᡳᡨᠠ（baiita）词尾辅音 -l 的失去，见前面 "闭音节去掉结尾辅音" 的有关说明。

第五节　词的派生发展

满语中的蒙古语借词随着时间的流逝，逐渐融入了满语词汇体系，成为满语词汇的正式成员，开始接受满语内部发展规律的支配，按照满语构词法派生和发展，而在蒙古语中，语言的发展也没有停止，也按照蒙古语

自己的构词法派生和发展，于是蒙古语借词和蒙古语词之间出现了各自不同的派生发展关系。

满语词汇的发展规律与蒙古语不同。蒙古语借词进入满语的时间越长，满语化程度就越高。

一、元音屈折法派生新词

在语言历史上，蒙古语族诸语言和满－通古斯语族诸语言都曾经历过元音屈折方法构词的发展阶段，但是随着语言的发展，元音屈折的构词法逐渐让位给了后来的词缀构词法，词缀构词法逐渐成为构词的主要手段，与此同时，元音屈折的构词法渐渐地失去其原来的作用而依稀残存，它的历史痕迹至今仍以僵化的形式保留在一些词中，如在一些古老而基本的人称代词以及其他一些词类中，但是仔细比较分析后发现，元音屈折手段依然在一些词中发挥着构词作用。尽管这些形式现在已经失去活性，但是它们在语言的发展历程中曾起过的重大作用是不容忽视的。例如蒙古语中：

人称代词　bi "我－单数"　　　　　ba "我们－复数"

　　　　　či "<ti, 你－单数"　　　ta "你们－复数"

　　　　　in "他、她－单数"　　　an "他们、她们－复数"

以上人称代词中，i 表达"单数"，a 表达"复数"，所以，元音 i/a 具有语法上的区别意义。

普通名词　degere "上，上面"　　doora（<goyora）"下，下面"

　　　　　emune "南"　　　　　　omara "北"

以上例词中不同的 e/o 元音，区别了不同的方位意义，e 为"上"，o 为"下"，这些不同的元音具有构词意义。

这种元音屈折现象同样也存在于满语中，只是其内容与蒙古语有所不同而已。例如在人称代词中：

人称代词	bi "我－单数"	be [bə]（书面语）
		[buə]（口语）<*bu "我们－复数"
	si "你－单数"	suwe[suə]<*su "你们－复数"
	i "他、她－单数"	—

第一人称中，i 为单数，u 为复数（满语中圆唇元音向展唇化发展，所以，u 变成了 e。对于 u，它还保留在鄂温克语等语言中，如鄂温克语 buu "我们"。而满语口语中的 [buə] 则反映了 u 的展唇化的过程，即圆唇元音 u 是通过复元音阶段演变成展唇元音 e 的，即：u ›uə→ə）。

第二人称中，也是 i 为单数，复数则是复元音 [uə]，比较鄂温克语 suu "你们"，知道满语第二人称复数正处在圆唇元音向展唇元音发展的过渡阶段——复元音这个阶段上。比较第一人称复数的 be，第二人称复数的 [uə] 的展唇化发展显然慢了一些。

第三人称中，只保留了单数的 i，而复数形式已经消失。

再看看普通名词。例如方位名词：

den "上，上面"　　do "里，里面"

与人称代词元音屈折内容不同，方位名词中 e/o 相互区别语义，e 表达 "上" 的意义，o 表达 "里" 的空间意义。

通过比较发现，满语的元音屈折内容与蒙古语不完全一样，虽然人称代词中 i 都表达单数，但是表达复数的却不同。在表达方位空间意义的普通名词中，其屈折内容则与蒙古语一样。

满语的其他静词中也存在着程度不同的元音屈折的构词现象，其元音屈折内容也各不相同。如下列词中，生物的性别属性用 a 和 e 的区别来表达，a 表达雄性，e 表达雌性。例如：

雄性	雌性
ᠠᠮᠠ ama "父"	ᠡᠮᠡ eme "母"
ᡥᠠᡥᠠ haha "男人"	ᡥᡝᡥᡝ hehe "女人"

与此相关，a 和 e 也可以表示阳和阴的自然属性。例如：

ᠠ a "阳"	ᡝ e "阴"

以上情况说明，在满语中元音屈折构词法还保留着微弱的活力，并没有彻底僵化，所以，当蒙古语借词出现在满语中时，元音屈折构词法的活力亦被激活，借入的蒙古语中性词在满语中便被赋予了性属区别，从而丰富了满语词汇，提高了满语的构词能力。

例如，蒙古语 ᠨᠠᠭᠴᠤ naγču 借入满语以后，它在满语中分裂出了两个词，即表达"舅舅"的 ᠨᠠᠭᠴᠤ nagcu 和表达"舅母"的 ᠨᡝᡤᠴᡠ negcu。它所采用的方法就是元音屈折构词法。这里也是 a 表达雄性，e 表达雌性。因为在蒙古语中，ᠨᠠᠭᠴᠤ naγču 一般只表达娘家的哥哥或弟弟，它不含有性别属性，是中性词。如果当明确表示"舅父"或是"舅母"时，可以在 ᠨᠠᠭᠴᠤ naγču 上加"父"或"母"的词来加以确定，即 ᠨᠠᠭᠴᠤ ᠠᠪᡠ naγču abu "舅父"，ᠨᠠᠭᠴᠤ ᡝᠵᡳ naγču eji "舅母"。

如下面的蒙古语借词，它们在蒙古语中都是中性词，但是借入满语以后，通过元音的屈折，派生为具有生物学联系的雄性和雌性两个词。例如：

满语	蒙古语
ᠠᠷᠰᠠᠯᠠᠨ arsalan "狮子"	ᠠᠷᠰᠯᠠᠨ arslan "狮子"
ᠡᠷᠰᡝᠯᡝᠨ erselen "狻猊（狮子）"	
ᠨᠠᠭᠴᠤ nagcu "舅舅"	ᠨᠠᠭᠴᠤ naγču "舅舅"
ᠨᡝᡤᠴᡠ negcu "舅母"	
ᡤᠠᡵᡠᡩᠠᡳ garudai "凤"	ᡤᠠᡵᡠᡩᠠᡳ garudai "凤凰"
ᡤᡝᡵᡠᡩᡝᡳ gerudei "凰"	

以上例词表明，从蒙古语借入的没有性属区别的中性词，进入满语以后，借助元音的不同区分了性属，即 a 为雄性，e 为雌性。

我们还看到，不仅在生物名词中存在着元音屈折现象，在器具名词中也存在着元音屈折现象。例如：

满语	蒙古语
ᠰᠠᡤᠰᡠ sagsu "竹篓子，荆条篓子"	ᠰᠠᠶᠰᡠ saɣsu "篮，篮子，筐子"
ᠰᡝᡤᠰᡠ segsu "油篓，酒篓"	

前面例子中的 a/e 表达的是生物性属区别，而这里表达的却是非生命体的普通物体，在这里，元音屈折法也发挥了构词作用，它通过元音的不同派生出了不同用途的"篮子"，即用于存放食物等的 ᠰᠠᡤᠰᡠ sagsu "竹篓子、荆条篓子"和存放酒、油等液体的 ᠰᡝᡤᠰᡠ segsu "油篓，酒篓"。通过以上方法，蒙古语的 ᠰᠠᠶᠰᡠ saɣsu "篮，篮子，筐子"在满语词汇中得到了更细分工，丰富了"篮，篮子，筐子"的种类。

下面这一组词中的元音屈折现象出现在自然界名词中，例如：

满语	蒙古语
ᠠᠯᠠ ala "山岗，平山"	ɷ:lɑn（口语）ᠠᠶᡠᠯᠠᠨ aɣulan "山"
ᠠᠯᡳᠨ alin "山"	

该组词是从蒙古语口语 ɷ:lɑn 一词借入满语的，借入满语以后按照满语语音特点进行了一番改造，过程如下：

ɷ:lɑn　　　→ alan → ala

　　　　　→ alan → alin

对以上过程描述如下：

1. 前面已经说过，满语中没有长元音音位，所以，ɷ:lɑn 借入满语以后，对蒙古语长元音 ɷ: 进行调适，由于后音节有展唇元音 a，所以，ɷ:- 被调适为短元音 a，从而完成了 ɷ:lɑn 在满语中变成 alan 的改造。

2. 在 alan 这个阶段，满语的元音屈折构词法发挥了作用，将 alan 的第二音节元音 a 变换为 i，从而 alan 变成 alin，于是相互分工，alan 表达"山岗，平山"的意义，alin 表达"山"的意义。

3. 与 alin 并列存在的 alan 继续接受满语语音规则的规范，在开音节规则的规范下，使词尾 -n 脱落，变成了开音节的 ala，而 alin 中没有发生 -n 脱落的现象。

进一步分析后还发现，元音屈折法的实现，并不是一次性的，而是有一个过程，那就是首先其语音发生变化，之后在语音变化的基础上，才出现语义上的分工。例如：

满语	蒙古语
gilug "骥"	xölög "骥，骏马"
kulug "骥"	

蒙古语 xölög 的早期形式为 kölög，kölög 借入了满语以后被调适为 kulug。kulug 在满语中也有了进一步变化，kulug 变成了 gilug，之后这两个词并列存在。之后，并列的 kulug 和 gilug 虽然在语音上有了一定的区别，但是在语义上还没有进行明确分工。所以我们认为，kulug 和 gilug 刚完成了元音屈折的第一步，正处在语音交替阶段上，下一步应该是进行语义上的分工。遗憾的是，由于满语已经失去了社会交际功能，当然也就没有语义分工这一步了。

二、辅音变化区别语义

在满语借词中，借助辅音的不同变化进行语义分化，能够构成近义词。例如：

满语	蒙古语
hagsa-mbi "心里发烧，火烧似的"	xaγsa-xu "烤干，干"
hagša-mbi "（油）炸，炒焦"	

蒙古语的 xaγsa-xu "烤干，干" 借入满语以后，词中 s 辅音腭化为 š，于是借助 s 与 š 的不同分化出了 "心里发烧，火烧似的" 的

hagsa-mbi 和"（油）炸，炒焦"的 ᠬᠠᡤᠰᠠ hagša-mbi。二者都取义于蒙古语 ᠬᠠᠶᠢᠰᠠ xaɣsa-xu 的"热"，之后在满语中"热"分化为表达抽象的"心里发烧，火烧似的"和具象的"（油）炸，炒焦"的意义。尽管这样的例子很少见，但是作为一种语言现象值得关注。

三、词缀法派生新词

采用词缀法派生新词的手段是满语和蒙古语派生新词的主要方法，因此在这两种语言中存在着丰富的构词词缀。下面仅对本书中出现的构词词缀进行分析和讨论。

1. 蒙古语词的派生发展

一些早期借入满语的蒙古语借词进入满语以后，作为满语词汇大家庭的新成员，仍保持着借入之时的形式，没有发生派生变化，可是在蒙古语中却没有停止其派生发展的脚步，继续按照蒙古语词汇的发展规律派生发展。比较满语中的蒙古语借词，蒙古语词进一步派生发展的词缀主要有 -sun、-su、-gür、-ɣul、-ɣan、-ye、-ldu、-ɣan、-xei 等静词词缀，-la、le、-re、-ma、-ɣa 等派生动词词缀（编纂词典要求动词不能以动词词干结尾，要有一定的结尾形式，所以在满语中采用陈述式的 -mbi 来结尾，在蒙古语中采用形动词现在将来时的 -xu、-xü 词缀来结尾，这是编写词典词条的要求，因此，本书录用这两种语言的例词时没有将各自语言的动词结尾形式归入派生范围）。例如（再派生词词干与词缀以连接线分开）：

满语	蒙古语
ᠠᡤᠸᡵᠠ agvra "器物"	ᠠᠶᠤᠷᠠ aɣura-sun "各种器物"
ᠪᡝᡵᡳ beri "弓"	ᠪᡝᡵᡳ beri-ye "（鞭子的）把儿"
ᡥᠠᠶᠢᠯᠠᠨ ᠮᠣᠣ hailan moo "榆树"	ᠬᠠᠶᠢᠯᠠ xaila-sun "榆树"
ᠪᡠᡵᡤᠠ burga "柳条"	ᠪᡠᡵᠶᠠ burɣa-su "柳树"
ᠠᠨᠵᠠ anja "犁"	ᠠᠨᠵᠢ anji-su "犁"
ᠣᠯᠣ olo "线麻"	ᠣᠯᠣ olo-su "麻"
ᠰᡝᠯᠪᡳ selbi "船桨，划子"	ᠰᡝᠯᠪᡳ selbi-gür "（船）楫，橹，桨"

满语	蒙古语
᠊ horin "笼子"	᠊ xori-γul "圈" ①
᠊ karan "高台，台子"	᠊ xara-γul "岗哨" ②
᠊ hvda "生意，买卖"	᠊ xuda-ldu-γan "卖，买卖"
᠊ duri-mbi "夺，抢"	᠊ türim-xei-le-xü "横行霸道，侵略" ③
᠊ inca-mbi "马嘶，马啸"	᠊ inča-γa-xu "马嘶，马啸"
᠊ ogca-mbi "附着的东西掉下来，脱开，脱落"	᠊ ogčo-ra-xu "断"
᠊ kara-mbi "保护，保卫"	᠊ xar-ma-la-xu "收拢，敛起，搂"
᠊ haira-mbi "爱惜"	᠊ xaira-la-xu "爱惜"
᠊ baica-mbi "调查，访查，查看"	᠊ baiča-γa-xu "调查，检查"
᠊ degji-mbi "兴旺，兴隆"	᠊ degji-re-xü "升，上升，兴旺，兴盛"

比较以上满语中的蒙古语借词，其应该是在蒙古语词还没有附加上述词缀派生为新词时借入的。这些蒙古语借词词干在满语中可以构成再派生新词的基础，可以独立使用，具有再派生新词的能力，但是在蒙古语中，这些相对应的词干却已经完全失去了再派生新词的基础功能而变成了僵化词干。

2. 蒙古语借词的派生发展

一些借入满语的蒙古语借词被满语词汇系统完全接受，融入满语词汇中以后，作为满语词汇的一分子，开始按照满语词汇发展规律派生发展。再派生新词的词缀有 -gi、-ki、-ku、-ha、-hvn、-hv、-le、-to、-ci、-bun、-la 等。比较蒙古语词，它却没有再派生发展，依然停留在原来的形式上。例如：

满语	蒙古语
᠊ uneŋ-gi "诚，真诚"	᠊ ünen "真的，真实的，确实的" ④
᠊ bardaŋ-gi "自尊自大，自夸，骄矜"	᠊ bardam "骄傲的，自恃的" ⑤

满语	蒙古语
ojom-gi "吻，接吻"	oǰo-xu "接吻，吻" ⑥
dursu-ki "相似，类似"	dürsü "形，相貌，模样"
nemer-ku "雨衣"	nemere-xü "披上" ⑦
anda-ha "客人，宾客"	anda "盟友，结拜兄弟"
ima-hv "青羊，山羊"	imaːn（口语） imaɣan "山羊" ⑧
nar-hvn "细，细长"	narin "细的，窄的，尖的" ⑨
jebe-le "箭袋"	ǰebe "镞"
boho-to "驼峰"	böxö "（驼）峰" ⑩
nima-ci "羊皮"	imaːn（口语） imaɣan "山羊" ⑪
šaji-la-mbi "禁止"	šaǰin~šasin "宗教，法度"
šajin "法，法则，禁约"	

3. 各自语言中的派生发展

蒙古语词和满语中的蒙古语借词在各自语言中都有了新的再派生发展。例如：

满语	蒙古语
hada-la "辔"	xaǰa-ɣar "马嚼子" ⑫
seremše-mbi "提防"	seremǰi-le-xü "警惕，警戒，提防"
dali-bun "遮拦"	dal-da "暗地的，隐蔽的"
nuŋga-ri "（人畜）毫毛，柔毛，绒毛"	uŋɣa-su "（剪下来的）畜毛" ⑬

在以上例词中，虽然它们都有了派生发展，但是它们的派生词缀并不一样，显示了不同语言的不同派生发展特点。

注释：

① "圈"在满语中转义为 horin "笼子"，而蒙古语中派生后的 xori-ɣul 仍保留了"圈"的语义。

② 满语中，"看"的基本语义转义为  karan "高台，台子"，而派生后的蒙古语词则表达 xara-ɣul "岗哨"的意义。

③ 蒙古语词中 türi- 是词根，其后接加词缀 -bu（表达使动意义）后，-bu 演变为 -m（←mu←bu），之后在 türim- 上再接加词缀，构成了 türim-xei-le-xü。

④ 满语中，在 g 辅音的同化作用下，g 前面的 -n 演变为 -ŋ。

⑤ 满语中，在 g 辅音的同化作用下，g 前面的 -n 演变为 -ŋ；而在蒙古语中居于词尾的 -n 演变为 m。

⑥ 蒙古语 oʝon 接加词缀 -xu 时，词尾 -n 脱落，而在满语中 -n 在前面圆唇元音的影响下，演变为双唇音 -m。

⑦ 满语中，k 辅音前的元音一般容易脱落。

⑧ 蒙古语口语 imɑːn 借入满语以后，词尾辅音脱落，长元音被调适为短元音 a，之后接加词缀 -hv。

⑨ 蒙古语 narin 在满语中基于开音节需要，词尾语音脱落，narin 变成 nari-，之后当接加以 h 起首的词缀时元音 i 脱落，即 nari-hvn→ nar-hvn。

⑩ 满语中没有 ö[o] 元音，所以，将它调适为 o[ɔ]。

⑪ 蒙古语口语 imɑːn 借入满语以后，将长元音调适为短元音 a，即 imɑːn→imɑn，之后接加词缀 -ci 时 -n 也脱落。对于词首增加 n- 辅音，见前面"鼻辅音的逆同化"的有关说明。

⑫ 满语  hada-la 中的词根 hada- 反映了早期借词的特点，借入满语时第二音节首辅音还没有腭化发展为塞擦音 j。

⑬ 对于蒙古语借词词首增加 n-，见"鼻辅音的逆同化"的有关说明。

第二章

汉语借词

第一节　满语中的汉语借词

汉语借词是满语中仅次于蒙古语借词数量的借词，汉语借词范围很广，它涵盖了方方面面，主要包括政治、军事、文化、经济、农业、科学技术、日常生活、日常用具等。本书重点收录的汉语借词仅限于社会生活方面的普通名词，而对于政治、军事、经济、科学技术等方面的诸多借词未加过多关注，其中只收录了少量的清代官职、衙署、人名、地名、动植物名称等专有名词。

识别汉语借词比识别蒙古语借词相对容易。汉语借词的难点主要表现在如何标记汉语语音上。因为汉语音位系统不同于满语音位系统，其音位数量不相等，发音方法也不一样，所以对借入满语后的汉语借词的标记成为一个需要妥善处理的问题。

比较来看，汉语的单元音中除了 ü[y]、ê[ɛ]、er[ɚ]、o[o] 等元音以外，ɑ、e、i、u 等元音与满语的单元音基本一样，因此，满文拼写汉语借词时只对 ü[y]、ê[ɛ]、er[ɚ]、o[o] 等元音进行了调适处理。除了以上情况以外，由于借自不同地区、发音不同的借词并列出现，导致借词的拼写形式也不一致，因而有借词重叠现象。

汉语和满语都有丰富的复元音音位，但是其内容不完全对应，尤其是汉语的三合元音，与满语不对应的更多一些。所以调适汉语借词的复元音以符合满语语音系统是一个难度较大且必须解决的问题。因此，在不能直接用满语复元音标记汉语复元音的情况下，满文采用了复杂的字母拼写方法，从而有效地解决了汉语复元音的标记问题。

在辅音体系中，虽然多数辅音相互对应，但是由于其语音体系不同，一些汉语辅音在满语中没有，如舌尖音 z、c，舌尖后音 zhi、chi、ri 和唇音 p 等辅音在满语中都不存在。为了准确标记这些辅音，满文中制定了专门的借词字母来标记以上语音。与此同时为了区别汉语借词语音和满语语音，对那些满文中原有的语音也制定了相应的字母。研究著作中称这些借词字母为"特定字母"。经过增列字母，达到了能够完整准确地标记汉语借词辅音的目的。

在标记汉语借词的过程中，我们发现有的汉语借词有两种标记形式并列存在，例如："北京"有 ᠪᡝᡤᡳᠩ（begiŋ）的写法，也有 ᠪᡝᠵᡳᠩ（bejiŋ）的写法。对于这种现象，我们认为它们是不同时期借入的借词。从 ᠪᡝᡤᡳᠩ（begiŋ）中的"京"（giŋ）字的读音来判断，giŋ 的读音是清代读音，所以我们认为它是这个时期借入的借词；而 ᠪᡝᠵᡳᠩ（bejiŋ）的"京"（jiŋ）的读音则是现代汉语的读音，所以我们认为该词是近代借入的借词（该词是通过蒙古语口语借入满语的）。由此看来，ᠪᡝᡤᡳᠩ（begiŋ）是早期借词，ᠪᡝᠵᡳᠩ（bejiŋ）是晚期借词，它们是不同时期借入的借词。

总体来看，根据语音判断，汉语借词中既有早期借词，也有晚期借词，也有不同地区借入的借词，对此本书一并列出，未加严格区分。

汉语借词分两列排列，满语为一栏，排列了满语中的汉语借词，汉语为另一栏，排列了来源汉字。来源汉字是根据《新华字典》来标注的。

对于汉语借词语音的标记，大部分元音和辅音在满文中都有相对应的或相近的字母来标记，对于满语中没有的复元音则采用拼写的方法来标记，而对于满语中没有的那些汉语借词语音，制定了专门的借词字母来标记。

满文中专门制定的借词字母如下：

汉语	p	z	c	k	g	h	zh	ch	r	i
转写	p	dz	ts	k	g	x	dẕ	tʂ	ẕ	i
读音	[p]	[dz]	[ts]	[k]	[g]	[x]	[dẕ]	[tʂ]	[ʐ]	[ɿ]
字母	ᠪ	ᡯ	ᡮ	ᠺ	ᡴ	ᡥ	ᠵ	ᠼ	ᠷ	ᡳ

一、汉语借词举例

满语	汉语
ᠠᠯᡳᡠᡳ aliui "耶律"	耶律 ye lü
ᠪᠠᠯᡳᠶᠠ baliya "罢了"	罢了 ba le
ᠪᠠᠨᡩᡝᠨ banden "板凳"	板凳 ban deng
ᠪᠠᠩ baŋ "榜"	榜 bang
ᠪᠠᠩᠰᡝ baŋse "梆子"	梆子 bang zi
ᠪᠠᡯᡠᠩ badzuŋ "把总"	把总 ba zong
ᠪᡝᡤᡳᠩ begiŋ "北京"	北京 bei jing
ᠪᡝᠵᡳᠩ bejiŋ "北京"	北京 bei jing
ᠪᡝᡳ ᡳᡠᡳ bei iui "备御"	备御 bei yu
ᠪᡝᡳ ᡳᡠᡳ ᡤᡠᠸᠠᠨ bei iui guwan "备御"	备御官 bei yu guan
ᠪᡝᡳᡤᡠᠸᠠᠨ beiguwan "备御"	备官 bei guan（"备御官"的简称）
ᠪᡝᠨ ben "本领"	本 ben
ᠪᡝᠨᠴᠠᠨ bencan "本钱"	本钱 ben qian
ᠪᡝᠩᠰᡝᠨ beŋsen "本事"	本事 ben shi
ᠪᡳᡤᠴᡠ bigcu "比丘僧人"	比丘 bi qiu
ᠪᡳᡤᠴᡠᠨᡳ bigcuni "比丘尼尼"	比丘尼尼 bi qiu ni ni
ᠪᡳᠨ ᠯᠠᠩ bin laŋ "槟榔"	槟榔 bing lang
ᠪᡳᠨ ᡯᡳ bin dzi "槟子"	槟子 bin zi
ᠪᡳᡳ bii "王位，汗位"	陛 bi
ᠪᡳᠶᠠᠨᡩᡠ biyandu "扁豆"	扁豆 bian dou
ᠪᡳᠶᠣᠣ biyoo "表"	表 biao
ᠪᠣᡶᡠᠨ bofun "包袱"	包袱 bao fu
ᠪᠣᠯᠣᠰᡠ bolosu "玻璃"	玻璃 bo li
ᠪᠣᠣᠪᡝᡳ boobei "宝贝"	宝贝 bao bei

满语	汉语
ᠪᠣᠴᡳᡠᠸᠠᠨ boociuwan "宝泉"	宝泉 bao quan
ᠪᠣᠯᠠᠮᠪᡳ boo-lambi "报"	报 bao
ᠪᠣᠰᡝ boose "包子"	包子 bao zi
ᠪᠣᠣ� booši "宝石"	宝石 bao shi
ᠪᠣᠰᡝ bose "包"	包子 bao zi [1]
ᠪᠣᠵᡳ boji "（保人）中人"	保人 bao ren [2]
ᠪᡠᠰᡝ buse "堡子"	堡子 bu zi [3]
ᠴᠠᡥᠥ cahv "茶壶"	茶壶 cha hu
ᠴᠠᡳᠰᡝ caise "钗子"	钗子 chai zi
ᠴᠠᠯᡳᠶᠠᠨ caliyan "钱粮"	钱粮 qian liang
ᠴᠠᠨ can "禅"	禅 chan
ᠴᡝ ce "册"	册 ce
ᠴᡝᠰᡝ cese "册子"	册子 ce zi
ᠴᡝᠨ ᡥᡳᠶᠠᠩ cen hiyaŋ "陈香"	陈香 chen xiang
ᠴᡝᠨ ᡯᡳ cen dzi "橙子"	橙子 cheng zi
ᠴᡳ ci "漆"	漆 qi
ᠴᡳᡤᡠ cigu "旗鼓"	旗鼓 qi gu
ᠴᡳᠨ cin "正"	正 zheng
ᠵᡝᠩ jeŋ "正，正当，恰好"	正 zheng
ᠴᡳᠨ ᡴᡠ cin ku "青稞"	青稞 qing ke
ᠴᡳᠶᠠᠨši ciyanši "佥事"	佥事 qian shi
ᠴᡳᠶᠠᠨᡯᡠᠩ ciyandzuŋ "千总"	千总 qian zong
ᠴᠣᠯᠠᠮᠪᡳ co-lambi "炒，煎炒"	炒 chao
ᠴᠣᠣ coo "锄"	锄 chu
ᠴᡠᠰᡝ cuse "厨子"	厨子 chu zi
ᠴᡠᠰᡝ cuse "绸子，竹子"	绸子 chou zi
ᠴᡠᠸᠠᠨ cuwan "船，舟"	船 chuan
ᠴᠥᠨ ša cvn ša "春纱"	春纱 chun sha
ᡨᠠᠴᡳ taci "淘气"	淘气 tao qi
ᡩᠠᡳᡶ᠋ᡠ daifu "大夫，医生"	大夫 dai fu
ᡩᠠᡳᡦᡠᠨ daipun "大鹏"	大鹏 da peng
ᡩᠠᠩᡦᡠᠯᡳ daŋpu-li "当铺"	当铺 dang pu
ᡩᠠᠩᠰᡝ daŋse "档案，档子"	档子 dang zi

满语	汉语
ᠳᡝᡶᡠ defu "豆腐"	豆腐 dou fu
ᠳᡝᠩᠯᡠ deŋlu "灯笼"	灯笼 deng long
ᠳᡝᠩᠨᡝᡴᡠ deŋ-neku "戥子"	戥 deng
ᠳᡝᠩᠵᠠᠨ deŋjan "灯"	灯盏 deng zhan
ᠳᡝᠶᡝᠨ deyen "殿"	殿 dian
ᡩᡳᠶᠠᠨ diyan "宫殿"	殿 dian
ᡩᡳ di "帝"	帝 di
ᡩᡳᠩ diŋ "鼎"	鼎 ding
ᡩᡳᠶᠠᠨᠰᡳ diyansi "典史"	典史 dian shi
ᡩᠣᠣᠴᠠᠩ doocaŋ "道场"	道场 dao chang
ᡩᠣᡵᠣ doro "道"	道理 dao li
ᡩᡠᡨᡠ dutu "都督"	都督 du du
ᡩᡠᠩᡤᠠ duŋga "冬瓜"	冬瓜 dong gua
ᡩᡠᠩ duŋ "洞"	洞 dong
ᡩᡠᠩᡤᡠ duŋgu "洞，山洞"	洞窟 dong ku
ᡩᡠᡩᡯᡳ dudzi "都司"	都司 du si
ᡝᠯ ᠶᠠ el ya "尔雅"	尔雅 er ya
ᡝᡠ eu "藕"	藕 ou
ᡶᠠᡶᡠᠨ fa-fun "法"	法 fa
ᡶᠠᠯᠠᠪᡠᠮᠪᡳ fa-labumbi "发配"	发 fa
ᡶᠠᠯᡳ fali "雪橇"	爬犁 pa li
ᡶᠠᠨ fan "木盘子"	盘 pan
ᡶᠠᠨ fan "梵"	梵 fan
ᡶᡝᠮ� fempi "封皮"	封皮 feng pi
ᡶᡝᠩᠰᡝ feŋse "盆子"	盆子 pen zi
ᡶᡝᠩᠰᡳ feŋsi "看风水的先生"	风水 feng shui
ᡶᡳ fi "笔"	笔 bi
ᡶᡳᡶᠠᠨ fifan "琵琶"	琵琶 pi pa
ᡶᡳᠶᡝᠨ fiyen "碟子"	盘 pan
ᡶᡝᡳᠰᡝ feise "砖"	胚子 pei zi
ᡶᡝᡳ fei "妃"	妃 fei

满语	汉语
fen "做计量单位用,(一)段(鱼),(一)块(糕)"	份 fen
fiyen "(脂)粉"	粉 fen
fiyoose "瓢"	瓢子 piao zi
fiyoo "簸箕"	瓢 piao
fiu "屁"	屁 pi
fu "府"	府 fu
fuceŋ "府丞"	府丞 fu cheng
fulun "俸禄"	俸禄 feng lu
fuŋlu "俸禄"	俸禄 feng lu
fuma "驸马"	驸马 fu ma
fuŋ-nembi "封,受封"	封 feng
fuŋse "粉,粉子"	粉子 fen zi
fun "分,粉"	分,粉 fen
fuwen "分"	分 fen
fuŋto "封套"	封套 feng tao
fusa "菩萨"	菩萨 pu sa
pusa "菩萨"	菩萨 pu sa
fusi "抚顺"	抚顺 fu shun
fujin "福晋"	福晋 fu jin
gen "脖,颈"	颈 jing
gešan "隔扇"	隔扇 ge shan
gin "秤"	斤 jin
giŋ-gen "斤"	斤 jin
giŋ "京"	京 jing
giui "菊"	菊 ju
giui ren "贤书(指乡试中试的举人,名登荐贤之书)"	举人 ju ren
giui dʑi "居士"	居士 ju shi
giuiŋge "艒船(战船名)"	艒 ju
giuwan "杜鹃"	鹃 juan
giuwanse "绢,一卷"	绢子,卷子 juan zi

满语	汉语
ᠵᡳᠰᡝ gise "娼妓，妓女"	妓子 ji zi
ᠵᡳᠶᠠᡳ giyai "街"	街 jie
ᠵᡳᠶᠠᠪᠠᠨ giyaban "夹棍"	夹板 jia ban
ᠵᡳᠶᠠᠮᠴᠠᠨ giyamcan "碱厂"	碱厂 jian chang
ᠵᡳᠶᠠᠨ ᡨᠣᠣ giyan too "检讨"	检讨 jian tao
ᠵᡳᠶᠠᠨᠴᡝᠣ giyanceu "茧绸"	茧绸 jian chou
ᠵᡳᠶᠠᠩ giyaŋ "江"	江 jiang
ᠵᡳᠶᠠᠩᡨᡠ giyaŋtu "豇豆"	豇豆 jiang dou
ᠵᡳᠶᠠᠩᠨᠠᠮᠪᡳ giyaŋ-na-mbi "讲"	讲 jiang
ᠵᡳᠶᠣᠣ giyoo "蛟"	蛟 jiao
ᠵᡳᡠᡳᠨ ᠸᠠᠩ giuin waŋ "郡王"	郡王 jun wang
ᠵᡳᠶᠣᠣ ᠰᡳ giyoo si "教习"	教习 jiao xi
ᠵᡳᠶᡠᡳᠨ ᠯᠣᠣ giyuin loo "军牢"	军牢 jun lao
ᡤᡠ gu "玉"	玉 yu
ᡤᡠᡶᡠ gufu "姑父"	姑父 gu fu
ᡤᡠᡳ ᡵᡝᠨ gui ren "贵人"	贵人 gui ren
ᡤᡠᠩ guŋ "公"	公 gong
ᡤᡠᠩᡤᡝ guŋ-ge "功"	功 gong
ᡤᡠᠩ ᡤᡠᠩ guŋ guŋ "公公"	公公 gong gong
ᡤᡠᠩᠨᡝᠮᠪᡳ guŋ-nembi "恭"	恭 gong
ᡤᠸᠠ gvwa "卦"	卦 gua
ᡤᡠᠸᠠᠯᡳ guwa-li "城外"	郭 guo
ᡤᡠᠸᠠᠨ guwan "栏，栅"	关 guan
ᡤᠸᠠᠯᠠᠰᡠᠨ gvwa-lasun "女坎肩褂"	褂 gua
ᡤᡠᠸᠠᠩᡤᡠᠨ guwangun "光棍"	光棍 guang gun
ᡤᡠᠸᠠᠨᡩᡳ guwandi "关帝"	关帝 guan di
ᡥᠠᡳᡨᠠᠩ haitaŋ "海棠"	海棠 hai tang
ᡥᠠᠩᠰᡳ haŋsi "杭细绸"	杭细 hang xi
ᡥᠠᠩᠨᠠᠮᠪᡳ haŋ-nambi "焊"	焊 han
ᡥᡝᡠ heu "侯"	侯 hou
ᡥᡳᡥᠠᠨ hihan "稀罕的，罕见的"	稀罕 xi han
ᡥᡳᡠᠸᠠᠨ ᠶᡝᡳ hiuwan yei "玄烨"	玄烨 xuan ye
ᡥᡳᠰᡝ hise "戏子"	戏子 xi zi

满语	汉语
᠊ᡥᡳᠶᠠᠨ hiyan "香"	香 xiang
᠊ᡥᡳᠶᠠᠨ hiyan "县"	县 xian
᠊ᡥᡳᠶᠠᠩᠴᡳ hiyaŋci "象棋"	象棋 xiang qi
᠊ᡥᡳᠶᡝᠰᡝ hiyese "蝎子"	蝎子 xie zi
᠊ᡥᡳᠶᠣᠣ�šᡠᠨ hiyoošun "孝顺"	孝顺 xiao shun
᠊ᡥᠣ ᡤᡳ ho gi "火鸡"	火鸡 huo ji
᠊ᡥᠣᠣ hoo "侯"	侯 hou
᠊ᡥᠣᠣ hoo "毫（计量单位）"	毫 hao
᠊ᡥᠣᠰᡝ hose "盒子"	盒子 he zi
᠊ᡥᠣᠰᡝ᠊ᡵᡳ hose-ri "盒子"	盒子 he zi
᠊ᡥᠤᠪᠠᠨ hvban "笏板"	笏板 hu ban
᠊ᡥᠤᠠᡳᠰᡝ hvaise "槐树"	槐子 huai zi
᠊ᡥᠤᠸᠠᠩ hvwaŋ "皇"	皇 huang
᠊ᡥᠤᠸᠠᠩᡩᡳ hvwaŋdi "皇帝"	皇帝 huang di
᠊ᡥᠤᠸᠠᠩᡥᡝᡠ hvwaŋheu "皇后"	皇后 huang hou
᠊ᡥᠤᠸᠠšᠠᠨ hvwašan "和尚"	和尚 he shang
᠊ᡥᠤᠸᡝšᠠᠨ huwešan "尼僧"	和尚 he shang
᠊ᡥᠤᠸᠠᠵᠣᠣ hvwajoo "花椒"	花椒 hua jiao
᠊ᡥᠤᠸᡝᠩ᠊ᡤᡝ huweŋ-ge "封谥用语"	封 feng
ᡳᠩ iŋ "营"	营 ying
ᡳᠨ in "阴"	阴 yin
ᡳᠩᡨᠣ᠊ᡵᡳ iŋto-ri "樱桃"	樱桃 ying tao
ᡳᠤᠰᡝ iuse "柚子"	柚子 you zi
ᡳᠤᡩᠠᠨ iudan "雨衣"	雨单 yu dan
ᡳᠤᡳ ᡯᠠᡳ iui dzai "玉簪"	玉簪 yu zan
ᡳᠤᡳ ᠵᡳ iui ji "鱼际（穴位）"	鱼际 yu ji
ᡳᠤ᠊ᠯᡝᠮᠪᡳ iu-lembi "上油漆"	油 you
ᡳᠰᡝ ise "椅子"	椅子 yi zi
ᠺᡳᠨ kin "琴"	琴 qin
ᠺᡳᠤᡳ ᡳ ᡩᠠ kiui i da "区长"	区 qu
ᠺᡳᠩ᠊ᡤᡠᡵᡳ kiŋ-guri "琼花"	琼 qiong
ᠺᡳᠶᠣᠣ kiyoo "桥"	桥 qiao
ᠺᡳᠶᠠ kiya "密隔"	夹 jia

满语	汉语
ꨳ ku "库"	库 ku
ꨳꨳ kufan "库房"	库房 ku fang
ꨳꨳꨳ kvwasa "吹牛的，夸张的"	夸赞 kua zan
ꨳꨳꨳ kvwaŋse "筐子"	筐子 kuang zi
ꨳꨳ lagu "蝲蛄"	蝲蛄 la gu
ꨳꨳꨳ laiida-kv "爱撒懒的"	邋遢 la ta
ꨳꨳꨳ laii-hv "赖皮"	赖 lai
ꨳꨳꨳ laii-hvn "无赖汉，光棍"	赖 lai
ꨳꨳꨳ laŋgv "南瓜"	南瓜 nan gua
ꨳꨳꨳ leuse "城楼，楼阁"	楼子 lou zi
ꨳꨳꨳ lifa-han "泥"	泥巴 ni ba
ꨳꨳ liu kiu "琉球"	琉球 liu qiu
ꨳꨳ liui "音律"	律 lü
ꨳꨳꨳ liyoo "饲料"	料 liao
ꨳꨳ lolo "猪背式骨"	罗锅 luo guo
ꨳꨳꨳ loŋ-kon "锣"	锣 luo
ꨳꨳꨳ loŋto "笼头"	笼头 long tou
ꨳꨳ loo "牢"	牢 lao
ꨳꨳꨳ loo-mbi "野兽大声吼叫"	呶 nao
ꨳꨳꨳ lo-rin "骡子"	骡 luo
ꨳꨳꨳ losa "骡子"	骡子 luo zi
ꨳꨳꨳ lušui "卤水"	卤水 lu shui
ꨳꨳꨳ loŋ "龙"	龙 long
ꨳꨳ mabu "抹布"	抹布 ma bu
ꨳꨳꨳ maise "麦子"	麦子 mai zi
ꨳꨳꨳ man-da "慢，缓慢"	慢 man
ꨳꨳꨳ mase "麻子"	麻子 ma zi
ꨳ me "脉搏"	脉 mai
ꨳꨳ megu "蘑菇"	蘑菇 mo gu
ꨳꨳꨳ meŋse "幔"	幔子 man zi
ꨳꨳ menʣi "门子"	门子 men zi
ꨳꨳꨳ miceu "棉绸"	棉绸 mian chou
ꨳꨳꨳ miusi-hon "邪"	谬邪 miu xie

满语	汉语
𐴖 misun "醋"	米醋 mi cu
𐴖 miyoo "庙"	庙 miao
𐴖 miyoocan "枪，火枪"	鸟枪 niao qiang
𐴖 miyori "秒"	秒 miao
𐴖 mu "亩"	亩 mu
𐴖 mo "亩"	亩 mu
𐴖 moobin "毛边"	毛边 mao bian
𐴖 moo "木"	木 mu
𐴖 mujan "木匠"	木匠 mu jiang
𐴖 naŋ-gin "廊子"	廊 lang
𐴖 nigdan "灵丹"	灵丹 ling dan
𐴖 pai "牌"	牌 pai
𐴖 𐴖 pai zoo "排草"	排草 pai cao
𐴖 pan "梆子"	梆 bang
𐴖 𐴖 pan guwan "判官"	判官 pan guan
𐴖 pancan "盘缠，路费"	盘缠 pan chan
𐴖 paŋhai "螃蟹"	螃蟹 pang xie
𐴖 panʤe "棋盘"	盘子 pan zi
𐴖 panse "棋盘"	盘子 pan zi
𐴖 pe-lembi "糊（天棚）"	棚 peng
𐴖 pi-lembi "批，批示"	批 pi
𐴖 piŋse "瓶子"	瓶子 ping zi
𐴖 piŋse "天平"	平子 ping zi
𐴖 piŋgu-ri "苹果"	苹果 ping guo
𐴖 piŋse-lembi "（用天平）称"	平子 ping zi
𐴖 peŋtuwan "彭缎，洋缎"	彭缎 peng duan
𐴖 pi šuwaŋ "砒霜"	砒霜 pi shuang
𐴖 pin "嫔"	嫔 pin
𐴖 piyoo "票"	票 piao
𐴖 pijan "皮箱"	皮箱 pi xiang
𐴖 polo-ri "大笸箩"	笸箩 po luo
𐴖 pose "婆子"	婆子 po zi
𐴖 poʤe "炮竹，炮仗"	炮子 pao zi

满语	汉语
ᠹᡠ pu "铺"	铺 pu
ᠹᡠᠰᡝ puse "铺子"	铺子 pu zi
ᠹᡠᠰᡝᠯᡳ puse-li "铺子"	铺子 pu zi
ᠹᠣᠣ poo "炮"	炮 pao
ᠹᡠᡥᠸ puhv "铺户"	铺户 pu hu
ᠹᠣᠵᠠᠨ pojan "炮竹，炮仗"	炮仗 pao zhang
ᠹᡠ ᡩᡠᠨ ᡨᠠᡳ pu dun tai "墩台"	堡墩台 pu dun tai
ᠹᡠᠨ pun "帐篷，船帆"	篷 peng
šagu "沙果"	沙果 sha guo
šaŋ "赏"	赏 shang
še "赦"	赦 she
šeŋ "笙"	笙 sheng
šeu ben "手本"	手本 shou ben
šeji "社稷"	社稷 she ji
šoobin "烧饼"	烧饼 shao bing
šooboo "少保"	少保 shao bao
šoofu "少傅"	少傅 shao fu
šooši "少师"	少师 shao shi
yuwanšuwai "元帅"	元帅 yuan shuai
šusai "秀才"	秀才 xiu cai
šuwase "刷子"	刷子 shua zi
šifu "老师，先生"	师父 shi fu
sefu "师傅"	师傅 shi fu
satan "砂糖"	砂糖 sha tang
se "年纪，年龄"	岁 sui
siu-lembi "刺绣"	绣 xiu
siyuin fu "巡抚"	巡抚 xun fu
siuwan "埙，陶埙"	埙 xun
siujan "绣匠"	绣匠 xiu jiang
siyoo "硝，硝石"	硝 xiao
siyoošun "孝顺"	孝顺 xiao shun
soro "枣"	枣儿 zao er
su "丝"	丝 si

满语	汉语
sui "罪"	罪 zui
sui-le-mbi "苦，劳苦"	罪 zui
tai "台"	台 tai
taifin "太平"	太平 tai ping
taiboo "太保"	太保 tai bao
taišeu "太守"	太守 tai shou
tamse "坛子"	坛子 tan zi
tan "滩"	滩 tan
taŋgv-li "堂屋"	堂屋 tang wu
teŋse "藤子"	藤子 teng zi
tiŋse "亭子"	亭子 ting zi
toro "桃"	桃儿 tao er
tu niu furgi "土牛"	土牛 tu niu
tuŋgiu "桐油"	桐油 tong you
tuŋse "通事"	通事 tong shi
tuŋjeu "通州"	通州 tong zhou
tusı "土司"	土司 tu si
wailan "外郎"	外郎 wai lang
wansı "药丸子"	丸子 wan zi
wase "瓦"	瓦子 wa zi
yagca "夜叉"	夜叉 ye cha
yai "埃，尘埃"	埃 ai
yamun "衙门"	衙门 ya men
yan "两（重量）"	两 liang
yaŋse "样子"	样子 yang zi
yatu "丫头"	丫头 ya tou
yebešou "夜捕手"	夜捕手 ye bu shou
yeŋsi "宴席"	宴席 yan xi
yeŋgu-le "鹦鹉"	鹦鹉 ying wu
yeŋke "银锞"	银锞 yin ke
yantu "熨斗"	焰斗 yan dou
yoo "窑"	窑 yao

满语	汉语
ᠶᠣᠣ yoo "尧，幺（色子和骨牌上的一点）"	幺，尧 yao
ᠶᠣᠣᠰᡝ yoose "锁"	钥子 yao zi
ᠶᡠᡳᠨ ᡦᠠᠨ yuin pan "运判"	运判 yun pan
ᠶᡠᡳᠨ ᡨᠣᠩ yuin toŋ "运同"	运同 yun tong
ᠶᡠᠸᡝᡳ ᠪᠠ yuwei ba "越坝"	越坝 yue ba
ᠶᡠᠸᠠᠨᠪᠣᠣ yuwanboo "元宝"	元宝 yuan bao
ᠵᠠᠩᡕ jaŋʤi "长子"	长子 zhang zi
ᠵᠠᠰᡝ jase "栅栏"	栅子 zha zi
ᠵᠠᠮᡦᡳᠨ jampin "煎饼"	煎饼 jian bing
ᠵᡝᡠ jeu "洲，郡"	洲 zhou
ᠵᡝᡕ jeʤi "折子"	折子 zhe zi
ᠵᡳᠩᠰᡝ jiŋse "顶子"	顶子 ding zi
ᠵᡳᠰᡝ jise "草稿，稿"	底子 di zi
ᠵᡳᠶᠠᠩ jiyaŋ "江"	江 jiang
ᠵᡳᠶᠠᠩᡤᡳᠶᡠᡳᠨ jiyaŋgiyuin "将军"	将军 jiang jun
ᠵᠣᠯᡳ joli "笊篱"	笊篱 zhao li
ᠵᠣᠣ joo "赵"	赵 zhao
ᠵᠣᠣ joo "诏"	诏 zhao
ᠵᡠᠪᡠ jubu "主簿"	主簿 zhu bu
ᠵᡠᠩᡴᡝᠨ juŋken "钟"	钟 zhong
ᠵᡠ�šᠠ juša "朱砂"	朱砂 zhu sha
ᡯᡠᠨ ᡥᠸᠠ dzun hvwa "遵化"	遵化 zun hua
ᡯᡠᠩᡩᡠ dzuŋdu "总督"	总督 zong du
ᡮᠠᠩᠮᡳ tsaŋmi "仓米"	仓米 cang mi
ᡮᠠᠨᠵᡳᠶᠠᠩ tsanjiyaŋ "参将"	参将 can jiang
ᡮᠠᡳᡶᡠᠩ tsaifuŋ "裁缝"	裁缝 cai feng
ᡮᠠᠨᠵᡝᠩ tsanjeŋ "参政（清代官名）"	参政 can zheng
ᡯᠠᠮᠪᠠ dzamba "糌粑"	糌粑 zan ba
ᡮᠠᠩ tsaŋ "仓"	仓 cang
ᡯᠠᠩ dzaŋ "仓"	仓 cang
ᡮᡠ tsu "醋"	醋 cu

满语	汉语
tsurtsuŋ "从从（传说中异兽）"	从从 cong cong
dzai siyaŋ "宰相"	宰相 zai xiang
dzaihiyaŋ "宰相"	宰相 zai xiang
dzaisaŋ "宰桑"	宰桑 zai sang
dzanse "拶子"	拶子 zan zi
dzandʐi "拶子"	拶子 zan zi
dzanse-lembi "拶"	拶子 zan zi
tsao ba dalan "草坝"	草坝 cao ba
dze iŋ ši "紫英石"	紫英石 zi ying shi
dze tan moo "紫檀"	紫檀木 zi tan mu
dze mu poo "子母炮"	子母炮 zi mu pao
dze giŋ "紫荆"	紫荆木 zi jing mu
dze wei ilha "紫薇花"	紫薇 zi wei
dzendʐe "橙子"	橙子 cheng zi
dzida "祇"	祇 di
dzo "左"	左 zuo
dzoguwan "做官"	做官 zuo guan
dzusen "足訾"	足訾 zu zi
dzuŋ biŋ "总兵"	总兵 zong bing
dzuŋdu "总督"	总督 zong du
riben "日本"	日本 ri ben
rindʐuŋ "仁宗"	仁宗 ren zong
sʅ "寺"	寺 si
sʅcuwan "四川"	四川 si chuan
tʂi "尺"	尺 chi
tʂi "池子"	池 chi
tʂi se "池子"	池子 chi zi
tʂi "答"	答 chi
tʂi-lembi "答"	答 chi
tʂimiŋ "敕命"	敕命 chi ming
dʐʅ "痔"	痔 zhi
dʐʅfu "知府"	知府 zhi fu
dʐʅdʐiu "知州"	知州 zhi zhou

满语	汉语
ꡩꡩ dʑi jeu "知州"	知州 zhi zhou
ꡩꡩ dʑili "直隶"	直隶 zhi li
ꡩ dʑi "雉"	雉 zhi
ꡩꡩ dʑihiyan "知县"	知县 zhi xian
ꡩꡩ ꡩ dʑi niui usiha "织女星"	织女 zhi nü
ꡩꡩ dʑitu "徵（古代五音之一）"	徵 zhi
ꡩꡩ dʑihiya "直辖"	直辖 zhi xia
ꡩꡩ kaŋ "康"	康 kang
ꡩ gan "甘（古代地名）"	甘 gan
ꡩ ꡩ gan lan "橄榄"	橄榄 gan lan
ꡩ ꡩ gan lu "甘露"	甘露 gan lu
ꡩ ꡩ gan je "甘蔗"	甘蔗 gan zhe
ꡩꡩ ganse "甘蔗"	甘子 gan zi
ꡩ ꡩ gan se "柑"	柑子 gan zi
ꡩ ꡩ ꡩ gan zeŋ cuwan "赶缯船"	赶缯船 gan zeng chuan
ꡩꡩ ꡩ gaŋ mu "纲目"	纲目 gang mu
ꡩꡩ gose "告示"	告示 gao shi
ꡩꡩ gomiŋ "诰命"	诰命 gao ming
ꡩꡩ goyoo "膏药"	膏药 gao yao
ꡩꡩ goyo "膏药"	膏药 gao yao
ꡩꡩ guna "拘那花"	拘那花 ju na hua
ꡩ gu "合"	合 he
ꡩꡩ guŋgon "直立的背式骨"	弓弓 gong gong
ꡩꡩ guugin "鳏夫"	鳏 guan
ꡩꡩ gugin "鳏夫"	鳏 guan

注释：

① 例如：ꡩꡩ ꡩ ꡩ ꡩ ꡩ 桌上放了六包银两（《金瓶梅》）。

② 根据日语中的汉语借词 "人" 的读音じん（jin），认为汉语 "人" 字的早期读音是 jin，所以，ꡩ（boji）中的 ji 是 "人" 字早期读音 jin 的词尾 -n 脱落形式。

③ "堡"在汉语中有三种不同读音，即"堡垒"bao lei，"堡子"bu zi，"堡"pu（如十里堡）。显然该词借自"堡子"bu zi。

二、汉语借词元音的标记特点和读法

由于汉语与满语分属于不同语系，它们是不同类型的两种语言，汉语属于汉－藏语系语言，语言类型是分析性语言，满语属于阿尔泰语系语言，语言类型是黏着性语言，所以它们的语言结构、词的构成方式、语法形式都不一样。满语的词汇特点与汉语的词汇特点完全不一样，满文和汉文的文字体系也截然不同。满文和蒙古文的文字体系一样，具有渊源联系，满文是在蒙古文基础上发展来的，所以满文标记蒙古语借词时在文字上不会出现任何困难。但是汉文就不同了，汉语的语音体系与满语不同，其文字形式也与满语完全不同。满文是音位文字，汉文是音义结合的音节文字。因此，对于汉语借词，在标记时不仅存在着语音系统上的调适问题，而且也存在着怎样对汉语借词进行标记的问题。于是人们提出了一套标记汉语借词语音的字母拼读的标记方式。

对汉语语音进行拼读和标记时涉及辅音的标记和元音的标记问题。比较而言，辅音的标记问题不大，采用新制定的特定字母，基本上能够保证一个辅音标记一个字母，标记起来不会出现什么困难。主要困难出现在元音方面。元音中单元音问题也不大，对于满语中没有的元音可以用相近的元音来调适。困难主要出现在如何标记汉语复元音上。

汉语的复元音系统（二合元音和三合元音）很丰富，标记满语复元音的方法不能完全用来标记汉语的复元音，于是就提出了用字母连写的拼读方法来标记汉语复元音。例如：汉语"绢子"书写为 ，它标记了汉语的复元音 iua，满语中拼写为 （i-u-w-a）。汉语"绢子"的当时读音是 [gyansə]，而拼写的 （i-u-w-a），正好拼读为 [gyansə]。拼读时分两个部分来相拼。第一部分 （i-u）字母相拼，读为前元音 [y]； （w-a）字母是 第二部分。这里的 w 字母当隔音符号，不读声。所以第一部分的 [y] 与第二部分的 [a] 拼读，读为 [ya]。这样，"绢子"就读为 [gyansə]。

另一种标记方式是根据满语自身的语音系统，对不符合满语复元音的汉语复元音做一定的调适。例如：汉语借词"藕"（ou），[ou] 这个读音不符合满语语音系统，因为满语中没有 [o] 元音，所以将"藕"（ou）中的 [o] 调适为 e[ə] 来进行标记，所以，"藕"就标记为ᡝᠣ（eu）。ᡝᠣ（eu）的读音与汉语的"藕"（ou）的读音也是相近的。

在拼写过程中，满语的元音和谐律也影响着汉语借词的标记形式。如满语中的ᠸ[ω]属阳性元音，出现在舌根辅音后，因此，汉语借词中也表现出这一特点，例如ᡤᠸᠠ（gvwa）"卦"，但是其他辅音后出现的ᠸ并不是 [ω]，而是 u 和 i 的连写，即ᡠᡳ（ui），例如：汉语"运判"（yun pan），在满文中标记为ᠶᡠᡳᠨ ᡦᠠᠨ（yuin pan）"运判"。

满语中的大部分汉语借词是在清王朝中后期借入的，借入的地区也不完全一样，借词中大多数都保留着清王朝时期的汉语读音特点或不同方言区的语音特点，因此，满语中存在着同一个借词的几种标记形式并列出现的情况。例如：汉语借词"江"有写为ᡤᡳᠶᠠᠩ（giyaŋ）的，同时也有写为ᡰᡳᠶᠠᠩ（jiyaŋ）的，这两种形式并存。比较这两种写法，我们认为ᡤᡳᠶᠠᠩ（giyaŋ）"江"是清代某一方言区的语音，大概是从南方方言区借入的；而ᡰᡳᠶᠠᠩ（jiyaŋ）"江"是ᡤᡳᠶᠠᠩ（giyaŋ）的进一步发展形式，而且与现代汉语的读音完全一致，因此认为它大概是从北方某方言区借入的借词。

前文说过，为了准确标记汉语语音，对满语中没有的语音制定了新的特定字母。于是就出现了特定字母制定以前和特定字母制定以后的两种不同的标记形式。例如：

满语	汉语
ᡶᡠᠰᠠ fusa "菩萨"	菩萨 pu sa
ᡦᡠᠰᠠ pusa "菩萨"	菩萨 pu sa

如上，汉语的"菩萨"（pu sa）在满文中既写为 f 的ᡶᡠᠰᠠ（fusa），又写为 p 的ᡦᡠᠰᠠ（pusa），我们认为这种不同书写形式的出现，是由于当时还没有制定特定字母，所以没有标记 p 辅音的满文字母，因此，用固有的 f

来标记。可见，f 的 ᡶᡠᠰᠠ（fusa）是制定特定字母以前的标记形式，而 p 的 ᡦᡠᠰᠠ（pusa）是制定了特定字母以后的标记形式。

对元音的标记方面也在逐渐改进。例如汉语借词元音 i（拼音方案），前期一般都标记为 e[ə]，例如：ᡯᡝᡨᠠᠨᠮᠣᠣ（dze tan moo）"紫檀"（zi tan），后期制定了特定字母以后，该 i（拼音方案）在有的辅音后就不再标写 e，而写 ᡳ 了。例如：ᠰᡟ（sɿ）"寺"，ᠰᡟᡱᡠᠸᠠᠨ（sɿcuwan）"四川"（si chuan）。实际上，舌尖辅音后面的元音的实际读音并不是 [i]，而是 [ɿ]。所以制定了特定字母 ᡳ 以后，对汉语借词元音 i 的标记就更加符合实际读音，更准确地反映汉语读音了。

对辅音的标记也在逐渐改进并更加准确。上面提到的制定特定字母就是这种努力的结果。自从制定了借词字母（语法书中称为"特定字母"）以后，对汉语的卷舌音 zh、ch、sh、r 和舌尖辅音 z、c，舌根辅音 g、k、h，以及双唇音 p 等的标记就更加标准、准确，标记上述语音时所发生的相互混淆或记不准确的现象逐渐减少了。

（一）二合元音的标记特点和读法

虽然满语中也存在着复元音，但是由于满语的复元音体系与汉语的复元音体系不完全一样，所以用满语复元音标记汉语借词的复元音时，存在标记不准、不能正确反映汉语借词读音的情况。因此，在标记汉语借词时满文在充分考虑满文书写规则的基础上，制定出了一套标记汉语借词复元音的方法。

纵观汉语借词复元音的标记方法，虽然有了一定的书写规则，但是还不能完全满足全部复元音的标记需要，标记时仍有一些不太符合满文书写规则的情况。显然汉语借词复元音的书写规则还有待进一步规范和完善。遗憾的是随着满语的消亡，满语终止了使用，因而期盼其书写规则更加成熟和规范已经不可能了。

借入满语的汉语借词中有如下类型的二合元音（仅以本书出现的复元音为限）。

以 u 开头的二合元音：ua、uo、ue、ui

以 o 开头的二合元音：ou

以 i 开头的二合元音：ia、iu、ie、io

以 a 开头的二合元音：ai、au、ao

以 e 开头的二合元音：ei

根据满文书写规则，以上二合元音字母中有的不能连写，如 ua 的 ᠊ᠣ（u）和 ᠊ᠠ（a）两个字母不能连写，因为写出来的 ᠊ᠣᠠ 是无法辨读的。所以为了解决字母连写问题，在两个字母之间增写一个符号，拼读时这个隔音符号不读声音，这个办法解决了字母不能连写的问题。根据元音的不同，隔音符号有 w 和 y、i 的区别，在后元音之间写 w 隔音符号，在前元音之间写 y、i 隔音符号。

1. 以 u 起首的二合元音

汉语借词以 u 起首的二合元音 ua、uo、ue、ui 的满文写法。

（1）汉语借词的二合元音 ua

汉语借词的二合元音 ua，在满文中有如下几种标记形式：

ᠣᠸᠠ（-uwa-）、ᠣᠣ（-uu-）、ᠣ（-u-）、ᠢᠣᠸᠠ（-iuwa-）、ᠸᠠ（-vwa-）、ᠠ（-a）

① 汉语借词复元音 ua，在满文中用 ᠣᠸᠠ（-uwa-）的形式来标记

该字母组合中元音字母之间出现的 ᠸ（w）字母是隔音符号，不读出声音，它只起隔开前后元音字母的作用，所以，ᠣᠸᠠ（-uwa-）读 [ua]。例如：

满语	汉语
ᠭᡠᠸᠠᠨ guwan "栏，栅"	关 guan
ᠭᡠᠸᠠᠩᡤᡠᠨ guwangun "光棍"	光棍 guang gun
ᠭᡠᠸᠠᠨᡩᡳ guwandi "关帝"	关帝 guan di
ᠶᡠᠸᠠᠨᡧᡠᠸᠠᡳ yuwanšuwai "元帅"	元帅 yuan shuai
ᠶᡠᠸᠠᠨᠪᠣᠣ yuwanboo "元宝"	元宝 yuan bao
ᠴᡠᠸᠠᠨ cuwan "船，舟"	船 chuan

但是，也有个别借词进入满语以后附加满语词缀派生了新词，由单音节词变成了双音节词，这时在前后语音的影响下，汉语借词的复元音也发生变化，由原来的 ua 经过相互同化变成 uu，或是 u。例如：

满语	汉语
ᡤᡠᡠᡤᡳᠨ guugin "鳏夫"	鳏 guan
ᡤᡠᡤᡳᠨ gugin "鳏夫"	鳏 guan

②汉语借词复元音 ua，在满文中用 ᠸᠠ（-vwa-[ɷɑ]）的形式来标记

汉语的 u 元音，当它出现在阳性词的舌根辅音后时其读音变成类似于满语第六元音ᠸ（v），于是，按照满语实际读音将汉语的 u 元音替换为第六元音ᠸ（v[ɷ]），书写该字母组合时隔音符号依然用ᠸ（w）字母。例如：

满语	汉语
ᡤᠸᠠᠯᠠᠰᡠᠨ gvwalasun "女坎肩褂"	褂 gua
ᡴᠸᠠᠰᠠ kvwasa "吹牛的，夸张的"	夸赞 kua zan [1]
ᡴᠸᠠᠩᠰᡝ kvwaŋse "筐子"	筐子 kuang zi
ᡤᠸᠠ gvwa "卦"	卦 gua
ᡥᠸᠠᠩ hvwaŋ "皇"	皇 huang
ᡥᠸᠠᠩ�congᡩᡳ hvwaŋdi "皇帝"	皇帝 huang di
ᡥᠸᠠᠩᡥᡝᠣ hvwaŋheu "皇后"	皇后 huang hou [2]
ᡥᠸᠠᠵᠣᠣ hvwajoo "花椒"	花椒 hua jiao

③汉语借词复元音 ua，在满文中用 ᡳᡠᠸᠠ（-iuwa-[ya]）的形式来标记

汉语借词的复元音 ua，当它出现在腭化舌根辅音之后时，在听觉上有过渡的前元音 i，所以，为了准确标记舌根的腭化音，依据其实际发音，uwa 前加 i，用 ᡳᡠᠸᠠ（-iuwa-）的形式来标记。对于这种字母组合，在满语中分两个部分来拼读，先相拼 iu，读为前圆唇元音 [y]，之后再将 [y] 与 wa 相拼，因为 wa 的 w 不读声，所以，[y] 与 a 相拼，读为 [ya]，之后 [ya] 再与前面舌根辅音一起读，读为 gya-、hya- 等。实际上，上述标记形式标记的是腭化的舌根辅音，这是清代汉语的语音形式，现代汉语中舌根辅音都已经完成了腭化过程，都演变成了塞擦音或舌面前音。例如：

满语	汉语
ᡤᡳᡠᠸᠠᠨᠰᡝ giuwanse[gyansə] "绢"	绢子 juan zi
ᡤᡳᡠᠸᠠᠨᠰᡝ giuwanse[gyansə] "一卷"	卷子 juan zi
ᡤᡳᡠᠸᠠᠨ giuwan[gyan] "杜鹃"	鹃 juan
ᡥᡳᡠᠸᠠᠨ ᠶᡝᡳ hiuwan yei[hyan je] "玄烨"	玄烨 xuan ye

在书写规则方面，满文在书写中性元音 i 后出现的 u 时，有的时候字母后面加一点，如 ᡤᡳᡠᠸᠠᠨᠰᡝ giuwanse，有的时候不加点，如 ᡤᡳᡠᠸᠠᠨ giuwan。字母后即使不加点，也不能读成 o，必须读成 u。

④ 汉语借词复元音 ua，在满文中用 ᠠ（-a）的形式来标记

这种标记方式，遵循了尊重实际读音的原则。因为汉语借词在满语中失去了原四声的维系，处在满文的双音节词时，后一个词的元音便被轻读。这时，被轻读的圆唇元音自然脱落，从而 ua 变成了 a。例如：

满语	汉语
ᡩᡠᠩᡤᠠ dunga "冬瓜"	冬瓜 dong gua

汉语的"冬瓜"（dong gua），在满语中读作 dunga。处在第二音节的"瓜"（gua），没有汉语声调的控制之后，其复元音的 u 在满语中便丢失，从而只剩下元音 a。

另一种语音条件下，也是因为没有了汉语声调的维系作用而按照满语习惯发音时，即在第一音节有元音 a 时，满语第二音节为了避免重复发 a 音而脱落一个 a 元音，只保留 u，之后 u 又在舌根辅音 g 的影响下读为 v [ɷ]。例如：

满语	汉语
ᠯᠠᠩᡤ�v langv "南瓜"	南瓜 nan gua [3]

（2）汉语借词的二合元音 uo

汉语借词的二合元音 uo，在满文中有如下标记形式：

ᢥ o[ɔ]、ᢢ u[u]、ᢍᠠ uwa[ua]

① 汉语借词 uo，在满文中标记为 ᢥ（o[ɔ]）

在满语双音节中，标记汉语借词的 uo 时，uo 在失去原来的汉语声调维系的情况下，u 脱落，只剩下 o 元音，又由于满语中没有 [o] 音位，所以将 [o] 调适为 o[ɔ]。例如：

满语	汉语
ᢥᡤᡳ ho gi "火鸡"	火鸡 huo ji
ᠯᠣᠩᡴᠣᠨ loŋ-kon "锣"	锣 luo
ᠯᠣᡵᡳᠨ lo-rin "骡子"	骡 luo
ᠯᠣᠰᠠ losa "骡子"	骡子 luo zi
ᠪᠣᠯᠣᡵᡳ polo-ri "大筐箩"	筐箩 po luo
ᡯᠣ dzo "左"	左 zuo
ᡯᠣᡤᡠᠸᠠᠨ dzoguwan "做官"	做官 zuo guan

② 汉语借词 uo，在满文中标记为 ᢢ（u[u]）

出现于汉语借词舌根辅音 g 后的 uo，因为满语中没有 [o] 音位，所以直接将 o 去掉，只留下 u，标记为 ᢢ（u[u]）。例如：

满语	汉语
ᡦᡳᠩᡤᡠᡵᡳ piŋgu-ri "苹果"	苹果 ping guo
ᡧᠠᡤᡠ šagu "沙果"	沙果 sha guo

③ 汉语借词 uo，在满语中标记为 ᢍᠠ（uwa[ua]）

汉语借词的舌根辅音 g 后出现的 uo，如果 o 不脱落的话，因为满语中没有 [o] 音位，所以就将其调换为 a，于是 uo 在满文中标记为 ᢍᠠ（uwa[ua]）。

例如：

满语	汉语
ᡤᡠᠸᠠᠯᡳ guwa-li "城外"	郭 guo

我们认为，这是由于满语中没有 [o] 元音，所以，将 o 调适为 a。之所以调适为 a，这里起作用的是词缀 -li 的展唇元音 i，在其影响下为了迎合展唇元音 i，所以被调适为展唇元音 a。

（3）汉语借词的二合元音 ue

汉语借词的二合元音 ue，只出现在"越"一词中，标记为 ᡠᠸᡝᡳ uwei [ye]。例如：

满语	汉语
ᡠᠸᡝᡳ ᠪᠠ yuwei ba "越坝"	越坝 yue bɑ

汉语借词的 ue，与前面辅音 y 结合，其实际读音是 [jye]，满语中没有相对应的复元音，所以采用音组 [uei] 的拼读方式来标写；由于 u 后不能连写 e，所以需要 w 来隔音。uwei 与前面 y 辅音结合，拼读为 [jye]，[jye] 在音质上与汉语的 yue[jye] 相一致。

（4）汉语借词的二合元音 ui

满语中有复元音 ui，书写为 ᡠᡳ（ui），所以将汉语借词的 ui 直接用 ᡠᡳ（ui）来标记（中间 i 为隔音符号）。例如：

满语	汉语
ᠰᡠᡳᠯᡝᠮᠪᡳ sui-le-mbi "苦，劳苦"	罪 zui

2. 以 i 起首的二合元音

汉语借词中，以 i 起首的二合元音有如下几种：iɑ、iu、ie、io。

（1）汉语借词的二合元音 iɑ

汉语借词的二合元音 iɑ，在满文中根据前后语音环境有 ᠶ（iya）、

ᠣᡳ（eye）、ᠠ（a）、ᠢ（i）等几种写法。

① 汉语借词 ia，在满文中用 ᠶ（iya）的形式来标记

汉语借词 ia，在满文中书写时，由于 i 和 a 两个字母不能连写，所以写 ia 时在 i 和 a 之间要插入隔音符号 ᠶ（y）。读时隔音符号 ᠶ（y）不读出声，因此，ᠶ（iya）读 [ia]。例如：

满语	汉语
ᠪᡳᠶᠠᠨᡩᡠ biyandu "扁豆"	扁豆 bian dou
ᠴᡳᠶᠠᠨ� ciyanši "佥事"	佥事 qian shi
ᠴᡳᠶᠠᠨᡩᠵᡠᠨ ciyandzuŋ "千总"	千总 qian zong
ᡩᡳᠶᠠᠨᠰᡳ diyansi "典史"	典史 dian shi
ᡤᡳᠶᠠᠮᠴᠠᠨ giyamcan "碱厂"	碱厂 jian chang④
ᡤᡳᠶᠠᠨ ᡨᠣᠣ giyan too "检讨"	检讨 jian tao
ᡤᡳᠶᠠᠨᠴᡝᡠ giyanceu "茧绸"	茧绸 jian chou
ᡥᡳᠶᠠᠨ hiyan "县"	县 xian
ᡯᡳᡥᡳᠶᠠᠨ dʒihiyan "知县"	知县 zhi xian
ᡯᡳᡥᡳᠶᠠ dʒihiya "直辖"	直辖 zhi xia
ᡤᡳᠶᠠᠩ giyaŋ "江"	江 jiang
ᠵᡳᠶᠠᠩ jiyaŋ "江"	江 jiang
ᡤᡳᠶᠠᠩᡨᡠ giyaŋtu "豇豆"	豇豆 jiang dou
ᡤᡳᠶᠠᠩ-ᠨᠠ-ᠮᠪᡳ giyaŋ-na-mbi "讲"	讲 jiang
ᡥᡳᠶᠠᠨ hiyan "香"	香 xiang
ᡥᡳᠶᠠᠩᠴᡳ hiyaŋci "象棋"	象棋 xiang qi
ᠵᡳᠶᠠᠩᡤᡳᠶᡠᡳᠨ jiyaŋgiyuin "将军"	将军 jiang jun
ᡤᡳᠶᠠᠪᠠᠨ giyaban "夹棍"	夹板 jia ban

满语中只有一例将 ᠶ（iya）写为 ᠣᡳ（eye）的，例如：

满语	汉语
ᡩᡝᠶᡝᠨ deyen "殿"	殿 dian

"殿" 在汉语借词中标记为 a 元音的 ᡩᡳᠶᠠᠨ（diyan）和 e 元音的 ᡩᡝᠶᡝᠨ

（deyen），是满语残存元音屈折法的体现。

②汉语借词 ia，在满文中用 ꮬ（a）的形式来标记

汉语借词 ia，在满文中有时也标记为单元音 ꮬ（a）。这种写法与其出现的环境有关，即当它出现在塞擦音之后时写为 ꮬ（a）。因为，塞擦音与后面的 a 一起发音时，在听觉上 a 前有过渡音 i，该过渡音 i 实际上与 ia 中的 i 完全一样，所以标记 ia 时就将 i 省略掉，直接写成了 ꮬ（a）。例如：

满语	汉语
ꭼꮬꮯꮩ caliyan "钱粮"	钱粮 qian liang[5]
ꮡꮧꮨ jampin "煎饼"	煎饼 jian bing [6]
ꮂꮺꮳ mujan "木匠"	木匠 mu jiang[7]

③汉语借词 ia，在满文中用 ꭵ（i）的形式来标记

汉语借词 ia，在满文中有时也标记为单元音的 ꭵ（i）。这种标记法与上述标记为 ꮬ（a）的情况不同，这完全是受书写法限制的结果。这样的写法只见一例，即：

满语	汉语
ꮂꮣꮾ miceu "棉绸"	棉绸 mian chou

"棉绸"（mian chou）写为 ꮂꮣꮾ（miceu）是在如下情况下发生的：汉语的"棉绸"（mian chou）在满文中连写时，基于满文书写法，汉语的"棉（mian）"的韵尾 -n 无法书写而脱落（因为元音后出现的 n 写一个短牙，该短牙又与 a 的写法完全一样，所以不能连写），之后，ia 的 i 和 a 两个字母也不能前后连写，所以，a 脱落而只剩下 i。

（2）汉语借词的二合元音 iu

汉语借词的二合元音 iu，在满文中用 ꮿ~ꮿ~ꯜ（iu）和 ꮗ~ꯝ（u）的两种形式标记。

①汉语借词 iu，在满文中用 ꮿ~ꮿ~ꯜ（iu）的形式来标记

显而易见，ᡓᡳ᷈~ᡳ᷎如实地标记了汉语的 iu，只是基于书写需要，词中和词尾位置上的书写形式有所区别而已。根据满文书写法，在有中性元音 i 或有辅音字母显示其是阴性性属时，其后出现的 u，或加点，或不加点皆可，不影响读音。例如：

满语	汉语
ᡥᡳᡠ ᡥᡳᡠ liu kiu "琉球"	琉球 liu qiu
ᠮᡳᡠᠰᡳᡥᠣᠨ miusi-hon "邪"	谬邪 miu xie
ᡨᡠ ᠨᡳᡠ ᡶᡠᡵᡤᡳ tu niu furgi "土牛"	土牛 tu niu
ᠰᡳᡠᠵᠠᠨ siujan "绣匠"	绣匠 xiu jiang

② 汉语借词 iu，在满文中用 ᡳ᷎~ᡳ᷎（u）的形式来标记

ᡳ᷎~ᡳ᷎（u）的写法仅见于塞擦音之后。塞擦音之后出现 iu 时，其发音在听觉上都带有 i 的过渡音，即 ᡮᡳᡠ~ᡮᡳᡠ，它的实际读音是 [tɕiu]，所以在这种情况下就省略掉 i，只写一个 u。例如：

满语	汉语
ᠪᡳᡤᠴᡠ bigcu "比丘僧人"	比丘 bi qiu
ᠪᡳᡤᠴᡠᠨᡳ bigcuni "比丘尼尼"	比丘尼尼 bi qiu ni ni

（3）汉语借词的二合元音 ie

汉语借词的二合元音 ie，满文中的标写形式与 ia 的标写形式相一致。书写时因为 i 和 e 不能连写，所以在这两个元音之间也要写隔音符号 y，该隔音符号不读出声来，只起书写时将两个元音相互隔开的作用。例如：

满语	汉语
ᡤᡳᠶᠠᡳ giyai "街"	街 jie
ᡥᡳᠶᡝᠰᡝ hiyese "蝎子"	蝎子 xie zi

（4）汉语借词的二合元音 io

汉语借词的二合元音 io，在满文中只标写为 ᡳ（i）。因为汉语借词二

合元音 io 中的 o，其发音是 [o]，由于满语中没有 [o] 音位，所以标写汉语 io 时，直接将 o 脱落掉，只保留 i。例如：

满语	汉语
ᠺᡳᠩᡤᡠᡵᡳ kiŋ-guri "琼花"	琼 qiong

3. 以 ɑ 起首的二合元音

汉语借词中，以 ɑ 起首的二合元音有如下两种： ɑi 和 ɑo。

（1）汉语借词的二合元音 ɑi

汉语借词的二合元音 ɑi，在满文中有 ㅠ~ᠠ(ai~ai)、ᠧ(e)两种书写形式。

① 汉语借词的二合元音 ai，在满文中用 ㅠ~ᠠ (ai~ai) 的形式来标记

满语中有复元音 ai，所以汉语复元音 ɑi 的写法与满文一样。标记词中位置上的 ai 时写隔音符号 ᠊(i)，᠊(i)是隔音符号，只起隔开 a 和 i 的作用，因为字母 ᠊(a)和字母 ᠊(i)不能连写，所以必须用隔音符号隔开这两个字母，隔音字母 ᠊(i)不读声。 例如：

满语	汉语
ᡮᠠᡳᠰᡝ caise "钗子"	钗子 chai zi
ᡩᠠᡳᡶᡠ daifu "大夫，医生"	大夫 dai fu
ᠯᠠᡳᡥᡠᠨ lai-hvn "无赖汉，光棍"	赖 lai
ᠯᠠᡳᡥᡟ lai-hv "赖皮"	赖 lai
ᡨᠠᡳᡶᡳᠨ taifin "太平"	太平 tai ping [8]
ᡨᠠᡳᠪᠣᠣ taiboo "太保"	太保 tai bao
ᡨᠠᡳᡧᡝᡠ taišeu "太守"	太守 tai shou
ᠸᠠᡳᠯᠠᠨ wailan "外郎"	外郎 wai lang [9]
ᡮᠠᡳᡶᡠᠩ tsaifuŋ "裁缝"	裁缝 cai feng
ᡯᠠᡳᠰᠠᠩ dzaisaŋ "宰桑"	宰桑 zai sang
ᡯᠠᡳᡥᡳᠶᠠᠩ dzaihiyaŋ "宰相"	宰相 zai xiang
ᡯᠠᡳ ᠰᡳᠶᠠᠩ dzai siyaŋ "宰相"	宰相 zai xiang
ᡦᠠᡳ pai "牌"	牌 pai
ᡦᠠᡳ ᠽᠣᠣ pai zoo "排草"	排草 pai cao

123

满语	汉语
šusai "秀才"	秀才 xiu cai [⑩]
tai "台"	台 tai
yai "埃，尘埃"	埃 ai [⑪]

②汉语借词的二合元音 ai，在满文中用 ʅ（e）的形式来标记

ai 在满文中写成 e 的只见这一例。我们分析认为，这可能是由于汉语的声调在满语中消失以后，"脉"（mai）的四声轻化的一种读法，或是南方方言的读音 "脉"（me）的直接借入。

满语	汉语
me "脉搏"	脉 mai

（2）汉语借词的二合元音 ao

汉语借词的二合元音 ao，在满文中有如下几种标记形式：（oo）、（o）、（ao）。

①汉语借词的二合元音 ao，在满文中用 （oo）的形式来标记

汉语借词的二合元音 ao，在满文中标写为 （oo），因为按照正字法，一个短牙的 a 和一个圈肚的 o 不能连写，于是就将 a 也改变为相同的圈肚形式的元音 o，这样虽然在文字上与 ao 不一致，但是在听觉上还是比较相近的。例如：

满语	汉语
boobei "宝贝"	宝贝 bao bei
boociuwan "宝泉"	宝泉 bao quan
boo-lambi "报"	报 bao
boose "包子"	包子 bao zi
booši "宝石"	宝石 bao shi
doocaŋ "道场"	道场 dao chang
hoo "毫（计量单位）"	毫 hao

满语	汉语
�becᠣ loo "牢"	牢 lao
�becᠣᠨᠪᡳ loo-mbi "野兽大声吼叫"	呶 nao [12]
ᠮᠣᠣᠪᡳᠨ moobin "毛边"	毛边 mao bian
ᡦᠣᠣ poo "炮"	炮 pao
ᠰᠣᠣᠪᡳᠨ šoobin "烧饼"	烧饼 shao bing
ᠰᠣᠣᠪᠣᠣ šooboo "少保"	少保 shao bao
ᠰᠣᠣᡶᡠ šoofu "少傅"	少傅 shao fu
ᠰᠣᠣᠰᡳ šooši "少师"	少师 shao shi
ᠶᠣᠣ yoo "窑"	窑 yao
ᠶᠣᠣ yoo "尧，幺（色子和骨牌上的幺，尧一点）"	尧 yao
ᠶᠣᠣᠰᡝ yoose "锁"	钥子 yao zi
ᡯᡝ ᠮᡠ ᡦᠣᠣ dze mu poo "子母炮"	子母炮 zi mu pao
ᠵᠣᠣ joo "赵"	赵 zhao
ᠵᠣᠣ joo "诏"	诏 zhao

②汉语借词的二合元音 ao，在满文中用 ᠣ（o）的形式来标记

汉语借词的二合元音 ao 在满文中有时也标写为单字母 ᠣ（o）。这与上面对双写 ᠣᠣ（oo）所分析的原因一样，因为 a 的一个牙和 o 的一个圈肚不能连写，所以对 ao 进行了调适。但是不是将 a 改变为元音 o，而是干脆将 a 删除掉了。例如：

满语	汉语
ᠪᠣᡶᡠᠨ bofun "包袱"	包袱 bao fu [13]
ᠪᠣᠰᡝ bose "包"	包子 bao zi
ᠪᠣᠵᡳ boji "（保人）中人"	保人 bao ren [14]
ᠴᠣᠯᠠᠮᠪᡳ co-lambi "炒，煎炒"	炒 chao
ᡩᠣᡵᠣ doro "道"	道理 dao li [15]
ᡳᠨᡨᠣᡵᡳ iṇto-ri "樱桃"	樱桃 ying tao [16]
ᡦᠣᠵᠠᠨ pojan "炮竹，炮仗"	炮仗 pao zhang
ᡨᠣᡵᠣ toro "桃"	桃儿 tao er

满语	汉语
ᠰᠣᠷᠣ soro "枣"	枣儿 zao er
ᠵᠣᠯᡳ joli "笊篱"	笊篱 zhao li
ᡤᠣᠰᡝ gose "告示"	告示 gao shi
ᡤᠣᠮᡳᠩ gomiŋ "诰命"	诰命 gao ming
ᡤᠣᠶᠣᠣ goyoo "膏药"	膏药 gao yao
ᡤᠣᠶᠣ goyo "膏药"	膏药 gao yao

③ 汉语借词的二合元音 ao，在满文中用 ᠠᠣ（ao）的形式来标记

汉语借词 ao，在满文中标写为 ao 的只有下列一词。结尾位置上的 ᠠᠣ（ao）在书写规则上没有障碍，所以 a 和 o 可以直接连写。例如：

满语	汉语
ᡨᠰᠠᠣ ᠪᠠ ᡩᠠᠯᠠᠨ tsao ba dalan "草坝"	草坝 cao ba

4. 以 o 起首的二合元音

汉语借词中以 o 起首的二合元音只有 ou 一种形式。满语中没有 [o] 这个音位，所以标记 ou 时要对 o 进行调适。

汉语借词的二合元音 ou，在满文中有如下几种标写形式：ᡠ（u）、ᡄᡠ（eu）、ᡝ（e）、ᠣᠣ（oo）、ᠣ（o）、ᡳᡠ（iu）。

① 汉语借词的二合元音 ou，在满文中用 ᡠ（u）的形式标记

在满语中没有 [o] 音位，所以在满文中标写汉语借词的二合元音 ou 时，直接将 o 删掉，只留下 u，标记为 ᡠ（u）。这样处理，在听觉上比较接近于 ou。例如：

满语	汉语
ᠴᡠᠰᡝ cuse "绸子，竹子"	绸子 chou zi
ᠶᠠᡨᡠ yatu "丫头"	丫头 ya tou
ᠶᠠᠨᡨᡠ yantu "熨斗"	焰斗 yan dou

② 汉语借词的二合元音 ou，在满文中用 ⲯ（eu）的形式标记

汉语借词的二合元音 ou，在满文中标记为 ⲯ（eu），这也是因为满语中没有 [o] 元音，所以依据上面的处理方式，如果不能直接删除 o 的情况下，o 就用 e 元音来调适。这样在 u 的影响下，听觉上 eu 依然比较接近于汉语 ou。这种处理方式既保留了汉语 ou 的结构形式，又符合满语语音要求。例如：

满语	汉语
ⲯ eu "藕"	藕 ou
ⲯ heu "侯"	侯 hou
ⲯ leuse "城楼，楼阁"	楼子 lou zi
ⲯ šeu ben "手本"	手本 shou ben

③ 汉语借词的二合元音 ou，在满文中用 ⲯ（e）的形式来标记

汉语借词的二合元音 ou，如果其后再出现唇辅音或圆唇元音时，ou 的 o 被替换为展唇元音 e 的同时 u 自然脱落。例如：

满语	汉语
ⲯ defu "豆腐"	豆腐 dou fu

④ 汉语借词的二合元音 ou，在满文中用 ⲯ（oo）的形式来标记

汉语借词的二合元音 ou，在满文中标记为 ⲯ（oo[ɔɔ]），这种情况与前面辅音有关。ou 的前面如果有舌根辅音 h，而且满文中这个 h 是阳性形式的 ⲯ（x）时，那么，根据 ⲯ（x）的性属标记，其后的元音必须是阳性元音，所以汉语的 o 便被替换为 o[ɔ]，同时 u 也被同化为相同的元音，即被标写为 ⲯ（oo[ɔɔ]）。例如：

满语	汉语
ⲯ hoo "侯"	侯 hou

⑤汉语借词的二合元音 ou，在满文中用 ɵ（o[ɔ]）的形式来标记

汉语借词的二合元音 ou，出现在舌根辅音 ŋ 后时，在满文中标写为 ɵ（o[ɔ]）。这涉及两个语音现象：一是满文中当汉语 ou 失去声调而被轻读时 u 脱落；二是剩下的 o 在前面舌根辅音 ŋ 的影响下，演变为 o[ɔ]。例如：

满语	汉语
loŋto "笼头"	笼头 long tou

⑥汉语借词的二合元音 ou，在满文中用 （iu）的形式来标记

汉语借词的二合元音 ou，当出现在舌面辅音 y 后时，在满文中标写为 （iu）。这是根据汉语实际读音而标记的。因为"柚"（you）在满文中失去了声调而 o 自然脱落，之后又处在舌面辅音 y 后时听觉上像 iu，于是就将其按照实际读音标记为 （iu）。例如：

满语	汉语
iuse "柚子"	柚子 you zi
iu-lembi "上油漆"	油 you

5. 以 e 起首的二合元音

汉语借词中以 e 起首的二合元音只有 ei 一种，根据所处位置，其写法稍有变化。ei 在满文中标记为 （ei）和 （e）两种。

①汉语借词的二合元音 ei，在满文中用 ～ （ei）的形式来标记

汉语借词的二合元音 ei，在满文中的书写形式根据词中位置稍有区别，在词中时写成 （ei），在词尾时写成 （ei）。

词中的 （ei），根据书写法，元音 e 和 i 不能连写，所以采用添加隔音符号 i 的书写形式。隔音符号 i 只起隔开 e 和 i 的作用，不读声；而词尾的 ，作为结尾形式与词中的 （ei）不一样，在印刷体中将尾部 i 的字形改变一下（向后弯），而在手写体中写并列的两个牙。例如：

满语	汉语
ᠪᡝᡳ ᡳᡠᡳ bei iui "备御"	备御 bei yu
ᠪᡝᡳ ᡳᡠᡳ ᡤᡠᠸᠠᠨ bei iui guwan "备御"	备御官 bei yu guan
ᠪᡝᡳᡤᡠᠸᠠᠨ beiguwan "备御"	备官 bei guan（"备御官"的简称）
ᡯᡝ ᠸᡝᡳ ᡳᠯᡥᠠ dze wei ilha "紫薇花"	紫薇 zi wei

② 汉语借词的二合元音 ei，在满文中用 ᡝ（e）的形式来标记

汉语借词的 ei，在满文中标记为 ᡝ（e）元音。这种标记形式实际上并不是直接标写汉语的，而是标写蒙古语形式的。在蒙古语口语中"北京"读为 bə:dʒiŋ，该词借入满语以后，由于满语中没有长元音 ə:，所以长元音 ə:被调适为短元音 ə，于是就书写为 ᠪᡝᠵᡳᠩ bejiŋ。因此，该词不是从汉语直接借入的，而是从蒙古语借入的。即：

满语	蒙古语	汉语
ᠪᡝᠵᡳᠩ bejiŋ "北京"	bə:dʒiŋ	北京 bei jing

注释：

① 满语中汉语借词的韵尾 -n 脱落。

② 舌根辅音后的 ua，在满语中 u 被调适为 v。

③ 满语中，处在舌根辅音 g 前的 n 演变为 ŋ 的同时，在 ŋ 的影响下，词首 n 异化为 l（因为 n 和 ŋ 都是鼻辅音）；汉语借词 ua 的 u，在舌根辅音的影响下被调适为 v，同时，a 元音脱落。

④ 满文 ᡤᡳᠶᠠᠮᠴᠠᠨ（giyamcan）是汉语"碱厂"的早期语音，它在现代汉语中变成了 jian chang。

⑤ 满文 ᠴᠠᠯᡳᠶᠠᠨ（caliyan）是汉语"钱粮"的早期读音，在现代汉语中"钱粮"变成了 qian liang。

⑥ 满文 ᠵᠠᠮ� ᡦᡳᠨ（jampin）是汉语"煎饼"的早期读音，在现代汉语中"煎饼"变成了 jian bing。

⑦满文 （mujan）中保留着汉语早期韵尾 -n，在现代汉语中"匠"变成了 jiang。

⑧满语中按照满语语音系统的要求，将汉语 p 调换为固有辅音 f。

⑨满文 （waiilan）中保留着汉语早期韵尾 -n，在现代汉语中 -n 演变成了 -ng。

⑩满文中将汉语 xiu 读为 （šu-）。

⑪汉语的"埃" ai 在满语中按照发音习惯，词首加辅音 ƽ（y）。

⑫满语中，第二音节辅音 m 前，词首 n- 异化为 l-。

⑬满语中按照发音习惯，词尾添加 -n。

⑭汉语借词 （boji）中的 -ji 是早期"人" jin 的词尾辅音 -n 的脱落形式，对此可以参考日语中的汉语借词。日语中汉语借词"人"读作じん [dʑin]，它是早期汉语的读音，实际上东北地区将"人"读作 [jin]，这个 [jin] 就是 [dʑin] 的演变形式。

⑮满语中按照发音习惯，将汉语复元音 ao 调适为 o 的同时，将 l 辅音按照满语发音习惯变读为 r，再按照满语开音节要求，r 后按照元音和谐律要求添加了元音 o，变成了 doro。

⑯根据满语发音习惯，汉语声母 y 脱落而直接以 i 起头。

（二）三合元音的标记特点和读法

与二合元音相比，汉语借词中的三合元音很少，只有两种：一种是 uɑi，另一种是 iɑo。

1. 汉语借词的三合元音 uɑi

汉语借词的三合元音 uɑi，只出现一例，标记为 （vai）。例如：

满语	汉语
hvaise "槐树"	槐子 huɑi zi

汉语借词的三合元音 uɑi 的 u，由于处在舌根辅音之后，所以按照满语的读音方式，将其读为 v [ʊ]，书写为 ㆗，之后再连续书写 ㄱ（a）和 ƽ（i），

拼写成 ﹏，读为 [vai]。这是对汉语借词 uai 的直接转写，虽然不符合满文书写规则，但是可以拼读，而且仅见这一例。

2. 汉语借词的三合元音 iao

汉语借词的三合元音 iao，在满文中标记为 ﹏（iyoo）。书写法规定，i 和 a 不能连写，所以需要隔音符号 y 将 i 和 a 相互隔开。而 a 和 o 亦不能连写，于是，将 a 调换为元音 o。于是，三合元音 iao 在满文中就标记成 ﹏（iyoo）。这种处理方法很有道理。因为根据满文书写法，iao 中的 ia，i 为长牙，a 为短牙，这两个前一长后一短的牙不能连写，所以用隔音符号 y 将它们相互隔开是明智的；之后，再对 iao 的 ao 做了处理。因为满文中 a 为一个短牙，o 为一个圈肚，一个短牙后再写圈肚，无法识读，如果将 a 变成 o 来书写的话，在文字层面上就没有问题了，所以就将汉语的 a 换成 o。改造后的 ﹏（iyoo）在拼读时其语音恰好也近似 iao。例如：

满语	汉语
biyoo "表"	表 biao
fiyoose "瓢"	瓢子 piao zi [1]
fiyoo "簸箕"	瓢 piao [2]
giyoo "蛟"	蛟 jiao [3]
giyoo si "教习"	教习 jiao xi [4]
hiyoošun "孝顺"	孝顺 xiao shun [5]
kiyoo "桥"	桥 qiao
liyoo "饲料"	料 liao
miyoo "庙"	庙 miao
miyoocan "枪，火枪"	鸟枪 niao qiang [6]
miyori "秒"	秒 miao
piyoo "票"	票 piao
siyoo "硝，硝石"	硝 xiao
siyoošun "孝顺"	孝顺 xiao shun

注释：

①② 满语固有词中没有 p 辅音音位，而它存在于汉语借词中，所

以前期借入满语的借词中的 p 在满语中都用相近的 f 来替代。

③④ 汉语 j 辅音在满语借词中保留为 g，g 是 j 的早期形式，在现代汉语中 g 在腭化条件下都进一步演变成了 j。

⑤ 汉语 x 辅音在满语借词中保留为 h，h 是 x 的早期形式，在现代汉语中 h 在腭化条件下也进一步演变成了 x。

⑥ 汉语词"枪"qiang 的韵尾 -ng，在满语借词中根据满语发音习惯替换为 n，又在 n 的影响下，汉语借词词首 n 又异化为 m。

（三）单元音的标记特点和读法

汉语和满语之间，大多数短元音相互对应，但是也有一些不对应的短元音。相对应的短元音在标写时基本不存在调适问题，但是当语音环境改变而发生变化时亦有个别短元音需要调适。而对于不相对应的单元音，满文书写时都需要做一些调适。因此，下文仅分析和研究一下需要调适的那些短元音及其在满文中的拼写方法，而对于完全相对应的短元音则省略。

1. 汉语借词的单元音 e

汉语借词的单元音 e，在满文中有相对应的 ᠊（e）来标记。但是在很多场合，由于语音环境的改变而标记为其他元音。归纳起来，有如下标记形式：

ᡠ（u）、ᠣᠸᠠ（vwa）、ᡠᠸᡝ（uwe）、ᠣ（o）、ᠠᡤ（ag）等。

① 汉语借词的单元音 e，在满文中标记为 ᡠ（u）

当汉语借词的单元音 e 出现于唇辅音之后时，在满文中标记为圆唇元音的 ᡠ（u）。这是由于在满语的 f 或 p 辅音的唇化作用下，将 e 读为 u。此外，还有的是早期读音的保留，但是也有例外情况，这些情况有些复杂。例如：

满语	汉语
ᡨᠰᠠᡳᡶᡠᠩ tsaifuŋ "裁缝"	裁缝 cai feng
ᡩᠠᡳᡦᡠᠨ daipun "大鹏"	大鹏 da peng
ᡶᡠᠨ fun "分"	分 fen
ᡶᡠᠨ fun "粉"	粉 fen
ᡶᡠᠨᡨᠣ fuŋto "封套"	封套 feng tao

ᠪᡠᠨ pun "帐篷，船帆"	篷 peng
ᠴᡳᠨ ᡬ cin ku "青稞"	青稞 qing ke

② 汉语借词的单元音 e，在满文中标记为 ᠸᠠ（vwa）。例如：

满语	汉语
ᡥᠸᠠ�šᠠᠨ hvwašan "和尚"	和尚 he shang

我们认为，这一借词不是直接从汉语借入的，而是通过蒙古语间接借入满语的。"和尚"在蒙古语中写作 ᠬᠣᠣšᠠᠩ（hoošaŋ），是阳性词。ᠬᠣᠣšᠠᠩ（hoošaŋ）在借入满语时元音 ᠣᠣ（oo）写作 ᠸᠠ（vwa）。分析起来，满语中舌根辅音 h 后的圆唇元音受其影响，读为 v[ɷ]，之后，第二个 o 演变为 a（因为 [ɷ] 后既不能再出现 [ɷ]，又不能保留 o，所以将后一个 o 调换为 a），因其后音节有 a 元音，结果，oo 在满语中变为 ᠸᠠ（vwa）。这里涉及一个语音学上的问题，那就是 [ɷ] 后不能再出现圆唇的 o[ɔ]，只能出现展唇的 a。

③ 汉语借词的单元音 e，在满文中标记为 ᡠᠸᡝ（uwe）

汉语借词的单元音 e 在满文中还标记为 ᡠᠸᡝ（uwe），读复元音 ue。ᡠᠸᡝ（uwe）与现代汉语的展唇元音 e 相对应。对此我们认为，汉语早期的 u 是通过 ue 的复元音阶段才发展为 e 的，所以满文中的 ᡠᠸᡝ（uwe）反映着这个复元音的过渡阶段，因此，它不是将汉语的 e 在满文中标记为 ᡠᠸᡝ（uwe），而是当时语音的反映。例如：

满语	汉语
ᡶᡠᠸᡝᠨ fuwen "分"	分 fen
ᡥᡠᠸᡝᠩᡤᡝ huweŋ-ge "封谥用语"	封 feng
ᡥᡠᠸᡝšᠠᠨ huwešan "尼僧"	和尚 he shang

上面第二例 ᡥᡠᠸᡝᠩᡤᡝ huweŋ-ge "封谥用语" / 封 feng 的辅音 h/f 不对应。对此我们认为，这是因为蒙古语等阿尔泰语系诸语言，对 x 与 f 两个辅

音经常混淆，尤其是处于圆唇元音前的 x 与 f，更是容易相互混淆，当然满语也不例外。所以，将汉语的"封"（feng）在满文中标记为 ᠋ (huweŋ-ge)"封谥用语"。

而第三例 ᠋ huwešan "尼僧"又是另外一种情况。虽然它也是汉语借词，但是它不是直接借自汉语"和尚"（he shang）的，而是通过蒙古语借入的汉语借词。蒙古语中"和尚"（he shang）写为 ᠋ (xoošaŋ)"和尚"。᠋ (xoošaŋ)借入满语以后标记为 ᠋ hvwašan。

现实中，"和尚"（he shang）既有男性的"和尚"（he shang），又有女性的"和尚"（he shang），女性的"和尚"在汉语中称为"尼姑"。"尼姑"在满语中没有专用名称。这种情况下，利用满语中还残存的元音屈折构词法，通过改变元音的方法区别了男性"和尚"和女性"和尚"（尼姑），即 ᠋ hvwašan 表示男性和尚，而 ᠋ huwešan 表示女性和尚（尼姑）。

实际上类似现象还见于蒙古语借词中。例如：᠋ (nagcu)"舅舅"是蒙古语借词，它借入满语以后又派生出一个 ᠋ (negcu)，表达"舅母"的意义。满语中通过变换元音，派生出男性的 ᠋ (nagcu)"舅舅"和女性的 ᠋ (negcu)"舅母"。这一现象与 ᠋ (hvwašan)"和尚"\᠋ (huwešan)"尼姑"的现象是一致的。

④汉语借词的单元音 e，在满文中标记为 ᠊ (o)。例如：

满语	汉语
᠋ hose "盒子"	盒子 he zi
᠋ hose-ri "盒子"	盒子 he zi

⑤汉语借词的单元音 e，在满文中标记为 ᠋ (ag)。例如：

满语	汉语
᠋ yagca "夜叉"	夜叉 ye cha

汉语借词"夜叉"（ye cha），在满文中标写为 ᠋ yagca "夜叉"。

其中"夜"（ye）的 e 标记为 ᡰ（ag）的情况表明，它可能是从保留着早期汉语韵尾 -g 辅音的汉语方言借入的。

2. 汉语借词的单元音 i

汉语借词的单元音 i 在满文中除了标记为相对应的 ᡳ（i）以外，还标记为如下形式：

ᡳ（ii）、ᡳᡠ（iu）、ᡝ（e）、ᡠ（u）、ᡟ（ı̄）

① 汉语借词的单元音 i，在满文中标写为 ᡳ（ii）

汉语借词的单元音 i，在满文中标写为 ᡳ（ii）的只见一词：

满语	汉语
ᠪᡳ bii "王位，汗位"	陛 bi

短元音 i 标写为 ii，在读音上可以长于短元音 i。之所以出现这种情况，与满文的书写法有关。处于单音节结尾的 i，在书写法中不能独立书写，即不能写做 ᡳ，所以，只能以 ᡳii 形式来结尾。

② 汉语借词的单元音 i，在满文中标记为 ᡳᡠ（iu）

汉语借词的单元音 i，在满文中标记为 ᡳᡠ（iu）的形式也只见一词。例如：

满语	汉语
ᡶᡳᡠ fiu "屁"	屁 pi

之所以出现这种情况，亦与满文的书写法有关。处于单音节词结尾的 i，在书写法中不能独立书写，即不能书写为 ᡳ，所以必须有一个结尾形式。在这个意义上可以双写 ᡳ（i），但是在词首 f 辅音的唇化作用下，将 i 变为 u，写成 ᡶᡳᡠ（fiu）。

③ 汉语借词的单元音 i，在满文中标记为 ᡠ（u）

汉语借词的单元音 i 在满文中标记为 ᡠ（u）的形式也只见下面一词。例如：

满语	汉语
su "丝"	丝 si

现代汉语"丝"的实际读音是[sʅ]，当在满文中还没有制定出[ʅ]字母时，标记为 su。

④ 汉语借词的单元音 i，在满文中标写为 (e)

将汉语借词的单元音 i 标记为 (e)，此处的 i 多出现在舌尖辅音后。在汉语中 i 是音位，舌尖辅音后的 [ʅ] 都归纳为 i 音位。而满语中在制定标记 [ʅ] 元音的 字母前，一般都用相近的 (e) 来标记。例如：

满语	汉语
yeŋke "银锞"	银锞 yin ke
pandze "棋盘"	盘子 pan zi
podze "炮竹，炮仗"	炮子 pao zi
dzendze "橙子"	橙子 cheng zi
dze iŋ ši "紫英石"	紫英石 zi ying shi
dze tan moo "紫檀"	紫檀木 zi tan mu
dze mu poo "子母炮"	子母炮 zi mu pao
dze giŋ "紫荆"	紫荆木 zi jing mu
dze wei ilha "紫薇花"	紫薇 zi wei

⑤ 汉语借词的单元音 i，在满文中标写为 (ʅ)

满文中制定了 字母以后，标写舌尖辅音 s、z[dz]、c[ts] 后出现的 [ʅ] 时开始用 来标记。 字母的制定成功地解决了将 [ʅ] 标记为 (u)、 (e) 等的问题。例如：

满语	汉语
sʅ "寺"	寺 si
tusʅ "土司"	土司 tu si
sʅcuwan "四川"	四川 si chuan
wansʅ "药丸子"	丸子 wan zi

3. 汉语借词的单元音 u

汉语借词的单元音 u，在满文中有如下几种写法：

ᠣᠣ（oo）~ ᠣ（o）、ᠴᡟ ~ ᡍᡟ（iui）、ᠶᡳᡫ（iyv）、ᡳᡫ（iv）、ᡳᡠ（iu）、
ᠶᡳᡫ（iyv）、ᡳᡠᠸᠠ（iuwa）

① 汉语借词的单元音 u，在满文中标记为 ᠣᠣ（oo[ɔɔ]）~ ᠣ(o[ɔ])。例如：

满语	汉语
ᠴᠣᠣ coo "锄"	锄 chu
ᠮᠣᠣ moo "木"	木 mu
ᠮᠣ mo "亩"	亩 mu
ᠮᡠ mu "亩"	亩 mu

汉语借词的单元音 u，在满文中标记为双元音 oo[ɔɔ] 或单元音 o[ɔ]。
满文中双写元音和单写元音似乎具有区别意义的意图。汉语中的 mu，由
于其字形和声调可以明确地区分出是田"亩"的"亩"，还是树"木"的"木"，
但是在满文中仅凭 ᠮᠣ（mo）的字形，不能将它们区分开。所以满文中就借
用元音的单写和双写来加以区分同音的词，单元音的 ᠮᠣ（mo）为"亩"，
而双元音的 ᠮᠣᠣ（moo）则为"木"。在满文中汉语借词"亩"，既可以写
为 o 元音，又可以写为 u 元音（见上例）。

② 汉语借词的单元音 u，在满文中标写为 ᠴᡟ ~ ᡍᡟ（iui）。例如：

满语	汉语
ᡍᡟ ᡑᠠᡳ iui dzai "玉簪"	玉簪 yu zan
ᡍᡟ ᠵᡳᡳ iui jii "鱼际（穴位）"	鱼际 yu ji
ᡍᡟᡩᠠᠨ iudan "雨衣"	雨单 yu dan
ᡤᡍᡟ giui "菊"	菊 ju
ᡤᡍᡟ ᡵᡝᠨ giui ren "贤书（指乡试中试的举人，名登荐贤之书）"	举人 ju ren
ᡤᡍᡟ ᡑᡳ giui dzi "居士"	居士 ju shi
ᡍᡟ ᡳ ᡩᠠ kiui i da "区长"	区 qu
ᡤᡍᡟᠩᡤᡝ giuiŋge "艒船（战船名）"	艒 ju

满语	汉语
ᡤᡳᡠᡳᠨ ᠸᠠᠩ giuin waŋ "郡王"	郡王 jun wang

现代汉语的有些舌面音 j[dʑ]、q[tɕ]、y[j] 是由早期腭化的舌根辅音发展来的（对此见辅音部分的舌根辅音）。标写腭化的舌根辅音时在满文中写前元音 i，之后再写 u，拼读 i 和 u，发 [y] 音。

书写时在单音节词中的 iu 后再加一个元音 i，如 ᠶᡠᡳ ~ ᡳᡠᡳ（iui），这里的 ᠴ（i）只作为结尾形式的标志，不发音；在双音节词中，也保留了 i，这时它起的是过渡音的作用，即延长前面的语音。如 ᡤᡳᡠᡳᠨᡤᡝ（giuiŋge）"艍船（战船名）"，读为 [gyːŋgə]。ᠰᡳᠶᡠᡳᠨ ᡶᡠ（siyuin fu）"巡抚"读为 [syːn fu]。

③汉语借词的单元音 u，在满文中标写为 ᡳᡠᠸᠠ（iuwa）。例如：

满语	汉语
ᠰᡳᡠᠸᠠᠨ siuwan "埙，陶埙"	埙 xun

ᡳᡠᠸᠠ（iuwa）的情况与上述情况一样，拼读时，iu 拼读为 [y]，之后，[y] 再与后面 a 相拼，这时需要隔音符号 w。拼读时与词首辅音一起拼读。拼读分为两段，第一段拼读 iu，发为 [y] 音，之后 [y] 与后面的 a 相拼，读 [ya] 音。

4. 汉语借词的单元音 ü

汉语借词的单元音 ü 的读音是 [y]，所以也采用上述拼写方法。字母 ᡳᡠᡳ（iui）拼读为 [y]。例如：

满语	汉语
ᠠᠯᡳᡠᡳ aliui "耶律"	耶律 ye lü
ᠯᡳᡠᡳ liui "音律"	律 lü

5. 汉语借词的单元音 o

汉语借词的单元音 o，在如下语音环境中，即处于舌根鼻辅音 ŋ 前时其实际读音是 [o]，因为满语中没有 [o] 音位，所以，在满文中用 ᠣ（u）或

ï（e）等元音来替代。

①汉语借词的单元音 o，在满文中标记为 ɡ（u）。例如：

满语	汉语
ᠭᡠᠩ guŋ "公"	公 gong
ᠭᡠᠩᡤᡝ guŋ-ge "功"	功 gong
ᠭᡠᠩ ᠭᡠᠩ guŋ guŋ "公公"	公公 gong gong
ᠭᡠᠩᠨᡝᠮᠪᡳ guŋ-nembi "恭"	恭 gong
ᡨᡠᠩᡤᡳᡠ tuŋgiu "桐油"	桐油 tong you
ᡨᡠᠩᠰᡝ tuŋse "通事"	通事 tong shi
ᡨᡠᠩᠵᡝᡠ tuŋjeu "通州"	通州 tong zhou
ᡯᡠᠩᡩᡠ dzuŋdu "总督"	总督 zong du
ᡯᡠᠩ ᠪᡳᠩ dzuŋ biŋ "总兵"	总兵 zong bing

②汉语借词的单元音 o，在满文中标记为 ï（e）

汉语借词的 o 元音处在鼻辅音后时在满文中标记为 e。例如：

满语	汉语
ᠮᡝᡤᡠ megu "蘑菇"	蘑菇 mo gu

（四）汉语借词的"儿"化音

汉语借词中存在着北方汉语特有的"儿"化音。除了单字"尔"以外，其他"儿"化音都出现在复合词中。"儿"化音单独出现没有任何意义，当出现在名词后时，形式上类似于满语名词词缀，并有一定的显示方言特点的作用。

单独使用的"尔"字，与出现在复合词中的"儿"不是一回事，虽然在汉语中其读音都一样，但是在满语中却处理为两种形式。

单独出现的"尔"（er）字，词尾 r 音在满文中调换为 l。这是因为满语中 r 不出现在词尾。例如：

满语	汉语
 el ya "尔雅"	尔雅 er ya

以复合词形式出现在名词后的"儿"（er），根据满语词的结尾音以开音节结尾的音节特点，r后要添加元音（添加元音时遵照元音和谐律添加相应元音），使其变成开音节结构。例如：

满语	汉语
soro "枣"	枣儿 zao er
toro "桃"	桃儿 tao er

三、汉语借词辅音的对应与标记

汉语和满语的辅音系统不完全一致，它们之间多数辅音相一致，也有少数辅音不一致，汉语的有些辅音在满语中没有。对于相一致的辅音，在标记时都采用一致的标记形式；而对于不一致的辅音，标记时采用其他相近的辅音来替代；对于那些满语中没有的辅音则采取制定新字母的方式来加以解决。

相一致辅音的标记：

汉语借词的 b、w、d、t、f、g、h、k、j、q、l、m、n、s、y 等辅音，在满语中都有相对应的辅音字母，所以这些辅音的标记不存在任何问题，只是存在个别辅音在有的语音环境中发生变化而采用其他辅音来标记的情况。

不一致的辅音的标记：

一般情况下，汉语借词辅音与满语辅音不一致时，在满文中都采用与之相近的辅音来标记。

满语中没有的或需要加以区别的汉语借词辅音：

汉语借词中的 zh、ch、c、z、r、p 等辅音在满语中没有，更没有与之相对应的字母，所以满文中制定了相应字母来进行标记。同时，即使在满语中有相对应的辅音，但是为了区别它是汉语借词辅音，如 g、h、k 等辅音，也给它们制定了有别于满文辅音字母的新字母，用于专门标记这些汉语借词辅音。

因为对相一致的借词辅音是一对一地对应标记，这里没有必要再重复；标记不完全一致的汉语借词辅音，可以采用相近的其他辅音字母来标记，也没有多大问题。问题只出现于满语中没有的那些辅音的标记上。因此，本书仅针对那些汉语借词辅音与满语辅音不一致的辅音字母和满文中没有过的字母进行讨论。

1. 汉语借词的唇辅音 p

满语辅音系统的固有辅音中没有 p 辅音，所以在制定借词字母以前和制定借词字母以后的一段时间里，标记汉语借词的 p 辅音时多采用相近的 f 辅音或 b 辅音。后来汉语借词逐渐增多，才开始用新字母 p，而用 f 或 b 来替代 p 的情况才逐渐减少。

制定 p 字母时充分效仿了蒙古文 p 字母的制定方式。蒙古文的 p 字母是在原有 ᠪ（b）字母的前方开一口，制定了 ᠫ（p）字母；在满语中，也效仿蒙古文，用在 ᠪ（b）字母上开一口的方式制定了 ᠹ（p）字母，但是开口的位置与蒙古文不同，蒙古文是开在前方，而满文是开在后方，即：

蒙古文 ᠪ（b）—ᠫ（p）

满文　　ᠪ（b）—ᠹ（p）

如前所述，满语 p 字母是随着汉语借词的增多才制定的，所以在制定字母前和制定字母后的一段时间里，对汉语借词 p 的标记并不统一，既有标记为 ᡶ（f）的，也有标记为 ᠹ（p）的，个别也有标记为 b 的。我们认为，标记为 ᠹ（p）的是后期借入的借词，而标记为 ᡶ（f）的或 b 的，都是前期借入的借词。

① 汉语借词的 p，在满文中标记为 f

在时间上这些借词是满语中制定借词字母 ᠹ（p）以前的借词。例如：

满语	汉语
ᠪᠠᠯᡳ fali "雪橇"	爬犁 pa li
ᡶᠠᠨ fan "木盘子"	盘 pan
ᡶᠡᠩᠰᡝ feŋse "盆子"	盆子 pen zi
ᡶᡳᡶᠠᠨ fifan "琵琶"	琵琶 pi pa
ᡶᡳᠶᡝᠨ fiyen "碟子"	盘 pan
ᡶᡝᡳᠰᡝ feise "砖"	胚子 pei zi
ᡶᡳᠶᠣᠣᠰᡝ fiyoose "瓢"	瓢子 piao zi
ᡶᡳᠶᠣᠣ fiyoo "簸箕"	瓢 piao
ᡶᡳᡠ fiu "屁"	屁 pi
ᡶᡠᠰᠠ fusa "菩萨"	菩萨 pu sa
ᡨᠠᡳᡶᡳᠨ taifin "太平"	太平 tai ping

② 汉语借词的 p，在满文中也标写为 p

这些借词是满文中制定了借词字母 ᡦ (p) 以后借入的借词。例如：

满语	汉语
ᡦᠠᠨ ᡤᡠᠸᠠᠨ pan guwan "判官"	判官 pan guan
ᡦᠠᠨᠴᠠᠨ pancan "盘缠，路费"	盘缠 pan chan
ᡦᠠᠩᡥᠠᡳ paŋhai "螃蟹"	螃蟹 pang xie
ᡦᠠᠨᡯᡝ pandze "棋盘"	盘子 pan zi
ᡦᠠᠨᠰᡝ panse "棋盘"	盘子 pan zi
ᡦᡝᠯᡝᠮᠪᡳ pe-lembi "糊（天棚）"	棚 peng
ᡦᡳᠯᡝᠮᠪᡳ pi-lembi "批，批示"	批 pi
ᡦᡳᠩᠰᡝ piŋse "瓶子"	瓶子 ping zi
ᡦᡳᠩᠰᡝ piŋse "天平"	平子 ping zi
ᡦᡳᠩᡤᡠᡵᡳ piŋgu-ri "苹果"	苹果 ping guo
ᡦᡳᠩᠰᡝᠯᡝᠮᠪᡳ piŋse-lembi "（用天平）称"	平子 ping zi
ᡦᡝᠩᡨᡠᠸᠠᠨ peŋtuwan "彭缎，洋缎"	彭缎 peng duan
ᡦᡳ ᡧᡠᠸᠠᠩ pi šuwaŋ "砒霜"	砒霜 pi shuang
ᡦᡳᠨ pin "嫔"	嫔 pin
ᡦᡳᠶᠣᠣ piyoo "票"	票 piao
ᡦᡳᠵᠠᠨ pijan "皮箱"	皮箱 pi xiang

满语	汉语
᠊ᠣᠯᠣᡵᡳ polo-ri "大筐箩"	筐箩 po luo
᠊ᠣᠰᡝ pose "婆子"	婆子 po zi
᠊ᠣᡯᡝ podze "炮竹，炮仗"	炮子 pao zi
᠊ᡠ pu "铺"	铺 pu
᠊ᡠᠰᡝ puse "铺子"	铺子 pu zi
᠊ᡠᠰᡝᠯᡳ puse-li "铺子"	铺子 pu zi
᠊ᠣᠣ poo "炮"	炮 pao
᠊ᡠᡥᡟ puhv "铺户"	铺户 pu hu
᠊ᠣᠵᠠᠨ pojan "炮竹，炮仗"	炮仗 pao zhang
ᡦᡠ ᡩᡠᠨ ᡨᠠᡳ pu dun tai "墩台（驻有官兵 巡逻的堡）"	堡墩台 pu dun tai
᠊ᡠᠨ pun "帐篷，船帆"	篷 peng
᠊ᡠᠰᠠ pusa "菩萨"	菩萨 pu sa

③ 汉语借词的 b，在满文中标记为 p 或 f

汉语借词的 b，在满语中不同程度地存在因语音环境的影响而标记为 p 或 f 的现象。这是满语内部的语音变化，不涉及标记。

汉语借词的 b，在满文中标记为 p。例如：

满语	汉语
᠊ᠠᠨ pan "梆子"	梆 bang

我们认为，"梆子"这一名词是从敲击声而来的象声词。在汉语中称"梆，梆"，而在满语中则称 pan pan。所以将汉语"梆"（bang）在满语中说成 ᠊ᠠᠨ（pan）"梆子"。

满语	汉语
ᠵᠠᠮᡦᡳᠨ jampin "煎饼"	煎饼 jian bing

上例属于连音变化现象。满语中连续发 jian bing 的音时，在 b 的影响

下 n 演变为 m，之后再发 mb 时，b 变成吐气音 p。

汉语借词的 b，在满文中标记为 f。例如：

满语	汉语
 lifa-han "泥"	泥巴 ni ba
fi "笔"	笔 bi

以上借词中，表面上汉语的 b 在满语中都变成了 f，但是具体情况不属于同一个性质的问题。

 lifa-han "泥" / 泥巴 ni ba 中发生的是连音变化。满语中由于在汉语的 ni ba 上附加了词缀 -han，派生为 nibahan，连续发塞音 b 和擦音 h 时会使发音不顺畅。因为发音时双唇还没来得及闭合就要发舌根擦音 h，于是，就将 b 改变成擦辅音 f，这样连续发 f 和 h 就变得顺畅了。最后，在词尾 -n 辅音的影响下，词首 n- 也演变成了 l-。即 ni ba→ nibahan → lifahan。

而 fi "笔" / 笔 bi 的情况则属于历史语音变化情况。

我们认为，汉语 "笔" 的早期读音是 pi，在这个阶段借入满语以后，如上面已经交代过的情况一样，由于满语中没有 ₆（p）辅音，所以将汉语借词的 pi 读为相近的 fi，有了文字以后仍标记为 fi；而在汉语中 pi 进一步发展，变成了 bi。

④ 汉语借词的 f，在满文中标记为 h

满语和其他阿尔泰语系语言一样，往往会混淆 f 和 h 两个音，尤其是处在圆唇元音 u 前时，更容易将 f 发成 h 音。例如：

满语	汉语
huweŋ-ge "封谥用语"	封 feng

2. 汉语借词的舌根辅音

这里讨论的是借词中的舌根辅音与汉语的塞擦音、擦音相对应的一些词。对这些汉语借词的舌根辅音进行分析可知，它们与清代的语音特点相符，因此认为，这些借词大概是在清代借入满语的，当时还没有发展为塞擦音或擦音。后来，这些舌根辅音经过腭化发展，进一步演变为塞擦音、擦音。观察这些汉语借词舌根辅音时还发现，它们都处在前元音 i 或 [y]、[e]等元音之前，说明这些舌根辅音已经具备了腭化发展的语音条件，但是当时它还没有来得及腭化演变。因此，汉语的这些塞擦音是舌根辅音腭化演变的结果，也就是说现代汉语的一些塞擦音是从早期舌根辅音演变过来的。对此，著名语言学家王力先生在《汉语语音史》中就提出，"清代后期有二十三个声母，是增加了 [tɕ, tɕ', ɕ] 三个声母。这三个新声母并不是原来表示照系的 [tɕ, tɕ', ɕ]，而是从见系 [k，k'，x] 分化出来的。见系开合口字仍读 [k，k'，x]，齐撮口字则变为 [tɕ, tɕ', ɕ]"。所以，我们认为满语中的这些借词都是清代早期借入的，它们虽然在满语中依然保留着借入之时的语音形式，但是在现代汉语中却进一步演变了。这一类借词如下：

（1）汉语借词的 k[k] 在汉语中演变为 q[tɕ]。例如：

满语	汉语
ᠨ kin "琴"	琴 qin
ᠨᡳᡳ᠋ᡳᡩᠠ kiui i da "区长"	区 qu
ᡴᡳᠩᡤᡠᡵᡳ kiŋ-guri "琼花"	琼 qiong
ᡴᡳᠶᠣᠣ kiyoo "桥"	桥 qiao

（2）汉语借词的 g[g] 在汉语中演变为 j[dʑ]。例如：

满语	汉语
ᠨ gen "脖，颈"	颈 jing
ᠨ gin "秤"	斤 jin
ᡤᡳᠩᡤᡝᠨ giŋ-gen "斤"	斤 jin
ᡤᡳᠨ gin "京"	京 jing
ᡤᡳᡠᡳ giui "菊"	菊 ju
ᡤᡳᡠᡳᠷᡝᠨ giui ren "贤书（指乡试中试的 举人 ju ren 举人，名登荐贤之书）"	

满语	汉语
ᠵᡠᡳ ᡯᡳ giui dzi "居士"	居士 ju shi
ᡤᡳᡠᡳᠩᡤᡝ giuiŋge "艍船（战船名）"	艍 ju
ᡤᡳᠣᠸᠠᠨ giowan "杜鹃"	鹃 juan
ᡤᡳᡠᠸᠠᠨᠰᡝ giuwanse "绢，一卷"	绢子，卷子 juan zi
ᡤᡳᠰᡝ gise "娼妓，妓女"	妓子 ji zi
ᡤᡳᠶᠠᡳ giyai "街"	街 jie
ᡤᡳᠶᠠᠪᠠᠨ giyaban "夹棍"	夹板 jia ban
ᡤᡳᠶᠠᠮᠴᠠᠨ giyamcan "碱厂"	碱厂 jian chang
ᡤᡳᠶᠠᠨ ᡨᠣᠣ giyan too "检讨"	检讨 jian tao
ᡤᡳᠶᠠᠨᠴᡝᡠ giyanceu "茧绸"	茧绸 jian chou
ᡤᡳᠶᠠᠩ giyaŋ "江"	江 jiang
ᡤᡳᠶᠠᠩᡨᡠ giyaŋtu "豇豆"	豇豆 jiang dou
ᡤᡳᠶᠠᠩᠨᠠᠮᠪᡳ giyaŋ-na-mbi "讲"	讲 jiang
ᡤᡳᠶᠣᠣ giyoo "蛟"	蛟 jiao
ᡤᡳᡠᡳᠨ ᠸᠠᠩ giuin waŋ "郡王"	郡王 jun wang
ᡤᡳᠶᠣᠣ ᠰᡳ giyoo si "教习"	教习 jiao xi
ᡤᡳᠶ�v̌ᠨ ᠯᠣᠣ giyvn loo "军牢"	军牢 jun lao
ᠵᡳᠶᠠᠩᡤᡳᠶ�v̌ᠨ jiyaŋgiyvn "将军"	将军 jiang jun
ᡤᡠᠨᠠ guna "拘那花"	拘那花 ju na hua

（3）汉语借词的 h[x]，在汉语中演变 x[ɕ]。例如：

满语	汉语
ᡥᡳᡥᠠᠨ hihan "稀罕的，罕见的"	稀罕 xi han
ᡥᡳᡠᠸᠠᠨ ᠶᡝᡳ hiuwan yei "玄烨"	玄烨 xuan ye
ᡥᡳ ᠰᡝ hi se "戏子"	戏子 xi zi
ᡥᡳᠶᠠᠨ hiyan "香"	香 xiang
ᡥᡳᠶᠠᠨ hiyan "县"	县 xian
ᡥᡳᠶᠠᠩᠴᡳ hiyaŋci "象棋"	象棋 xiang qi
ᡥᡳᠶᡝᠰᡝ hiyese "蝎子"	蝎子 xie zi
ᡥᡳᠶᠣᠣᡧᡠᠨ hiyoošun "孝顺"	孝顺 xiao shun

3. 汉语借词的塞擦音、擦音

现代汉语中已经出现了卷舌音 zh[dʐ]、ch[tʂ]、sh[ʂ]、ri[ɻ]，这些卷舌音是在早期 j[dʑ]、q[tɕ]、x[ɕ]、ri[ɻ] 的基础上发展来的。著名语言学家王力先生在《汉语语音史》中指出，"明清时代，知照系字一律读 [tʂ, tʂʻ, ʂ]，不再读 [tɕ, tɕʻ, ɕ] 了"。比较清代的塞擦音 j[dʑ]、q[tɕ]、x[ɕ]、ri[ɻ] 等辅音，在北方汉语中大多都已经演变成了卷舌音 zh[dʐ]、ch[tʂ]、sh[ʂ]、ri[ɻ]。所以随着满语中汉语借词的大量涌入，准确标记这些卷舌音，以便与满语中固有的塞擦音 [dʒ]、[tʃ]、[ʃ] 等相互区分，成为当时必须解决的一个问题，于是就在原有塞擦辅音字母基础上添加了识别符号，制定出了特定字母 ꠢ[dʐ]、ꠤ[tʂ]、ꠥ[š]、ꠦ[r] 等借词字母。

但是在实际标记汉语借词方面，曾有一段时间依然存在着将卷舌音 zh[dʐ]、ch[tʂ]、sh[ʂ]、ri[ɻ] 等标记为 j[dʒ]、c[tʃ]、x[ɕ~s]、ri 的情况。出现这种情况的原因，可能有两种，一种是当借入 zh[dʐ]、ch[tʂ]、sh[ʂ]、ri[ɻ] 之时特定字母还没有制定出来，因此用满语固有的字母 j[dʒ]、c[tʃ]、x[ɕ~s]、ri 来标记；另一种是满族人还不习惯于发卷舌音，所以也不善于辨认这些卷舌音，误把这些卷舌音当成了固有的 j[dʒ]、c[tʃ]、x[ɕ~s]、ri，于是就按照自己的认识和发音习惯，仍将其标写为 j[dʒ]、c[tʃ]、x[ɕ~s]、ri。只有到了后来，随着对汉语熟知程度的提高，能够熟练地发卷舌音之时才开始将其准确标记为 ꠢ[dʐ]、ꠤ[tʂ]、ꠥ[ʂ]、ꠦ[r] 等。我们认为，后一种可能性更大，因为这里可以比较蒙古人的发音情况，尤其是不懂汉语的蒙古人，他们一般都将汉语的 zh[dʐ]、ch[tʂ]、sh[ʂ]、ri[ɻ] 等听成塞擦音。因为蒙古语中没有卷舌音而只有塞擦音，只有熟练掌握汉语的人才能听清楚并能发卷舌音。到了近代，与汉族联系比较紧密的一些地区，如阜新、宁城一代的蒙古语中卷舌音才开始多了起来，甚至这一发音趋势影响到了本民族语言塞擦音的发音，将有的塞擦音发成了卷舌音，例如将 tʃaːs "纸" 说成 tʂaːs，tʃagaːn "白" 说成 tʂagaːn。比较来看，满语的情况跟蒙古语很相似。

汉语借词的塞擦音、擦音，与汉语卷舌音相对应。例如：

（1）满语 j [ʤ]	汉语 zh [dz]
jaŋdzi "长子"	长子 zhang zi
jase "栅栏"	栅子 zha zi
joli "笊篱"	笊篱 zhao li
joo "赵"	赵 zhao
joo "诏"	诏 zhao
jubu "主簿"	主簿 zhu bu
juŋken "钟"	钟 zhong
juša "朱砂"	朱砂 zhu sha
jeŋ "正，正当，恰好"	正 zheng
jeu "洲，郡"	洲 zhou
jedzi "折子"	折子 zhe zi
tuŋjeu "通州"	通州 tong zhou
deŋjan "灯"	灯盏 deng zhan
pojan "炮竹，炮仗"	炮仗 pao zhang

（2）满语 c [tʃ]	汉语 ch [tʂ]
cuse "厨子"	厨子 chu zi
cuse "绸子"	绸子 chou zi
cahv "茶壶"	茶壶 cha hu
caise "钗子"	钗子 chai zi
can "禅"	禅 chan
cen hiyaŋ "陈香"	陈香 chen xiang
cen dzi "橙子"	橙子 cheng zi
co-lambi "炒，煎炒"	炒 chao
coo "锄"	锄 chu
cuwan "船，舟"	船 chuan
cuin ša "春纱"	春纱 chun sha
pancan "盘缠，路费"	盘缠 pan chan
doocaŋ "道场"	道场 dao chang
giyamcan "碱厂"	碱厂 jian chang
giyanceu "茧绸"	茧绸 jian chou
yagca "夜叉"	夜叉 ye cha

（3）满语 s[s]	汉语 sh[ʂ]
ᠰᡝᡶᡠ sefu "师傅"	师傅 shi fu
ᠰᠠᡨᠠᠨ satan "砂糖"	砂糖 sha tang
ᡩᡳᠶᠠᠨᠰᡳ diyansi "典史"	典史 dian shi
ᡶᡝᠩᠰᡳ feŋsi "看风水的先生"	风水 feng shui
ᡶᡠᠰᡳ fusi "抚顺"	抚顺 fu shun
ᡨᡠᠩᠰᡝ tuŋse "通事"	通事 tong shi

4. 汉语借词的卷舌音

一部分汉语借词的卷舌音与汉语的卷舌音完全一样。这一部分借词准确地标记了汉语语音，这是制定特定字母的目的和取得的巨大功绩。例如：

（1）满语 [dʐ]	汉语 zh [dʐ]
ᡷᡳ dʐi "雉"	雉 zhi
ᡷᡳ dʐi "痔"	痔 zhi
ᡷᡳᡶᡠ dʐifu "知府"	知府 zhi fu
ᡷᡳᡷᡳᠶᡠ dʐidʐiu "知州"	知州 zhi zhou
ᡷᡳᠯᡳ dʐili "直隶"	直隶 zhi li
ᡷᡳᡥᡳᠶᠠᠨ dʐihiyan "知县"	知县 zhi xian
ᡷᡳ ᠨᡳᡠᡳ ᡠᠰᡳᡥᠠ dʐi niui usiha "织女星"	织女 zhi nü
ᡷᡳ ᠵᡝᡠ dʐi jeu "知州"	知州 zhi zhou
ᡷᡳᡨᡠ dʐitu "徵（古代五音之一）"	徵 zhi
ᡷᡳᡥᡳᠶᠠ dʐihiya "直辖"	直辖 zhi xia

（2）满语 [tʂ]	汉语 ch[tʂ]
ᡮᡳ tʂi "尺"	尺 chi
ᡮᡳ ᠰᡝ tʂi se "池子"	池 chi
ᡮᡳᠯᡝᠮᠪᡳ tʂi-lembi "笞"	笞 chi
ᡮᡳᠮᡳᠩ tʂimiŋ "敕命"	敕命 chi ming

有一个词将汉语借词的 q[tɕ] 在满文中标记为卷舌音，这大概是与有的地方将"畦子"读为"池子"有关。

满语 ᡱ [tʂ]	汉语 q[tɕ]
ᡱᡳᠰᡝ tʂi se "畦子"	畦子 qi zi

5. 汉语借词的舌尖音

汉语有三个舌尖辅音，即 s[s]、z[dz]、c[ts]，满语中的舌尖辅音只有一个 s[s]。因此，汉语和满语的舌尖辅音不完全对应，其中，只有汉语借词的 s[s] 与满语的 s[s] 相对应，而汉语的 z[dz] 与 c[ts] 在满语中没有与之相对应的语音。因此，起初汉语借词的 z[dz]、c[ts] 两个音在满语中多用 s[s] 来标记，这样容易引起混乱，所以后来为了准确地标记这些语音，制定了标记 z[dz] 和 c[ts] 的特定字母。但是在实际运用中仍然存在着将这三个舌尖辅音相互混用的情况。这大概是满族习用汉语时不能准确地区分 z[dz]、c[ts] 与 s[s]，所以往往将 z[dz]、c[ts] 听成 s[s] 的缘故。

但是随着时间的推移，人们逐渐能够准确分辨出汉语的舌尖辅音，从而大大地提升了标记准确率。

（1）z[dz] 标记为 s[s]

汉语的 z[dz]，在汉语借词中标记为 s[s]，下面仅以汉语借词复合词中的"子"为例进行说明。例如：

满语 s[s]	汉语 z[dz]
ᠴᡝᠰᡝ cese "册子"	册子 ce zi
ᠴᡠᠰᡝ cuse "厨子"	厨子 chu zi
ᠴᡠᠰᡝ cuse "绸子"	绸子 chou zi
ᡱᡳᠰᡝ tʂi se "池子"	池子 chi zi
ᡱᡳᠰᡝ tʂi se "畦子"	畦子 qi zi
ᡥᡳᠰᡝ hise "戏子"	戏子 xi zi
ᡥᡳᠶᡝᠰᡝ hiyese "蝎子"	蝎子 xie zi
ᡥᠣᠰᡝ hose "盒子"	盒子 he zi
ᡥᠣᠰᡝᡵᡳ hose-ri "盒子"	盒子 he zi
ᡥᠸᠠᡳᠰᡝ hvaise "槐树"	槐子 huɑi zi

满语 s[s]	汉语 z[ʣ]
ᠮᠠᠰᡝ mase "麻子"	麻子 ma zi
ᠮᡝᠩᠰᡝ meŋse "幔"	幔子 man zi
ᡦᠠᠨᠰᡝ panse "棋盘"	盘子 pan zi
ᡦᡳᠩᠰᡝ piŋse "瓶子"	瓶子 ping zi
ᡦᡳᠩᠰᡝ piŋse "天平"	平子 ping zi
ᡦᠣᠰᡝ pose "婆子"	婆子 po zi
ᡦᡠᠰᡝ puse "铺子"	铺子 pu zi
ᡨᠠᠮᠰᡝ tamse "坛子"	坛子 tan zi
ᡨᡝᠩᠰᡝ teŋse "藤子"	藤子 teng zi
ᡨᡳᠩᠰᡝ tiŋse "亭子"	亭子 ting zi
ᠸᠠᠰᡝ wase "瓦"	瓦子 wa zi

（2）z[ʣ] 标记为 z[ʣ]

汉语水平提高以后，汉语的 z[ʣ] 在汉语借词中也标记为 z[ʣ]。例如：

满语 z[ʣ]	汉语 z[ʣ]
ᡯᠠᠮᠪᠠ ʣamba "糌粑"	糌粑 zan ba
ᡯᡠᠨ ᡥᠣᠸᠠ ʣun hvwa "遵化"	遵化 zun hua
ᡯᡠᠩᡩᡠ ʣuŋdu "总督"	总督 zong du
ᡯᠠᡳ ᠰᡳᠶᠠᠩ ʣai siyaŋ "宰相"	宰相 zai xiang
ᡯᠠᡳᠰᠠᠩ ʣaisaŋ "宰桑"	宰桑 zai sang
ᡯᠠᡳᡥᡳᠶᠠᠩ ʣaihiyaŋ "宰相"	宰相 zai xiang
ᡯᠠᠨᠰᡝ ʣanse "拶子"	拶子 zan zi
ᡯᠠᠨᠰᡝ-ᠯᡝᠮᠪᡳ ʣanse-lembi "拶"	拶子 zan zi
ᡯᠠᠨᡯᡳ ʣandʑi "拶子"	拶子 zan zi
ᡯᡝ ᡳᠩ ᡧᡳ ʣe iŋ ši "紫英石"	紫英石 zi ying shi
ᡯᡝ ᡨᠠᠨ ᠮᠣᠣ ʣe tan moo "紫檀"	紫檀木 zi tan mu
ᡯᡝ ᠮᡠ ᡦᠣᠣ ʣe mu poo "子母炮"	子母炮 zi mu pao
ᡯᡝ ᡤᡳᠩ ᠮᠣᠣ ʣe giŋ moo "紫荆"	紫荆木 zi jing mu
ᡯᡝ ᠸᡝᡳ ᡳᠯᡥᠠ ʣe wei ilha "紫薇花"	紫薇 zi wei
ᡯᠣᡤᡠᠸᠠᠨ ʣoguwan "做官"	做官 zuo guan
ᡯᡠᠰᡝᠨ ʣusen "足訾"	足訾 zu zi

满语 z[dz]	汉语 z[dz]
ᠵᡠᠩ ᠪᡳᠩ dzuŋ biŋ "总兵"	总兵 zong bing
ᠵᠣ dzo "左"	左 zuo

但是，即使有了标记字母，仍然有将 z[dz] 写为 s[s] 的情况发生。例如：

满语	汉语
ᡯᠠᠨᠰᡝ dzanse "拶子"	拶子 zan zi
ᡯᠠᠨᠰᡝᠯᡝᠮᠪᡳ dzanse-lembi "拶"	拶子 zan zi

（3）汉语的 c[ts]，在汉语借词中标记为 [ts]。

满语 [ts]	汉语 c[ts]
ᡑᠠᡳᡶᡠᠩ tsaifuŋ "裁缝"	缝 cai feng
ᡑᠠᠨᠵᡝᠩ tsanjeŋ "参政（清代官名）"	参政 can zheng
ᡑᠠᠨᠵᡳᠶᠠᠩ tsanjiyaŋ "参将"	参将 can jiang
ᡑᠠᠩ tsaŋ "仓"	仓 cang
ᡑᠠᠩᠮᡳ tsaŋmi "仓米"	仓米 cang mi
ᡑᠤ tsu "醋"	醋 cu
ᡑᡠᡵᡑᡠᠩ tsurtsuŋ "从从（传说中异兽）"	从从 cong cong

6. 汉语借词中辅音的混淆

汉语借词中 zh[dʐ]、ch[tʂ]、sh[ʂ] 和舌尖前音 z[dz]、c[ts] 等之间有混淆情况以外，其他辅音之间也有混淆情况。例如：

满语	汉语
ᡯᠠᠩ dzaŋ "仓"	仓 cang
ᡯᡝᠨᡯᡝ dzendze "橙子"	橙子 cheng zi
ᠴᡝᠨ ᡯᡳ cen dzi "橙子"	橙子 cheng zi
ᡧᡠᠰᠠᡳ šusai "秀才"	秀才 xiu cai
ᠮᡳᠰᡠᠨ misun "醋"	米醋 mi cu
ᠴᡠᠰᡝ cuse "竹子"	竹子 zhu zi

满语	汉语
ꮲ cin "正"	正 zheng
ꭹꭹ jeŋ "正，正当，恰好"	正 zheng
ꮟ ꮫ giui dʑi "居士"	居士 ju shi

7. 汉语借词的颤音

汉语借词的舌尖颤音 r，在音质上与满语舌尖颤音 r 有所不同，汉语 r 的实际音质是 [ʐ]，而满语的 r 实际音质是 [r]，所以它们之间存在着差异，相互是有区别的。为了正确反映这一区别，制定了特定字母 ꭱ [r]。字母 ꭱ [r] 只出现在词首。例如：

满语	汉语
ꭱꮞ riben "日本"	日本 ri ben
ꭱꮮꭹꭹ rindʑuŋ "仁宗"	仁宗 ren zong

8. 新创字母标记的舌根辅音

虽然满语的舌根辅音和汉语的舌根辅音在音质上没有什么区别，完全可以用满文原有的字母来标记汉语的舌根辅音，但还是专门制定了相应的借词辅音字母。对此，我们认为这可能是为了将汉语语音与满语语音加以区别，基于这个目的，新制定的舌根辅音字母也用于标记汉语借词。例如：

（1）辅音字母 ꭲ（k）

满语	汉语
ꭲꮟ kaŋ "康"	康 kang

（2）辅音字母 ꭲ（g）

满语	汉语
ꮐꮞ gan "甘（古代地名）"	甘 gan
ꮐꮞ ꮮꮞ gan lan "橄榄"	橄榄 gan lan

满语	汉语
ᠠᠨ᠎ᠯᡠ gan lu "甘露"	甘露 gan lu
ᠠᠨ᠎ᠵᡝ gan je "甘蔗"	甘蔗 gan zhe
ᠠᠨᠰᡝ ganse "甘蔗"	甘子 gan zi
ᠠᠨ᠎ᠰᡝ gan se "柑"	柑子 gan zi
ᠠᠨ᠎ᠵᡝᠩ᠎ᠴᡠᠸᠠᠨ gan zeŋ cuwan "赶缯船"	赶缯船 gan zeng chuan
ᠠᠩ᠎ᠮᡠ gaŋ mu "纲目"	纲目 gang mu
ᠣᠰᡝ gose "告示"	告示 gao shi
ᠣᠮᡳᠩ gomiŋ "诰命"	诰命 gao ming
ᠣᠶᠣᠣ goyoo "膏药"	膏药 gao yao
ᠣᠶᠣ goyo "膏药"	膏药 gao yao
ᠠᠩᠣᠨ guŋgon "直立的背式骨"	弓弓 gong gong
ᠠᠣᡤᡳᠨ guugin "鳏夫"	鳏 guan
ᠠᠣᡤᡳᠨ gugin "鳏夫"	鳏 guan

只有一例，汉语的 h 在满语中标写为 g，其原因不明。例如：

满语	汉语
ᡤᡠ gu "合"	合 he

第二节　汉语借词的语音变化

满语的语音系统与汉语不一样，其发音习惯也不一样，词与词的组合方式也不同，所以，借入满语的汉语借词在语音上会发生一些变化。

1. 汉语借词的词首 y

汉语借词的词首辅音 y 在满语中不出现。如果汉语借词的词首辅音 y 处在 i 元音前时，去掉 y 而直接写元音 i；如果 y 辅音出现在 u 等其他元音之前时，则在 i 后写 u，读时 iu 相拼，发前元音 [y] 音。因此，满文中实际遵循的是按照实际发音来标记的原则。例如：

满语	汉语
ᡳᠨ in "阴"	阴 yin
ᡳᠩᡨᠣᡵᡳ iŋto-ri "樱桃"	樱桃 ying tao
ᡳᠰᡝ ise "椅子"	椅子 yi zi
ᡳᡠᠰᡝ iuse "柚子"	柚子 you zi
ᡳᡠᡩᠠᠨ iudan "雨衣"	雨单 yu dan
ᡳᡠᡳ ᡯᠠᡳ iui dzai "玉簪"	玉簪 yu zan [①]
ᡳᡠᡳ ᠵᡳᡳ iui jii "鱼际（穴位）"	鱼际 yu ji
ᡳᡠᠯᡝᠮᠪᡳ iu-lembi "上油漆"	油 you

但是，有一词，u 前的辅音 y 在满文中标记为 ᡬ（g）。这大概是古汉语的读音。

满语	汉语
ᡬᡠ gu "玉"	玉 yu

2. 汉语借词的词首 n 与 l

有些汉语借词，如果词首辅音是 l 或 n，根据满语发音习惯，它们会进行一定的调换。

（1）汉语借词的词首 n

汉语借词词首辅音 n，在满语中根据发音习惯调换为 l。例如：

满语	汉语
ᠯᠠᠩᡤᡝ laŋgv "南瓜"	南瓜 nan gua [②]
ᠯᡳᡶᠠᡥᠠᠨ lifa-han "泥"	泥巴 ni ba [③]
ᠯᠣᠣᠮᠪᡳ loo-mbi "野兽大声吼叫"	哎 nao

同样的原因，汉语借词的词首辅音 n，在满语中根据发音习惯调换为 m。例如：

满语	汉语
ᠮᡳᠶᠣᠣᠴᠠᠨ miyoocan "枪，火枪"	鸟枪 niao qiang [④]

155

（2）汉语借词的舌尖边音 l

汉语借词的舌尖边音 l，在满语中根据满语发音习惯调换为 n。例如：

满语	汉语
ᠨᠠᠩᡤᡳᠨ naŋgin "廊子"	廊 lang
ᠨᡳᡤᡩᠠᠨ nigdan "灵丹"	灵丹 ling dan [⑤]

同样道理，汉语借词 i 前的舌尖边音 l，在满语中调换为 y。例如：

满语	汉语
ᠶᠠᠨ yan "两（重量）"	两 liang

处于词中的汉语借词的舌尖边音 l，在满语中则调换为 r。例如：

满语	汉语
ᡩᠣᠷᠣ doro "道"	道理 dao li [⑥]

3. 汉语借词的词首 d

汉语借词的声母 d，当它处在元音 i 前时，在满语中演变为 ᠵ（j[dʒ]），这是因为满语中 i 前的 d，即在 di 的组合中，d 辅音大多都演变为 ᠵ（j[dʒ]），所以汉语借词的 d 也不例外。例如：

满语	汉语
ᠵᡳᠩᠰᡝ jiŋse "顶子"	顶子 ding zi
ᠵᡳᠰᡝ jise "草稿，稿"	底子 di zi

但是有一个词，d 在满语中进一步演变，变成了 ᡯ（dz），因为该词所处的语音环境，即其后再次出现了舌尖辅音 d，所以 j 才进一步演变为 dz。例如：

满语	汉语
ᡯᡳᡩᠠ dʑida "祇"	祇 di

4. 汉语借词的词尾 ng

满语的音节结构，主要以开音节为主，闭音节结构中只有少数几个辅音，如 -n 等。因此，汉语借词的词尾 -ng 一般都被调适为 -n。例如：

满语	汉语
ᡴᡠᡶᠠᠨ kufan "库房"	库房 ku fang
ᠪᠠᠨᡩᡝᠨ banden "板凳"	板凳 ban deng
ᠴᠠᠯᡳᠶᠠᠨ caliyan "钱粮"	钱粮 qian liang
ᠴᡳᠨ cin "正"	正 zheng
ᠴᡳᠨ ɕin ku "青稞"	青稞 qing ke
ᠶᠠᠨ yan "两（重量）"	两 liang

5. 汉语借词的其他语音变化

（1）汉语借词词中存在着语音同化现象。例如：

满语	汉语
ᠶᡝᠩᡤᡠᠯᡝ yeŋgu-le "鹦鹉"	鹦鹉 ying wu
ᡨᠠᠩᡤᠢᠯᡳ taŋgv-li "堂屋"	堂屋 tang wu
ᡨᡠᠩᡤᡳᡠ tuŋgiu "桐油"	桐油 tong you
ᠶᡝᠩᠰᡳ yeŋsi "宴席"	宴席 yan xi

汉语复合词第一个词以 ng 结尾，其后再出现以 w 起首的词的结构形式，借入满语以后，在舌根辅音 ŋ 的影响下，w 被同化为舌根辅音 g（部位同化）。

汉语复合词第一个词以 ng 结尾，其后再出现以 y 起首的词的结构形式，借入满语以后，在舌根辅音 ŋ 的影响下，y 被同化为舌根辅音 g（部位同化）。

汉语复合词第一个词以 n 结尾，其后再出现以 x 起首的词的结构形式，借入满语以后，在舌尖辅音 x 的影响下，n 演变为 ŋ（发音部位变化）。

可见，汉语借词在满语中，前 1—3 例发生了发音部位的同化，最后 1 例发生了发音部位的变化。

（2）汉语借词词尾语音脱落

在满语开音节音节结构特点的要求下，汉语借词词尾辅音 n、ng 脱落。例如：

满语	汉语
ᠺᠣᠸᠠᠰᠠ kvwasa "吹牛的，夸张的"	夸赞 kua zan
� deŋlu "灯笼"	灯笼 deng long

在满语中，上面第一例词尾 -n 脱落，第二例词尾 -ng 脱落。

（3）汉语借词词尾增生 -n

有的汉语借词，按照满语发音习惯，在词首有鼻辅音 m 时词尾添加 -n，实际上这也是一种同化现象。例如：

满语	汉语
ᠮᡳᠰᡠᠨ misun "醋"	米醋 mi cu

（4）词中不吐气 d 变成吐气 t

根据满语发音习惯，当词中 ŋ 辅音之后出现不吐气 d 时，将 d 改变为吐气的 t。例如：

满语	汉语
ᡦᠠᠩᡨᡠᠸᠠᠨ peŋtuwan "彭缎，洋缎"	彭缎 peng duan

这是满语辅音强－弱或弱－强排列顺序的反映。

6. 汉语借词中的元音和谐现象

满语中存在着元音和谐律。汉语没有元音和谐律，但是当借入满语时它也要接受满语元音和谐律和谐。虽然这是个别例子，但是它也说明了元音和谐律所具有的顽强表现能力。例如：

满语	汉语
ᠪᠠᠯᡳᠶᠠ baliya "罢了"	罢了 ba le

注释：

① 汉语的"簪"（zan）在满语中变成 ᠵᠠᡳ（dzai），即 -n 演变为 -i，这是因为受了前面 [y] 元音影响的结果。

② 汉语"南瓜"（nan gua）的 -n 辅音在满语中演变为 ŋ，因为 -n 受到后面舌根辅音 g 的影响同化为同部位辅音 ŋ，在 ŋ 的影响下，n 调换为 l；满语中没有汉语复元音 ua，所以将其调适为 v[ω]。

③ 汉语"泥巴"（ni ba）的 "巴"（ba）在满语中变成 fa，是因为受到后面词缀 h 辅音的影响。

④ 汉语的 "鸟枪"（niao qiang）的 ng 在满语中保留为 -n 的情况下，词首 n- 受词尾 -n 的影响调换为 m-。

⑤ 汉语的"灵丹"（ling dan）中的 -ng 在满语中受后面舌尖辅音 d 的影响而演变为 g。

⑥ 汉语的"道理"（dao li）的"理"（li），在满语中受元音和谐律和谐作用的影响，i 被和谐为 o，即 dolo，之后，在前后 o 元音影响下 l 演变为 r。

第三节　汉语借词的派生发展

汉语是分析性类型语言，它的构词手段与黏着语类型的语言完全不同。黏着语类型的语言借助丰富的构形构词词缀，通过将其依次接加在词干上，派生各种新词。汉语借词借入满语以后也要接受满语词缀的构词法，接加各种词缀而派生新词，接受满语化的改造。但是其语义基本不发生变化，而主要功能体现在词的结构形式的改变上，成为满语化的词形。例如：汉语"斤"有接加词缀的 (giŋ-gen)"斤"和没有接加词缀的 (gin)"秤"两种写法。它们在语义上没有任何变化，只是在词形上有了区别，我们认为 (giŋ-gen) 的词形已经完成了满语化改造。

还有一些同音词，它们通过接加词缀的方式使其相互之间有了区别。例如：汉语词"公"和"功"的读音在满语中是一样的，都叫 gong。汉语中"公"和"功"通过文字形式可以明确区分，而在满语中则没有汉字的区别功能，仅靠 gong 的读音是不能相互区别的。这种情况下，通过接加词缀的办法，可以将它们区分为两个词，即 (guŋ)"公"和 (guŋ-ge)"功"。这里，接加词缀的目的并不是派生新词，而是区别不同的词。词缀在汉语借词中有了新的功能。

词缀的派生功能主要反映在名词、动词和少量形容词上。接加满语词缀派生新词以后，汉语借词就彻底脱胎换骨了，它完全融入了满语的词汇系统，成了满语词汇的一分子。

一、词缀构词法

1. 汉语借词派生名词

这类派生词，主要通过接加满语词缀而获得满语化身份，其语义上并不发生变化。

名词派生名词，主要有以下一些名词词缀（只限于本书涉及的词缀）：

-sun、-su；

-rin、-ri、-li、-lo；

-gen、-gin、-ge、-gu；

-ku、-kv；

-fun；

-han、-hvn、-hon；

-kon、-ken；

-da；

-ne

（1）派生名词词缀 -sun、-su

汉语借词（名词）上接加满语名词词缀 -sun、-su，能够派生具有该词干属性的名词。例如：

满语	汉语
ᠭᡡᠸᠠᠯᠠᠰᡠᠨ gvwa-lasun "女坎肩褂"	褂 gua
ᠪᠣᠯᠣᠰᡠ bolo-su "玻璃"	玻璃 bo li

（2）派生名词词缀 -li、-lo、-rin、-ri

汉语借词（名词）上接加满语名词词缀 -li、-lo、-rin、-ri，能够派生具有该场所或事物、动物意义的名词。例如：

满语	汉语
ᡩᠠᠩᡦᡠᠯᡳ daŋpu-li "当铺"	当铺 dang pu
ᡤᡠᠸᠠᠯᡳ guwa-li "城外"	郭 guo
ᡨᠠᠩᠠᠯᡳ taŋgv-li "堂屋"	堂屋 tang wu
ᠶᡝᠩᡤᡠᠯᡝ yeŋgu-le "鹦鹉"	鹦鹉 ying wu
ᠯᠣᠯᠣ lo-lo "猪背式骨"	罗锅 luo guo
ᠯᠣᠷᡳᠨ lo-rin "骡子"	骡 luo
ᡳᠩᡨᠣᡵᡳ iŋto-ri "樱桃"	樱桃 ying tao
ᠮᡳᠶᠣᡵᡳ miyo-ri "秒"	秒 miao
ᡦᠣᠯᠣᡵᡳ polo-ri "大笸箩"	笸箩 po luo
ᡥᠣᠰᡝᡵᡳ hose-ri "盒子"	盒子 he zi

有的时候，还会出现在接加 -gu 词缀派生为新词的词干上再接加 -ri，派生新名词的情况。例如：

满语	汉语
ᡴᡳᠩᡤᡠᡵᡳ kiŋ-gu-ri "琼花"	琼 qiong

（3）派生名词词缀 -gen、-gin、-ge、-gu

汉语借词（名词）上接加 -gen、-gin、-ge、-gu，派生具有与该词词汇意义相关的名词。例如：

满语	汉语
 giŋ-gen "斤"	斤 jin
naŋ-gin "廊子"	廊 lang[①]
giuiŋ-ge "艍船（战船名）"	艍 ju
guŋ-ge "功"	功 gong
huweŋ-ge "封谥用语"	封 feng[②]

（4）派生名词词缀 -ku、-kv

汉语借词（动词、形容词）根据元音和谐律接加 -ku、-kv，派生具有该词属性的名词或形容词。例如：

满语	汉语
laiida-kv "爱撒懒的"	邋遢 la ta

（5）派生名词词缀 -han；-kon、-ken

汉语借词（动词或形容词）按照元音和谐律接加上述词缀，接加词缀时要根据结尾语音性质分别接加以 k 或 h 开头的词缀，即以 ŋ 结尾的词干后接加以 k 开头的词缀，以元音结尾的词干后接加以 h 开头的词缀，从而派生具有该词属性的名词或形容词。例如：

满语	汉语
lifa-han "泥"	泥巴 ni ba
loŋ-kon "锣"	锣 luo
juŋ-ken "钟"	钟 zhong

（6）派生名词词缀 -da

汉语借词（名词）接加 -da 词缀，派生与汉语借词词汇意义相同的名词。例如：

满语	汉语
ᠵᡳ᠊ᡩᠠ dʑi-da "衹"	衹 di

（7）派生名词词缀 -fun

汉语借词（名词）附加 -fun 词缀，派生与汉语借词词汇意义相同的名词。例如：

满语	汉语
ᡶᠠ᠊ᡶᠤᠨ fa-fun "法"	法 fɑ

2.形容词派生名词和形容词派生形容词

（1）形容词派生名词

汉语借词（形容词）附加 -hvn 或 -hon 词缀，派生具有该词干性质、特点的名词。例如：

满语	汉语
ᠯᠠᡳ᠊ᡥᠣᠨ lai-hvn "无赖汉，光棍"	赖 lɑi
ᠮᡳᡠᠰᡳ᠊ᡥᠣᠨ miusi-hon "邪"	谬邪 miu xie

在接加 -hon 时，词干语音 xie 的 e 脱落的同时 xi（ɕi）标记为 si，因为满文中没有字母 ɕ。

（2）形容词派生形容词

汉语借词（形容词）附加 -da 词缀，派生具有该词干性质、特点的形容词。例如：

满语	汉语
ᡬᠠᠨ man-da "慢，缓慢"	慢 man

3. 动词派生名词

这类动词是在名词基础上接加动词词缀派生出来的动词。汉语借词（名词）接加动词词缀 -la、-ne，之后再在该动词词干上接加名词词缀 -sun、-ku，派生出与词干意义相关的行为意义名词。例如：

满语	汉语
ᡤᠣᠸᠠᠯᠠᠰᡠᠨ gvwa-la-sun "女坎肩褂"	褂 gua
ᡩᡝᠩᠨᡝᡴᡠ deŋ-ne-ku "戥子"	戥 deng

4. 名词派生动词

汉语借词（名词）接加动词词缀 -la、-le 派生与名词意义相关的动词。例如：

满语	汉语
ᡪᠠᠨᠰᡝᠯᡝᠮᠪᡳ dzanse-le-mbi "拶"	拶子 zan zi

5. 动词派生动词

表达行为、动作意义的汉语动词借入满语以后，再附加满语派生动词词缀，构成具有满语化特点的动词。这类动词词缀有 -la、-le；-na、-ne；-bu；-mbi 几种。

（1）派生动词词缀 -la、-le

按照元音和谐律， -la 词缀接加在阳性词后，-le 词缀接加在阴性词和中性词后，表达与词干意义相关的行为动作意义。例如：

满语	汉语
ᠴᠣᠯᠠᠮᠪᡳ co-la-mbi "炒，煎炒"	炒 chao
ᡶᠠᠯᠠᠪᡠᠮᠪᡳ fa-la-bumbi "发配"	发 fa

满语	汉语
ᠪᠣᠣᠯᠠᠮᠪᡳ boo-la-mbi "报"	报 bao
ᠰᡳᡠᠯᡝᠮᠪᡳ siu-le-mbi "刺绣"	绣 xiu
ᠴᡳᠯᡝᠮᠪᡳ tşi-le-mbi "笞"	笞 chi
ᠫᡝᠯᡝᠮᠪᡳ pe-le-mbi "糊（天棚）"	棚 peng
ᠫᡳᠯᡝᠮᠪᡳ pi-le-mbi "批，批示"	批 pi
ᡳᡠᠯᡝᠮᠪᡳ iu-le-mbi "上油漆"	油 you
ᠰᡠᡳᠯᡝᠮᠪᡳ sui-le-mbi "苦，劳苦"	罪 zui

（2）派生动词词缀 -na、-ne

派生动词词缀 -na、-ne，接加在动词意义的词后，表达与动词词干意义相关的行为动作意义。该 -na、-ne 词缀，实际上是派生动词词缀 -la、-le 的条件变体，即当 -la、-le 词缀接加在以舌根鼻辅音 ŋ 后时，l 受 ŋ 辅音的影响（鼻化），演变为 -na、-ne。例如：

满语	汉语
ᡥᠠᠨᠠᠮᠪᡳ haŋ-na-mbi "焊"	焊 han
ᡶᡠᠩᠨᡝᠮᠪᡳ fuŋ-ne-mbi "封，受封"	封 feng
ᡤᡠᠩᠨᡝᠮᠪᡳ guŋ-ne-mbi "恭"	恭 gong
ᡤᡳᠶᠠᠩᠨᠠᠮᠪᡳ giyaŋ-na-mbi "讲"	讲 jiang

（3）动词使动态词缀 -bu

满语中，-bu 词缀是具有构词、构形双重作用的词缀，接加在动词词干后具有构形作用。例如：

满语	汉语
ᡶᠠᠯᠠᠪᡠᠮᠪᡳ fa-la-bu-mbi "发配"	发 fa

在汉语借词"发"（fa）上接加了动词词缀 -la，派生动词 fala- 之后，再在 fala- 词干后接加 -bu 词缀，派生为 falabu-，表达"使发"的使动意义。

（4）动词词缀 -mbi

满语动词词缀 -mbi，在以往语法著作中被视为表达动词陈述式现在将来时意义的词缀，即将它视为构形词缀。它也是编纂词典时所采用的动词结尾形式。实际上，该词缀在语法作用上是具有构词、构形双重作用的词缀，当它接加在动词词干上时表达行为动作的现在将来时意义，这时它是构形词缀，但是当接加在名词、形容词、数词等静词词干上时它直接派生动词，这时它具有构词作用，是构词词缀，同时它也表达动词陈述式的时间意义。例如：

满语	汉语
loo-mbi "野兽大声吼叫"	呶 nao
piŋse-le-mbi "（用天平）称"	平子 ping zi
falabu-mbi "发配"	发 fa
fuŋne-mbi "封，受封"	封 feng
giyaŋna-mbi "讲"	讲 jiang
haŋna-mbi "焊"	焊 han
iule-mbi "上油漆"	油 you
boola-mbi "报"	报 bao
cola-mbi "炒，煎炒"	炒 chao
guŋne-mbi "恭"	恭 gong
suiile-mbi "苦，劳苦"	罪 zui
dzansele-mbi "拶"	拶子 zan zi
tʂile-mbi "笞"	笞 chi

二、 元音屈折构词法

满语中还残存着元音屈折的构词手段，在构词手段上该方法虽然已经基本上让位给了词缀法，但是它依然在一定程度上发挥着作用。不仅在蒙古语借词中采用该方法来构词，在汉语借词中也采用该方法来构词，但是所使用的范围有限。例如：

满语	汉语
ᡩᡳᠶᠠᠨ diyan "宫殿"	殿 dian
ᡩᡝᠶᡝᠨ deyen "殿"	殿 dian

汉语借词的"殿"在满语中通过改变元音，即复元音ᠶᠠ（iya[ia]）和ᠶᡝ（eye[ie]），表达了一般的"殿"和皇家的"宫殿"的区别。

又如，通过汉语借词的不同标写形式也能够区分语义。例如：

满语	汉语
ᠰᡝᡶᡠ sefu "师傅"	师傅 shi fu
�šᡳᡶᡠ šifu "老师，先生"	师父 shi fu

汉语借词"师傅"在满语中有两种读音和写法，ᠰᡝᡶᡠ（sefu）是早期读音，它是 se 还没有演变为卷舌音时的读音，ᠰᡝᡶᡠ（sefu）是它的标记形式；而ᡧᡳᡶᡠ（šifu）则是汉语 "师父"（shi fu）的正确读音，se 已经演变为卷舌音 ši，ᡧᡳᡶᡠ（šifu）是汉语 "师父"（shi fu）的标记形式。

并列存在的ᠰᡝᡶᡠ（sefu）和ᡧᡳᡶᡠ（šifu），因为读音上的不同有了细微分工，ᠰᡝᡶᡠ（sefu）表达"师傅"的原意，表达"工匠"等意义，而ᡧᡳᡶᡠ（šifu）则表达略有区别的"老师，先生"等意义。尽管意义区别并不大，但是前者多用于"师傅"意义，后者则用于近代的"师父"的意义，表示"先生、老师"，可见，它们之间已经出现语义分工。

注释

① 在舌根鼻辅音 ŋ 的影响下，词首 l 被同化为发音方法一样的 n。

② 在舌根鼻辅音 ŋ 的影响下，词首 f 被同化为同部位的 h。

第三章

借词汇总

一、蒙古语借词

满语	蒙古语
ᠠᠪᠠ aba "（打）围"	ᠠᠪᠠ aba "围，围猎"
ᠠᠭᠲᠠ aɤta "骟过的牲口"	ᠠᠭᠲᠠ aɤta "骟过的，骟马"
ᠠᠮᠲᠠ amta "味道"	ᠠᠮᠲᠠ amta "味道，味"
ᠠᠩᡤᡳ aŋgi "部分，人群，阶层"	ᠠᠩᠭᡳ aŋyi "班，队，阶层，部分，段"
ᠠᠷᡤᠠ arga "办法，计，法术"	ᠠᠷᠭᠠ arɤa "办法，手段，计策"
ᠠᡵᡠ aru "北，边，侧，里"	ᠠᠷᠤ aru "背，后，北"
ᠠᠰᡠᡵᡠ asuru "太，甚，极，很"	ᠠᠰᡠᡵᡠ asuru "甚，极，很，非常"
ᠠᠵᡳᡵᡤᠠᠨ ajirgan "公的，雄性的"	ᠠᠵᡳᠷᠭᠠᠨ ajirɤan "儿马，种马，公的，雄的"
ᠠᡵᠠᡤᠠ araga "牙，獠牙"	ᠠᠷᠠᠭᠠ araɤa "白齿，槽牙"
ᠠᠰᠠᡵᠠ᠊ asara-mbi "收藏，留"	ᠠᠰᠠᡵᠠ᠊ asara-xu "看护，护理，照应"
ᡝᠪᡩᡝᡵᡝ᠊ ebdere-mbi "危害，损害，伤害"	ᡝᠪᡩᡝᡵᡝ᠊ ebdere-xü "坏，破，损，破裂"
ᡝᠯᠴᡳᠨ elcin "使者"	ᡝᠯᠴᡳᠨ elčin "使者"
ᡝᠯᡝ ele "所有，一切，全部，凡，都"	ᡝᠯᡝ ele "各，诸"
ᡝᡵᡨᡝ erte "清晨"	ᡝᡵᡨᡝ erte "早先，早晨，早"
ᡝᡵᡳᠨ erin "时，时候，时分"	ᡝᡵᡳᠨ erin "纪元，时代，时候，时节"
ᡝᠵᡝᠯᡝ᠊ ejele-mbi "霸占，占据"	ᡝᠵᡝᠯᡝ᠊ ejele-xü "占领，占有，霸占"
ᡝᠵᡝᠨ ejen "主人"	ᡝᠵᡝᠨ ejen "主，主人，君主，主子"

满语	蒙古语
og "呕吐的声音"	oγ "呕吐的声音"
ogsi-mbi "呕吐"	oγsi-xu "呕，呕吐，松劲，脱出"
olji "俘虏"	olja "获得物，猎获物，虏获"
bagta-mbi "容，容纳，包容"	baγta-xu "包容，容纳"
bagsi "儒，学者，先生"	baγsi "先生，老师，师父"
bagta-mbi "容，容纳，包容"	baγta-xu "容量，容积，气量"
badara-mbi "发展，滋蔓"	badara-xu "兴旺，繁荣，兴奋"
baiica-mbi "调查，访查，查看"	baiiča-xu "查，审，观察"
basu-mbi "嘲笑，耻笑，讥笑"	basu-xu "轻视，蔑视，鄙视，小看，瞧不起"
bayan "富"	bayan "富，富人"
bayartu "喜"	bayartu "高兴的，有喜的"
behe "墨"	bexe "墨"
beye "身体"	beye "身体"
bogta "圣贤"	boγta "圣，圣贤，圣人"
bola-mbi "烤"	bol-xu "熟"
boljo-mbi "约定"	boljo-xu "约，约定"
boro "青，棕色"	boro "灰的，紫的，铁青毛的，褐毛的"
nagcu "舅舅"	naγču "舅舅"
neme-mbi "增加"	neme-xü "增加"
daba-mbi "越过"	daba-xu "越过，跨过，超过"
daban "超过，过度"	daban "越过，超过"
dahv "裘"	daxu "翻毛光板皮大衣，皮外套"
dahin "反复地，再三地"	daxin "再，重新"
dalda "隐蔽处"	dalda "暗地的，背后的，隐蔽的"
daila-mbi "征讨，征伐"	daila-xu "打仗，征战，征讨"
demci "僧医"	demči "喇嘛职位，接生婆"
degde-mbi "起，浮起，飞起"	degde-xü "升，飞起，升腾"
degji-mbi "兴旺，兴隆"	degji-xü "升，上升，兴旺，兴盛"
doho "石灰"	doxo "石灰"
dogsin "暴虐"	doγsin "暴，狂暴，暴烈"

满语	蒙古语
᠊ᡨᠠᠯᠠ tala "旷野，田野"	᠊ᡨᠠᠯᠠ tala "平原，平川，草原，原野，田野"
᠊ᡨᠠᡨᠠᠮᠪᡳ tata-mbi "拉扯，（抽）签"	᠊ᡨᠠᡨᠠᠬᡠ tata-xu "拉，托，拽"
ᡨᠠᡵᡳᠮᠪᡳ tari-mbi "种"	ᡨᠠᡵᡳᠬᡠ tari-xu "种"
ᡨᡝᠪᠴᡳᠮᠪᡳ tebci-mbi "忍，忍心，忍耐"	ᡨᡝᠪᠴᡳᡥᡠ tebci-xü "舍弃，克制，节制"
ᡨᡝᡤᠰᡳᠯᡝᠮᠪᡳ tegsile-mbi "整理，整顿"	ᡨᡝᡤᠰᡳᠯᡝᡥᡠ tegsile-xü "整顿，整理，拉平"
ᡨᡝᠯᡝᠮᠪᡳ tele-mbi "撑开"	ᡨᡝᠯᡝᡥᡠ tele-xü "伸展，撑开，劈，胀"
ᡨᠣᡤᠰᡳᠮᠪᡳ togsi-mbi "敲，敲打，叩"	ᡨᠣᡤᠰᡳᡥᡠ togsi-xu "敲，叩"
ᡨᠣᡤᡨᠣᠮᠪᡳ togto-mbi "定，规定"	ᡨᠣᡤᡨᠣᡥᡠ togto-xu "形成，决定，规定，留下"
ᡨᠣᡤ ᡨᠣᡤ ᠰᡝᠮᡝ tog tog seme "形容心跳的样子"	ᡨᠥᡤ ᡨᠥᡤ ᡤᡝᠵᡠ tög tög gejü "形容心跳的样子"
ᡨᠣᠯᡳ toli "萨满的神镜"	ᡨᠣᠯᡳ toli "镜子"
ᡨᡠᠮᡝᠨ tumen "万"	ᡨᡠᠮᡝᠨ tümen "万"
ᡨᡠᡵᡤᡝᠨ turgen "湍急，疾驰"	ᡨᡠᡵᡤᡝᠨ türgen "快的，急的，迅速的"
ᡥᠠᡤᠰᠠᠮᠪᡳ hagsa-mbi "心里发烧，火烧似的"	ᡍᠠᡤᠰᠠᡥᡠ xaγsa-xu "烤干，干"
ᡥᠠᡤ�šᠠᠮᠪᡳ hagša-mbi "（油）炸，炒焦"	ᡍᠠᡤᠰᠠᡥᡠ xaγsa-xu "烤干，干"
ᡥᠠᡩᠠ hada "峰，崖"	ᡍᠠᡩᠠ xada "岩，岩石，山岩，岩峰"
ᡥᠠᡩᠠᠮᠪᡳ hada-mbi "钉，进入"	ᡍᠠᡩᠠᡥᡠ xada-xu "钉"
ᡥᠠᡩᡠᠮᠪᡳ hadu-mbi "割"	ᡍᠠᡩᡠᡥᡠ xadu-xu "割"
ᡥᠠᡳᠴᡳᠩ haiciŋ "海青马"	ᡍᠠᡳᠴᡳᠩ xaičiŋ "海青"
ᡥᠠᠯᠠᠮᠪᡳ hala-mbi "换，更换"	ᡍᠠᠯᠠᡥᡠ xala-xu "换，改换，更替，交替"
ᡥᠠᠯᠠᠮᠪᡳ hala-mbi "烫，烧伤"	ᡍᠠᠯᠠᡥᡠ xala-xu "热，烫，发热"
ᡥᠠᠩᠰᡳ haŋsi "清明"	ᡍᠠᠩᠰᡳ xaŋsi "清明"
ᡥᠠᡵᠠ hara "莠"	ᡍᠠᡵᠠ xara "黑"
	ᡍᠠᡵᠠᡠ xarau "黑穗病"
ᡥᠠᠰᡳ hasi "茄子"	ᡍᠠᠰᡳ xasi "茄子"
ᡥᠣᠯᠪᠣᠮᠪᡳ holbo-mbi "连，连接"	ᡍᠣᠯᠪᠣᡥᡠ xolbo-xu "结，连，联，连接"
ᡥᠣᡵᡳᠮᠪᡳ hori-mbi "圈"	ᡍᠣᡵᡳᡥᡠ xori-xu "圈，囚禁，封锁"
ᡥᠣᠩᡤᠣᠨ hoŋgon "铃"	ᡍᠣᠩᡤᠣᠨ xoŋγon "铃"

满语	蒙古语
᠊ᡤᠸᠨᠠᠨ gvnan "三岁的牛"	᠊ᠶᠤᠨᠠᠨ γunan "三岁的,三岁口的（牛、马等）"
᠊ᡤᡠᡵᡠᠨ gurun "国"	᠊ᡤᡡᡵᡡᠨ gürün "邦,国家,国度"
᠊ᡤᡠᡵᡝᡤᡝ gurege "牛脖子的宽筋"	᠊ᡤᡡᡵᡝᡤᡝ gürege "颈两侧"
᠊ᠮᠠᡤᠰᡳᠮᠪᡳ magsi-mbi "跳舞"	᠊ᠮᠠᠶᠰᡳᡍᡠ maγsi-xu "奔,（摔跤手）跳跃入场"
᠊ᠮᠠᡳᡥᠠᠨ maihan "帐篷"	᠊ᠮᠠᡳᡍᠠᠨ maixan "帐篷"
᠊ᠮᠠᡳᠯᠠᠰᡠᠨ mailasun "柏树"	᠊ᠮᠠᡳᠯᠠᠰᡠᠨ mailasun "柏树"
᠊ᠮᡝᠩᡤᡠᠨ mengun "银子"	᠊ᠮᡟᠩᡤᡡᠨ möngün "银子"
᠊ᠮᡝᠯᠵᡝᠮᠪᡳ melje-mbi "较量,赌,赛,比赛"	᠊ᠮᡝᠯᠵᡳᡍᡡ melji-xü "打赌"
᠊ᠮᡳᠩᡤᠠᠨ mingan "千"	᠊ᠮᡳᠩᠶᠠᠨ minγan "千"
᠊ᠮᠣᡥᠣᠮᠪᡳ moho-mbi "穷尽,用尽"	᠊ᠮᠣᡍᠣᡍᡠ moxo-xu "钝,力竭,耗竭,到底,灰心"
᠊ᠰᡝᡵᡝᠮᠪᡳ sere-mbi "知觉,察觉"	᠊ᠰᡝᡵᡝᡍᡡ sere-xü "觉醒,醒悟,感觉,发觉,发现"
᠊ᠰᡳᠮᡳᠮᠪᡳ simi-mbi "衔,咂"	᠊ᠰᡳᠮᡝᡍᡡ sime-xü "吸,咂,抿"
᠊ᠰᡳᠩᡤᡝᠮᠪᡳ singe-mbi "浸透"	᠊ᠰᡳᠩᡤᡝᡍᡡ singe-xü "消化,渗入,浸入"
᠊ᠰᡳᠯᡤᠠᠮᠪᡳ silga-mbi "挑选,拣选"	᠊ᠰᡳᠯᠶᠠᡍᡠ silγa-xu "检查,审查,考试,挑选"
᠊ᠰᡳᠯᡳᠮᠪᡳ sili-mbi "精选"	᠊ᠰᡳᠯᡳᡍᡡ sili-xü "选,挑,选拔,拣选"
᠊ᠰᡳᠯᡨᠠᠮᠪᡳ silta-mbi "推辞,推托,辞"	᠊ᠰᡳᠯᡨᠠᡍᡠ silta-xu "借口,推诿,借端"
᠊ᠰᡳᠪᡝᡵᡳ siberi "汗,手汗,脚汗"	᠊ᠰᡳᠪᡝᡵᡳ siberi "脚汗,臭汗"
᠊ᠰᡠᡳᡥᡠᠨ suihun "男子戴的大耳坠"	᠊ᠰᡠᡳᡍᡝᠨ süixen "耳坠子,垂饰"
᠊ᠰᡠᡵᡠᡤ surug "牧群,畜群"	᠊ᠰᡡᡵᡡᡤ sürüg "群,帮,畜群"
᠊ᡧᠠᠵᡳᠨ šajin "法,法则,禁约"	᠊ᡧᠠᠵᡳᠨ ~ ᠊ᡧᠠᠰᡳᠨ šajin~šasin "宗教,法度"
᠊ᡧᠠᠪᡳ šabi "徒弟"	᠊ᡧᠠᠪᡳ šabi "徒弟"
᠊ᡧᠠᠪᡳᠨᠠᡵ šabinar "徒弟们"	᠊ᡧᠠᠪᡳ ᠊ᠨᠠᡵ šabi nar "徒弟们"
᠊ᠵᠠᡵᡤᡡᠴᡳ jargvci "理事官"	᠊ᠵᠠᡵᡤᡠᠴᡳ jarγuci "讼棍,善于诉讼的人"
᠊ᠵᠠᠰᠠᡤ jasag "札萨克"	᠊ᠵᠠᠰᠠᡤ jasaγ "政,政体,政权,札萨克"
᠊ᠵᡳᡵᡤᠠᠮᠪᡳ jirga-mbi "逸,安逸,自在"	᠊ᠵᡳᡵᠶᠠᡍᡠ jirγa-xu "享乐,安逸,享福"

满语	蒙古语
᠊ jobo-mbi "愁，忧愁，发愁，受苦"	᠊ jobo-xu "受罪，发愁，受苦"
᠊ jegsi-mbi "憎恶，讨厌"	᠊ ǰigsi-xü "厌恶，憎恶，讨厌"
᠊ jergi "层，道，辈，类，等，等级，次，遭"	᠊ ǰerge "等等，一阵"
᠊ jergele-mbi "相等"	᠊ ǰergele-xü "摆列，排列，摆齐"
᠊ jisu-mbi "拉，割开，划破"	᠊ ǰüsü-xü "拉，割开，划破"
᠊ joli-mbi "典，赎"	᠊ ǰoli-xu "交换，赎回"
᠊ joriɤtu "有志的"	᠊ ǰoriɤtu "有志的"
᠊ jori-mbi "（手）指，瞄准，指示，故意"	᠊ ǰori-xu "力图，努力，直奔"
	᠊ ǰori "目标，准头"
᠊ jali "奸计"	᠊ ǰali "奸狡，狡猾，诡计，伎俩"
᠊ cab "经膳"	᠊ čab "经膳"
᠊ cacu-mbi "洒酒，祭天"	᠊ čaču-xu "洒，泼，撒"
᠊ cagan "白色"	᠊ čaɤan "白色"
᠊ calgi-mbi "（河水）拍打"	᠊ čalɤi-xu "晃荡，荡出，溅出"
᠊ camci "衬衣"	᠊ čamča "大褂，长衫，衬衣"
᠊ cig "标点"	᠊ čig "点，标点"
᠊ yada-mbi "穷"	᠊ yada-ɤu "穷，贫穷，贫乏的"
᠊ yabu-mbi "走，行走"	᠊ yabu-xu "走"
᠊ yoso "道，体，体统"	᠊ yoso "理，道理，规矩，规律，礼节"

蒙古语复元音阶段借入满语的蒙古语借词

满语	蒙古语书面语
᠊ sain "好，优良，优秀"	[sɑin] ← ᠊ sain "好，优，良，善"
᠊ keire "枣骝马"	[kəir] ← ᠊ xeger "枣骝毛的（马的毛色）"
᠊ juwe-mbi "运，搬运"	[dʒuə:x] ← ᠊ ǰöge-gexü "搬运，运输"
᠊ saiša-mbi "嘉，夸奖"	[sɑiʂɑ:-] ← ᠊ saisiya-xu "赞扬，夸奖"

满语	蒙古语书面语
〰 saikan "美丽，好看"	[saikɑn] ← 〰 saixan "美的，美丽的"
〰 saiburu "（马）小走"	[saiborʊ] ← 〰 saibur "（马）小走"
〰 aili "村庄"	[ail] ← 〰 ail "村子，屯，户，家"
〰 aiman "部落，部族"	[aimaɣ] ← 〰 aimaɣ "宗族，部落"
〰 haiciŋ "海青马"	[xaitʃiŋ] ← 〰 xaičiŋ "海青"
〰 suiha "艾，艾蒿"	[sɞixɑ] ← 〰 suixa "艾蒿"
〰 kooli "例，规则，规章"	[xᵃɞːl] ← xauli 〰 "法，法律，规律"
〰 noor "湖"	[nᵃɞːr] ← naɣur 〰 "湖"
〰 oori "精力，精神，血气"	[ᵃɞːr] ← aɣur 〰 "气"
〰 soorin "王位，帝位"	[sᵃɞːrin] ← saɣurin 〰 "居住点"
〰 soorila-mbi "坐"	[sᵃɞːrilɑ-] ← saɣurila-xu 〰 "建立基地"

由蒙古语口语借入的借词

满语	蒙古语口语	蒙古语书面语
〰 aisi "利，利益"	æsig	asiɣ 〰 "利，利益"
〰 ala "山岗，平山"	ɞːlɑn	aɣulan 〰 "山"
〰 alin "山"	ɞːlɑn	aɣulan 〰 "山"
〰 adun "牧群"	ɑdɞːn	aduɣun 〰 "马群，马匹"
〰 aduci "牧马人"	ɑdɞːtʃin	aduɣučin 〰 "马倌，牧马人"
〰 aršan "甘露"	ɑrʂɑːn	arsiyan 〰 "温泉，圣水，甘露"
〰 erun "刑"	əru: < əruːn	eregün 〰 < 〰 "刑，刑法"
〰 ejihe "奶渣滓"	əːdʒig< əːdʒikə	egeǰege 〰 "奶豆腐"
〰 ima-hv "青羊，山羊"	imɑː	imaɣan 〰 "山羊"
〰 uce "牛、羊、鹿的臀尖和尾骨"	ɞːʃ	uɣuča 〰 "荐骨部，骶骨部"
〰 baturu "勇，勇士"	baːtɞr	baɣatur 〰 "勇，英雄"
〰 burula-mbi "败逃，败走"	bɞrɞːlɑ-	buruɣula-xu 〰 "败北，败走"
〰 buda "饭"	bɞdɑː	budaɣa 〰 "饭"
〰 buren "海螺"	bɞrəːn	böriyen 〰 "号角，喇叭"

满语	蒙古语口语	蒙古语书面语
᠊ᡵᠣ non "妹"	nɔ:n	noγun ᠊ᠣᠯᠣ "妹妹"
᠊ᡤᠠᡣ han "君，皇帝"	xɑ:n	xaγan ᠊ᠣᠯᠣ "皇帝"
᠊ᡤᠠᠯᡣᠨᡵᠣ halu-kan "温，暖"	xɑlɯ:n	xalaγun ᠊ᠣᠯᠣᠯᠣᡣ "热，温"
᠊ᡤᠠᡵᠨᡤᠯᠣ haša-mbi "四周围起"	xɑʂɑ:	xasiya ᠊ᠣᠯᠣᠯ "院子，围墙，栏"
᠊ᡤᠠᡵᡣᠯ haša "仓房"	xɑʂɑ:	xasiya ᠊ᠣᠯᠣᠯ "院子，围墙，栏"
᠊ᡤᠠᡵᡣᠯᡤᠯᠣ hari-mbi "烤，烙，烫"	xæ:rɑ-x	xaγari-xu ᠊ᠣᠯᠣᠯᠣᠯᡣ "烙，煎"
᠊ᡤᠣᡣᠣ hošo "角儿，隅"	xɔʂɯ:	xosiγu~xošoo ᠊ᠣᠯᠣᠯᡣ ~ ᠊ᠣᠯᠣᡣ "喙，角"
᠊ᡤᠣᡣᠠᡵᡣᠣ hvyasun "(鹰)脚绳"	ɯja:sɯn	uyaγasun ᠊ᠣᠯᠣᠯᠣᠯ "系绳，拴绳，带"
᠊ᠯᡣᠠᡣᠣ ka-kv "水闸，闸"	xɑ:-	xaγa-xu ᠊ᠣᠯᠣᠯᡣ "关，闭"
᠊ᠯᡤᠣᠯ katun "强壮，健壮"	xatɯ:n	xataγun ᠊ᠣᠯᠣᠯ "硬的，坚硬"
᠊ᠯᡤᠣᡣᠠᠯᡣᠣ karula-mbi "报，报答，报应"	xærɯ:lɑ-x	xariγula-xu ᠊ᠣᠯᠣᠯᠣᠯᡣ "回答，回应，报答"
᠊ᡤᠣᡣᠠᠯᠣᡣ keibisu "毛毯，毯子"	xebis	xebis ᠊ᠯᠣᠯ "裁绒毯"
᠊ᠯᡣᠣᠯ kecun "凶恶的，恶毒的"	xəʧu:n	xečegün ᠊ᠣᠯᠣᠯ "厉害的，艰难的"
᠊ᠯᡤᠣ kecu "凶恶的，狠毒的"	xəʧu:	xečegüü ᠊ᠣᠯᡣ "厉害的，艰难的"
᠊ᠯᡤᠣᠯ kejine "好久，良久"	xədʒi:ne:	xejiyenei ᠊ᠣᠯᠣᠯᠣᠯ "很早，老早，早已"
᠊ᠯᡤᠣᡣᠠᠯᠣ kice-mbi "勤，努力"	xəʧə:	xečiye-xü ᠊ᠣᠯᠣᠯᡣ "谨慎，努力，勤奋"
᠊ᡤᠣᡣᠣᠯ kušun "不舒服"	xuʂu:n	xösigün ᠊ᠣᠯᠣᠯ "僵硬的，笨重的"
᠊ᡤᠣᡣᠣᠯ kuŋšun "略有焦味"	xəŋʂu:n	xeŋsigün ᠊ᠣᠯᠣᠯ "燎煳味"
᠊ᡤᠠᡵᡣᠠᡵᠣ tašara-mbi "错处，差错"	tɑʂɑ:rɑ-	tasiyara-xu ᠊ᠣᠯᠣᠯᠣᠯᡣ "弄错，想错，误解"
᠊ᡤᠠᡵᠠᡣᠣ taracin "种田人"	tɑrɑ:ʧin	tariyačin ᠊ᠣᠯᠣᠯᠣᠯ "农民，种田人"
᠊ᡤᠣᠯ temen "骆驼"	təmə:n	temegen ᠊ᠣᠯᠣᠯ "骆驼"
᠊ᡤᠣᠯ ton "数"	tɔ:n	toγan ᠊ᠣᠯᠣᠯ "数"
᠊ᡤᠣᠯᠣᡣᠣ tolo-mbi "数"	tɔ:l-	toγola-xu ᠊ᠣᠯᠣᠯᠣᠯᡣ "数"
᠊ᡤᠣᡣᠣᠯᠣᡣᠣ turule-mbi "带头儿，为首"	turu:lə-	terigüle-xü ᠊ᠣᠯᠣᠯᠣᠯᡣ "领先，领头"
᠊ᠯᡤᠠᡵᡣᠣ dari-mbi "顺便去"	dæ:rax	daγari-xu ᠊ᠣᠯᠣᠯᠣᠯᡣ "经过，路过，假道"
᠊ᠯᡤᠠᡵᠣ darin "迎鞍疮"	dæ:rɑn	daγarin ᠊ᠣᠯᠣᠯ "鞍伤，迎鞍疮"

满语	蒙古语口语	蒙古语书面语
ᡩᡝᠵᡳ deji "上等的物品"	də:dʒ	degeǰi ᡩᡝᡤᡝᠵᡳ "物之第一件，珍品"
ᡩᡝᡥᡝ dehe "鱼钩"	dəgə:	degege ᡩᡝᡤᡝᡤᡝ "钩子"
ᠴᡳᠯᠪᡠᡵᡳ cilburi "偏缰"	tʃilbɔ:r	čolboɣor ᠴᠣᠯᠪᠣᠭᠣᠷ "偏缰"
ᠴᠣᠮᠣ como "大酒杯"	tʃɔmɔ:	čomo ᠴᠣᠮᠣ "杯子"
ᠴᡠᠯᡤᠠᠨ culgan "会盟，检阅"	tʃɷ:lgan	čiɣulɣan ᠴᡳᡤᡠᠯᡤᠠᠨ "会盟，集会"
ᠴᡠᠯᡤᠠᠮᠪᡳ culga-mbi "会盟，检阅"	tʃɷ:lgan	čiɣulɣan ᠴᡳᡤᡠᠯᡤᠠᠨ "会盟，集会"
ᠵᠠᠪᠰᠠᠨ jabšan "幸运，福气"	dʒabʂa:n	jabsiyan ᠵᠠᠪᠰᡳᠶᠠᠨ "机会，时机，幸运"
ᠵᡝᡵᡝᠨ jeren "黄羊"	dʒə:rən	jegeren ᠵᡝᡤᡝᡵᡝᠨ "黄羊"
ᠵᡝᡵᡩᡝ jerde "红色"	dʒə:rdə	jegerde ᠵᡝᡤᡝᡵᡩᡝ "枣红毛的（马的毛色）"
ᠵᠣᠯᡥᠦ jolhv "缰绳，扯手"	dʒɔlɔ:	jiluɣu ᠵᡳᠯᡠᡤᡠ "扯手，缰绳"
ᠵᠣᠵᡳᠨ jojin "（马）嚼子"	dʒɔ:dʒin	jaɣuǰin ᠵᠠᡤᡠᠵᡳᠨ "（马）嚼子"
ᠵᡠᠴᡠᠨ jucun "戏"	dʒytʃug	jüjüge ᠵᡳᠵᡳᡤᡝ "戏"
ᠰᠠᠯᡠ salu "胡子，胡须"	sa:l	saxal ᠰᠠᡥᠠᠯ "胡须"
ᠰᠠᡵᡳᠮᠪᡳ šari-mbi "化铁"	ɕæra-x	sira-xu ᠰᡳᡵᠠᡥᡠ "（在火中）烧，烤"
ᠱᠣᠯᠣ šolo "闲，空闲"	ʂolo:（方言）	čilüge ᠴᡳᠯᡳᡤᡝ "闲，自由"

蒙古语 u[ɷ] 被调适为 u[u] 的蒙古语借词

满语	蒙古语
ᡠᠯᠠᠮᠪᡳ ula-mbi "传，传递，传授"	ᡠᠯᠠᠮᠵᡳᠯᠠᡥᡠ ulam-ǰilaxu "继承，继嗣，传授，流传"
ᡠᠯᠠᠨ ulan "传"	ᡠᠯᠠᠮᠵᡳᠯᠠᡥᡠ ulam-ǰilaxu "继承，继嗣，传授，流传"
ᡠᠨᠠᡥᠠᠨ unahan "一岁的骆驼，驴，马的驹子"	ᡠᠨᠠᡤᠠᠨ unaɣan "马驹子，驹"
ᡠᠨᡠᠮᠪᡳ unu-mbi "背，负，任"	ᡠᠨᡠᡥᡠ unu-xu "骑"
ᡠᡵᡠᠯᡩᡠᠮᠪᡳ uruldu-mbi "赛马"	ᡠᡵᡠᠯᡩᡠᡥᡠ uruldu-xu "比赛，赛"
ᡠᠶᠠᡴᠠᠨ uyakan "略稀，略柔软"	ᡠᠶᠠᡤᠠᠨ uyaxan "略有弹性的，略柔软的"
ᡠᠴᠠᡵᠠᠮᠪᡳ ucara-mbi "相遇，相逢"	ᡠᠴᠠᡵᠠᡥᡠ učara-xu "遇见，碰见，遭遇"

满语	蒙古语
ᠪᡠᡥᡡ buhv "鹿"	ᠪᡠᠶᡠ buγu "鹿"
ᠪᡠᡵᡤᠠᠰᡠ burgasu "柳"	ᠪᡠᠷᠶᠠᠰᡠ burγasu "柳"
ᡨᠠᡤᡨᡠ tagtu "楼"	ᡨᠠᠶᡨᡠ taγtu "城楼，楼阁"
ᡨᡠᠰᠠ tusa "益，利益，济"	ᡨᡠᠰᠠ tusa "利益，益处，好处，效果"
ᠰᠠᡵᠯᡠᡤ sarlug "牦牛"	ᠰᠠᠷᠯᡠᠶ sarluγ "牦牛"
ᠰᡠᠯᠠ sula "闲的，空闲的"	ᠰᡠᠯᠠ sula "松的，虚的，空闲的，弱的"
ᠰᡠᠪᠠᡵᡤᠠᠨ subargan "塔"	ᠰᡠᠪᠠᠷᠶᠠᠨ subarγan "塔"
ᠰᡠᡳᡥᠠ suiha "艾，艾蒿"	ᠰᡠᡳᠬᠠ suixa "艾蒿"
ᠰᠠᡤᠰᡠᠯᠠ-ᠮᠪᡳ sagsula-mbi "盛，装"	ᠰᠠᠶᠰᡠᠯᠠ-ᡍᡠ saγsula-xu "盛，装"
ᠰᠠᡩᡠᠨ sadun "亲家"	ᠰᠠᡩᡠᠨ sadun "亲戚，亲属，亲族"

蒙古语 u[ʊ] 被保留为 v[ʊ] 的蒙古语借词

满语	蒙古语
ᠪᡠᡥᡡ buhv "鹿"	ᠪᡠᠶᡠ buγu "鹿"
ᡥᡠᠯᡥᠠ hvlha "偷，盗"	ᡍᡠᠯᠠᠶᠠᡳ xulaγai "贼，小偷，扒手，盗贼"
ᠵᠣᠯᡥᡠ jolhv "缰绳，扯手"	ᠵᡳᠯᡠᠶᡠ ǰiluγu "扯手，缰绳"
ᡥᠠᠯᡥᡠᠨ halhvn "热"	ᡍᠠᠯᠠᠶᡠᠨ xalaγun "热"
ᠨᠠᡵ-ᡥᡠᠨ nar-hvn "细，细长"	ᠨᠠᡵᡳᠨ narin "细的，窄的，尖的"
ᡕᡠᡵᡠ kvru "奶饼子"	ᡍᡠᡵᡠᡩ xurud "熟奶豆腐"
ᠵᠠᡵᡥᡡ jarhv "豺狼"	ᠵᠠᡵᡍᡠᡩ ǰarxud "豺狼"
ᡩᠠᠪᡕᡠᡵᡳ dabkvri "重的，重叠的"	ᡩᠠᠪᡍᡠᡵ dabxur "双的，重叠的"
ᡤᡠᠴᠠ gvca "母山羊"	ᡍᡠᠴᠠ xuča "种绵羊"
ᡥᡠᠨᡩᠠᡥᠠ hvndaha "盅子，酒杯"	ᡍᡠᠨᡩᠠᠶᠠ xundaγa "盅子，酒杯"
ᡕᡠᠪᡳᠯᡳ-ᠮᠪᡳ kvbili-mbi "变，变化"	ᡍᡠᠪᡳᠯ-ᡍᡠ xubil-xu "变，变化"
ᡕᡠᡨᡠᡤᡨᡠ kvtugtu "活佛"	ᡍᡠᡨᡠᠶᡨᡠ xutuγtu "活佛"
ᡕᡠᡩᡥᡠ-ᠮᠪᡳ kvdhv-mbi "搅，搅和，混合"	ᡍᡠᡩᡍᡠ-ᡍᡠ xudxu-xu "混合，搅和"
ᡥᡠᠶᠠᠰᡠᠨ hvyasun "（鹰）脚绳"	ᡠᠶᠠᠶᠠᠰᡠᠨ uyaγasun "系绳，拴绳，带"

蒙古语 u[ʊ] 被调适为 o[ɔ] 的蒙古语借词

满语	蒙古语
ᡆᡥᠣᠮᠪᡳ oho-mbi "剜，抠，挖"	ᡇᡍᡇᡍᡇ uxu-xu "挖，抠，掘，凿"
ᡆᡤᡆᡨᠣᠮᠪᡳ ogto-mbi "迎，迎接"	ᡇᠶᡨᡇᡍᡇ uɣtu-xu "接，迎接，接应"
ᡆᡥᠣᠯᠵᠠ oholja "盘羊"	ᡇᠶᠠᠯᠵᠠ uɣalja "公盘羊"

蒙古语 ö[o] 被调适为 u[u] 的蒙古语借词

满语	蒙古语
ᠪᡠᡤᠰᡠ bugsu "臀部"	(bogs) ᠪᡆᡤᠰᡄ bögse "臀部"
ᠪᡠᡵᡳᠮᠪᡳ buri-mbi "挽（鼓），包上，蒙上"	ᠪᡆᡵᡳᡍᡇ böri-xü "上，苫，围，蒙"
ᠪᡠᡵᡝᠨ buren "海螺"	(borə:n) ᠪᡆᡵᡳᠶᡝᠨ böriyen "号角，喇叭"
ᡤᡠᠪᠴᡳ gubci "全，全部"	ᡍᡆᠪᠴᡳᠨ xöbčin "全，全部，整个"
ᡴᡠᠪᡠᠨ kubun "棉花"	ᡍᡆᠪᡆᠩ xöbön "棉花"
ᡴᡠᡴᡠ kuku "灰色"	ᡍᡆᡍᡝ xöxe "蓝的，青的"
ᡴᡠᠯᡠᡤ kulug "骏马"	ᡍᡆᠯᡆᡤ xölög "骥，骏马，良马"

蒙古语 o[ɔ] 被调适为 u[u] 的蒙古语借词

满语	蒙古语
ᡨᡠᡵᡤᡡᡩ turgvd "杜尔伯特"	ᡨᡆᡵᠶᡇᡩ torɣud "杜尔伯特"
ᠰᡠᠩᡤᡳᠨᠠ sungina "野葱"	ᠰᡆᠩᠶᡳᠨᠠ soŋɣina "葱"

蒙古语 o[ɔ] 被替换为 e[ə] 的蒙古语借词

满语	蒙古语
ᠪᡝᡵᡨᡝᠨ berten "污垢"	ᠪᡆᡵᡨᠠᠶ bortaɣ "垢，污浊，污垢"

蒙古语闭音节结构改造为开音节结构的蒙古语借词

1. 蒙古语闭音节辅音后添加元音的蒙古语借词

满语	蒙古语
alha "花的"	alaɣ "花毛的，杂色的"
arsalan "狮子"	arslan "狮子"
aili "村庄"	（æ:l）ail "村子，屯，户，家"
asari "阁"	asar "楼，阁"
arsari "寻常的，平常的"	arsar "零碎的，琐碎的"
badari "钵，钵盂"	badir "化缘，募化，钵，钵盂"
baturu "勇，勇士"	（ba:tɔr）baɣatur "英雄，勇士"
belege "礼物"	beleg "礼物"
beleni "现成的"	belen "现成的"
cacari "布凉棚"	čačar "（方形的）大天幕，尖顶大帐篷"
cilburi "偏缰"	（tʃilbɔ:r）čolboɣor "偏缰"
cohome "专门的，特意的"	čoxom "才是，究竟，到底，原本的"
erdemu "德，才，武艺"	erdem "学问，学识，技艺，技能，德，德行"
gindana "牢"	ɣindan "牢，狱"
hujiri "碱"	xuǰir "碱"
keibisu "毛毯，毯子"	（xebis）xebis "裁绒毯"
kukuri "背壶，偏壶"	xüxür "鼻烟壶"
keremu "垛口，城垛口"	xerem "墙，墙壁"
kurume "褂子"	(xorom)xürme "马褂，短上衣"
saiiburu "（马）小走"	（sæ:bɔr）saiibur "小走，破对侧步（马的一种步法）"
dabkvri "重的，重叠的"	dabxur "双的，重叠的"
bugsu "臀部"	(bogs)bögse "臀部"

2. 去掉蒙古语词尾辅音的蒙古语借词

满语	蒙古语
ᠠᡳᠰᡳ aisi "利，利益"	（æsig）ᠠᠰᡳᡤ asiɣ "利，利益"
ᠠᠶᠠᡵᠠ ayara "酸奶"	（æ:rɑg）ᠠᡳᡵᠠᡤ airaɣ "嗜酸奶子，酸马奶子"
ᡴᡝᠰᡳ kesi "福气，运气，造化"	ᡍᡝᠰᡳᡤ xesig "福，福气，福禄，恩赐"
ᡨᠠᡵᠠ tara "酸奶子，奶豆腐"	ᡨᠠᡵᠠᡤ taraɣ "奶酪"
ᠪᡠᡵᡠ ᠪᠠᡵᠠ buru bara "渺茫，恍惚，依稀"	ᠪᡠᡵᡠᡤ ᠪᠠᡵᡠᡤ bürüg baruɣ "昏暗的，朦胧的"
ᠪᠠᠯᠮᠠ balma "狂，轻狂"	ᠪᠠᠯᠮᠠᠳ balmad "狂妄的，蛮横的，凶蛮的"
ᡴᡠᡵᡠ kvru "奶饼子"	ᡍᡠᡵᡠᡩ xurud "熟奶豆腐"
ᠵᠠᡵᡥᡠ jarhv "豺狼"	ᠵᠠᡵᡍᡠᡩ jarxud "豺狼"
ᡨᡝᡵᡤᡝᠴᡳ tergeci "车夫"	ᡨᡝᡵᡤᡝᡔᡳᠨ tergečin "车夫"
ᠪᠠᡳᡨᠠ baita "事，事情"	ᠪᠠᡳᡩᠠᠯ baidal "情况，形态，形势"
ᠮᠣᠩᡤᠣ moŋgo "蒙古"	ᠮᠣᠩᡍᠣᠯ moŋɣol "蒙古"
ᡠᡵᡤᡠᠵᡳ urguji "不停地，连续，不断地"	ᡳᡵᡤᡍᠯᠵᡳ ürgülji "经常，常常，往往，连绵的"
ᡠ-ᠰᡝ u-se "种子"	（ur）ᡳᡵᡝ üre "种子"
ᠴᡳᠪᠠᡥᠠᠴᡳ cibahaci "女喇嘛"	ᠴᡳᠪᠠᠶᠠᠨᠴᠠ čibaɣanča "尼姑，削发妇女"
ᠪᠠᠯᡠ balu "（眼）瞎，瞎子"	ᠪᠠᠯᠠᡳ balai "蒙昧的，无知的，盲目的"
ᡥᡠᠯᡥᠠ hvlha "偷，盗"	ᡍᡠᠯᠠᠶᠠᡳ xulaɣai "贼，小偷，扒手，盗贼"

蒙古语词尾语音被替换的蒙古语借词

满语	蒙古语
ᠠᡳᠮᠠᠨ aiman "部落，部族"	（æ:mɑg）ᠠᡳᠮᠠᡤ aimaɣ "宗族，部落，盟"
ᠵᡝᠮᡩᡝᠨ jemden "毛病，弊病"	ᠵᡝᠮᡩᡝᡤ jemdeg "残的，残伤的，残缺的"
ᠪᡝᡵᡨᡝᠨ berten "污垢"	ᠪᠣᡵᡨᠠᡤ bortaɣ "垢，污浊，污垢"
ᠵᡠᠴᡠᠨ jucun "戏"	（dʒyʃug）ᠵᡳᠵᡳᡤᡝ jüjüge "戏"
ᡴᠠᡵᡠᠨ karun "哨探，哨兵"	（xɑrœ:l）ᡍᠠᡵᠠᡤᡠᠯ xaraɣul "岗哨"

词中 h、k 辅音前元音脱落的蒙古语借词

满语	蒙古语
arki "酒"	arixi "酒"
alha "花的"	alaɣ "花毛的，杂色的"
halhvn "热"	xalaɣun "热"
nar-hvn "细，细长"	narin "细的，窄的，尖的"
hvlha "偷，盗"	xulaɣai "贼，小偷，扒手，盗贼"
julhv "缰绳"	ǰiluɣu "缰绳"
bulhari "香牛皮"	buliɣari "香牛皮"

保留蒙古语早期词形结构的蒙古语借词

满语	蒙古语
nomon "宗教典籍，经"	nom "书，（宗教）经典"（nomo←nomon）
delun "鬃毛"	del "马鬃"（delu←delun）
debtelin "本子，卷"	debter "书，本子"
	（debtel← debteli←debtelin）
kemun "尺度，尺寸"	xem "尺度，尺寸"（kem←kemü←kemün）
giamun "驿站"	jam "路，轨道"（ʤamu←ʤamun←giamun)
dambagu "烟"	damaɣa（←dambagu←tabaku）
	~ damaxi（damaki←dambaku←tabaku）
	"烟"

保留蒙古语早期 k 辅音的蒙古语借词

满语	蒙古语
kagsi-mbi "咯，咳"	xaɣsi-xu "咯，咳"
kaja-mbi "咬，啃"	xaǰa-xu "咬，啃"
katun "喀屯，女皇"	xatun "夫人，女皇"
kata-mbi "干，发干，枯干"	xata-xu "干，发干，枯干"

满语	蒙古语
᠊ᠠ karma-mbi "保护，保卫，管"	᠊ᠠ xarma-la-xu "保护，保卫，吝啬"
᠊ᠠ karan "高台，台子"	᠊ᠠ xaran "看"
᠊ᠠ kara-bumbi "使看，使望"	᠊ᠠ xara-γul-xu "使看，使望"
᠊ᠠ kara-mbi "望，观望，瞭望，注视"	᠊ᠠ xara-xu "望，观望，瞭望，注视"
᠊ᠠ kani "党类，朋党，志同道合的人"	᠊ᠠ xani "伴，朋党，志同道合的人"
᠊ᠠ kara "黑"	᠊ᠠ xara "黑"
᠊ᠠ kamcin "合并，兼，附庸"	᠊ᠠ xamjin "合并，协作"
᠊ᠠ kamci-mbi "合，合并，兼任"	᠊ᠠ xamǰi-xu "协作，合作"
᠊ᠠ kaltara-mbi "滑，打滑"	᠊ᠠ xaltara-xu "滑，打滑"
᠊ᠠ kali-mbi "（飞行动物）往上腾飞"	᠊ᠠ xali-xu "飞翔，滑翔，掠"
᠊ᠠ kaika "盾牌，盾，挡箭牌"	᠊ᠠ xalxa-la-xu "挡，掩盖，遮掩"
᠊ᠠ kalja "谢顶的，秃顶的"	᠊ᠠ xalǰan "光秃的，秃顶的"
᠊ᠠ kadala-mbi "管，管理，掌管，指挥"	᠊ᠠ xada-γala-xu "储藏，保管，维持"
᠊ᠠ kekere-mbi "打嗝儿"	᠊ᠠ xegere-xü "打嗝儿"
᠊ᠠ kelfi-mbi "偏，斜"	᠊ᠠ xelbeii-xü "偏，偏斜，倾斜"
᠊ᠠ kemne-mbi "量，度"	᠊ᠠ xemne-xü "量，估量"
᠊ᠠ kesi "福气，运气，造化"	᠊ᠠ xesig "福，福气，福禄，恩赐"
᠊ᠠ keremu "垛口，城垛口"	᠊ᠠ xerem "墙，墙壁"
᠊ᠠ kidan "契丹"	᠊ᠠ xidan "契丹"
᠊ᠠ kubun "棉花"	᠊ᠠ xöböŋ "棉花"
᠊ᠠ kuku "灰色"	᠊ᠠ xöxe "蓝的，青的"
᠊ᠠ kulug "骏马"	᠊ᠠ xölög "骥，骏马，良马"
᠊ᠠ kundule-mbi "尊敬"	᠊ᠠ xündüle-xü "尊敬，尊重"
᠊ᠠ kunesun "干粮，口粮"	᠊ᠠ xünesün "食粮，干粮，口粮"
᠊ᠠ kukuri "背壶，偏壶"	᠊ᠠ xüxür "鼻烟壶"
᠊ᠠ kurbu-mbi "打滚儿"	᠊ᠠ xörbe-xü "翻，翻滚，打滚儿"
᠊ᠠ kuteci "牵马人"	᠊ᠠ xötöči "牵马人，马童"
᠊ᠠ kutule-mbi "牵"	᠊ᠠ xötöl-xü "牵"
᠊ᠠ kvbili-mbi "变，变化"	᠊ᠠ xubil-xu "变，变化"
᠊ᠠ kvru "奶饼子"	᠊ᠠ xurud "熟奶豆腐"

满语	蒙古语
kvtugtu "活佛"	xutuɣtu "活佛"
kvdhv-mbi "搅，搅和，混合"	xudxu-xu "混合，搅和"
kvdha-mbi "搅，搅和，混合"	xudxu-xu "拌，搅和，混和"
kokira-mbi "损害，损伤"	xoxira-xu "损失，亏损，耗损，没落"
kumdun "空，空虚，中间空的"	xöndei "空的，空洞的"
beki "坚固"	bexi "坚固的"
uyakan "略稀，略柔软"	uyaxan "略有弹性的，略柔软的"
sabka "筷子"	sabxa "筷子"
saikan "美，美丽，好看"	saixan "美的，美丽的，俊美的，好好的"
dabkvri "重的，重叠的"	dabxur "双的，重叠的"
kemun "尺度，尺寸"	xem "度，尺度，限度"
ecike "叔叔"	ečige "父，父辈"
medeke "消息"	medege "消息，情报，通知"
kekere-mbi "打嗝儿"	xegere-xü "打嗝儿"

蒙古语口语 k 还未演变为 x 时借入的蒙古语借词

满语	蒙古语	
	口语	书面语
karun "哨探，哨兵"	xarɷ:l	xaraɣul "岗哨"
karula-mbi "报答，报应"	xærɷ:lɑ-x	xariɣula-xu "回答，回应，报答"
karu "（回）报，（酬）报"	xærɷ:	xariɣu "回答，回报"
katun "强壮，健壮"	xɑtɷ:n	xataɣun "硬的，坚硬，坚固"
kice-mbi "勤，努力"	xiʧə:-x	xečiye-xü "谨慎，努力，勤奋，用功"
kecun "凶恶的，恶毒的"	xəʧu:n	xečegün "艰难的，厉害的"
kecu "凶狠的，狠毒的"	xəʧu:	xečegüü "艰难的，厉害的"

满语	蒙古语	
	口语	书面语
ᠺᠡᡳᠪᡳᠰᡠ keibisu "毛毯，毯子"	xebis	ᠬᡄᠪᠢᠰ xebis "裁绒毯，地毯"
ᠺᡝᡳᡵᡝ keire "枣骝马"	xə:r	ᠬᡄᡤᡄᠷ xeger "枣骝毛的（马的毛色）"
ᠺᡝᠵᡳᠨᡝ kejine "好久，良久"	xədʒi:ne	ᠬᡄᠵᡳᠶᡄᠨᡄᡳ xejiyenei "很早，老早，早已"
ᠺᡝᠵᡳᠨᡳ kejini "好久，良久"	xədʒi:ne	ᠬᡄᠵᡳᠶᡄᠨᡄᡳ xejiyenei "很早，老早，早已"
ᠺᡠᡵᡝᠨ kuren "伍，大队人马"	xurə:n	ᠬᡠᡵᡳᠶᡄᠨ xüriyen "院子，营盘"
ᠺᡠᡵᡠᠮᡝ kurume "褂子"	xurum	ᠬᡠᡵᠮᡝ xürme "马褂，短上衣"
ᠺᡠᡧᡠᠨ kušun "不舒服"	xuʂu:n	ᠬᡄᠰᡳᡤᡄᠨ xösigün "僵硬的，僵化的，笨重的"
ᠺᡠᠩᡧᡠᠨ kuŋšun "略有焦味"	xəŋsu:n	ᠬᡄᠩᠰᡳᡤᡄᠨ xeŋsigün "燎煳味道"
ᠺᠣᡵᠰᠣᠮᠪᡳ korso-mbi "怨恨"	x-cʂcx	ᠬᠣᡵᠣᠰ xoros-u "怨恨，恨，嫉恨"

蒙古语 g~y 与满语 h 相对应的蒙古语借词

满语	蒙古语
ᡝᡵᡳᡥᡝ erihe "念珠，珠"	ᡝᡵᡳᡤᡝ erige "念珠，珠"
ᡩᠠᡥᠠᠮᠪᡳ daha-mbi "投降，投诚"	ᡩᠠᠶᠠ daɣa-xu "随，随从，顺从，归顺"
ᡩᠠᡥᠠᠨ dahan "马驹子"	ᡩᠠᠶᠠᠨ daɣan "马驹子"
ᠣᡥᠣᠯᠵᠠ oholja "盘羊"	ᡠᠶᠠᠯᠵᠠ uɣalja "公盘羊"
ᡨᠠᡵᡥᠪᠨ tarhvn "胖，肥胖"	ᡨᠠᡵᠶᡠᠨ tarɣun "肥的，胖的，肥胖的"
ᡨᠣᠮᠣᡵᡥᠣᠨ tomorhon "（写）清楚，（意思）明白"	ᡨᠣᠮᠣᡵᠶᡠᠨ tomoraɣun "较大的，较粗大的"
ᡥᠪᠯᡥᠠ hvlha "偷，盗"	ᠬᡠᠯᠠᠶᠠᡳ xulaɣai "贼，小偷，扒手，盗贼"
ᡥᠣᡵᡥᠣ horho "立柜"	ᠬᠣᡵᠶᠣ xorɣo "橱，立柜"
ᡥᠪᠨᡨᠠᡥᠠ hvntaha "杯子"	ᠬᡠᠨᡨᠠᠶᠠ xuntaɣa "杯子"
ᠶᠠᡨᡠᡥᠠᠨ yatuhan "筝"	ᠶᠠᡨᡠᠶᠠᠨ yatuɣan "筝"
ᡥᠠᡩᠠᡥᠠ hadaha "桩子，橛子"	ᠬᠠᡩᠠᠶᠠ xadaɣa "钉子"
ᠰᡠᠪᠠᡵᡥᠠᠨ subarhan "塔"	ᠰᡠᠪᠠᡵᠶᠠᠨ subarɣan "塔"
ᡩᠣᡥᠣᠯᠣᠨ doholon "瘸"	ᡩᠣᠶᠣᠯᠠᠩ doɣolaŋ "瘸子"
ᠴᡳᠪᠠᡥᠠᠴᡳ cibahaci "女喇嘛"	ᠴᡳᠪᠠᠶᠠᠨᠴᠠ čibaɣanča "尼姑，削发妇女"
ᡩᡝᠯᡳᡥᡠᠨ delihun "脾"	ᡩᡝᠯᡳᡤᡠᠨ deligün "脾"
ᠪᡠᠯᡥᠠᡵᡳ bulhari "香牛皮"	ᠪᠣᠯᡳᠶᠠᡵᡳ boliɣari "香牛皮"

蒙古语 x 与满语 g 相对应的蒙古语借词

满语	蒙古语
gubci "全，全部"	xöbčin "全，全部，整个"
gvca "母山羊"	xuča "种绵羊"

保留蒙古语静词词尾 -n 的蒙古语借词

满语	蒙古语
uilen "侍奉"	üile "事业，活动，苦难"
simen "汁，分泌物"	sime "营养，滋养，养分，津液"
sun "奶"	sü "奶子"
arjan "奶酒"　（ardʒan 口语）	araǰa "头次回锅奶酒"
labsan "雪片"	labsa "雪片"
morin "马"	mori "马"
honin "绵羊"	xoni "绵羊"
baran "影子"	bara "影子，踪影"
maiman "买卖"	maimai "买卖"
kumdun "空，空虚"	xöndei "空的，空洞的"
doholon "瘸"　（dɔgɔlɔŋ 口语）	doγolaŋ "瘸子"
kubun "棉花"	xöböŋ "棉花"
can "钹"	čaŋ "钹"
butvn "坛子"	butuŋ "坛子"
olon "肚带"	oloŋ "肚带"
hvlan "烟筒"	xulaŋ "烟囱"
dalan "堤防，堤"	dalaŋ "堤坝，堤"
heren "厩，棚圈"	xerem "墙"
durun "模子，矩，仪器"	dürim "规矩，制，规程"

保留蒙古语 s 的蒙古语借词

满语	蒙古语
ᠰᠣᡤᠰᡳᠮᠪᡳ sogsi-mbi "不出声地哭"	šoγsi-xu "抽搭，抽泣"
ᠰᡳᠯᡝ sile "汤，肉汤"	šüle "肉汤"

保留蒙古语腭化前 k、g 的蒙古语借词

满语	蒙古语
bulukan "温，温和"	büliyen "温的，温热的"
horigan "牲畜圈"	xoriyan "院子，圈"
jasigan "信"	jaxiyan "信"

保留蒙古语词中 -mb- 音组的蒙古语借词

满语	蒙古语
dambagu "烟"	damaγa~damaxi "烟"
dembei "很，甚，非常"	demei "无聊的，不怎么的，（不）太"

舌根辅音连音变化的蒙古语借词

满语	蒙古语
henge "瓜"	xemxe "甜瓜"
gengiyen "清，清澈"	gegen "明的，明亮的"

词首增生 n 的蒙古语借词

满语	蒙古语
nunga-ri "（人畜）毫毛，绒毛"	unγa-su "（剪下来的）畜毛"
nimalan "桑树"	ilaman "桑树"
niman "山羊"	（imɑːn） imaγan "山羊"

辅音换位的蒙古语借词

满语	蒙古语
ᡳᠠᠮᠠᠯᠠᠨ nimalan "桑树"	ᡳᠠᠮᠠᠯᠠᠨ ilaman "桑树"
ᠮᠠᡥᠠᠯᠠ mahala "帽子"	ᠮᠠᠯᠠᠶᠠ malaɣa "帽子"

元音屈折法派生的蒙古语借词

满语	蒙古语
ᠠᡵᠰᠠᠯᠠᠨ arsalan "狮子"	ᠠᡵᠰᠯᠠᠨ arslan "狮子"
ᡝᡵᠰᡝᠯᡝᠨ erselen "狻猊（狮子）"	
ᠨᠠᡤᠴᡠ nagcu "舅舅"	ᠨᠠᠶᠴᡠ naɣču "舅舅"
ᠨᡝᡤᠴᡠ negcu "舅母"	
ᡤᠠᡵᡠᡩᠠᡳ garudai "凤"	ᡤᠠᡵᡠᡩᠠᡳ garudai "凤凰"
ᡤᡝᡵᡠᡩᡝᡳ gerudei "凰"	
ᠰᠠᡤᠰᡠ sagsu "竹篓子，荆条篓子"	ᠰᠠᠶᠰᡠ saɣsu "篮，篮子，筐子"
ᠰᡝᡤᠰᡠ segsu "油篓，酒篓"	
ᠠᠯᠠ ala "山岗，平山"	ɷ:lɑn （口语） ᠠᠶᡠᠯᠠᠨ aɣulan "山"
ᠠᠯᡳᠨ alin "山"	

辅音变化区别语义的蒙古语借词

满语	蒙古语
ᡥᠠᡤᠰᠠᠮᠪᡳ hagsa-mbi "心里发烧，火烧似的"	ᠬᠠᠶᠰᠠᠬᡠ xaɣsa-xu "烤干，干"
ᡥᠠᡤ�šᠠᠮᠪᡳ hagša-mbi "（油）炸，炒焦"	

词缀法派生的蒙古语借词

满语	蒙古语
ᠠᡤᠸᡵᠠ agvra "器物"	ᠠᠶᡠᡵᠠᠰᡠᠨ aɣura-sun "各种器物"
ᠪᡝᡵᡳ beri "弓"	ᠪᡝᡵᡳᠶᡝ beri-ye "（鞭子的）把儿"
ᡥᠠᡳᠯᠠᠨ ᠮᠣᠣ hailan moo "榆树"	ᠬᠠᡳᠯᠠᠰᡠᠨ xaila-sun "榆树"

满语	蒙古语
ᠪᠣᡵᡤᠠ burga "柳条"	ᠪᠣᡵᠭᠠᠰᠤ burγa-su "柳树"
ᠠᠨᠵᠠ anja "犁"	ᠠᠨᠵᠢᠰᠤ anǰi-su "犁"
ᠣᠯᠣ olo "线麻"	ᠣᠯᠣᠰᠤ olo-su "麻"
ᠰᠡᠯᠪᡳ selbi "船桨，划子"	ᠰᠡᠯᠪᠢᠭᠦᠷ selbi-gür "（船）楫，橹，桨"
ᠬᠣᡵᡳᠨ horin "笼子"	ᠬᠣᡵᠢᠶᠤᠯ xori-γul "圈"
ᠺᠠᡵᠠᠨ karan "高台，台子"	ᠬᠠᡵᠠᠭᠤᠯ xara-γul "岗哨"
ᡥᡡᡩᠠ hvda "生意，买卖"	ᠬᠤᠳᠠᠯᠳᠤᠭᠠᠨ xuda-ldu-γan "卖，买卖"
ᡩᡠᡵᡳᠮᠪᡳ duri-mbi "夺，抢"	ᠲᠦᠷᠢᠮᠬᠡᠢᠯᠡᠬᠦ türim-xei-le-xü "横行霸道，侵略"
ᡳᠨᠴᠠᠮᠪᡳ inca-mbi "马嘶，马啸"	ᠢᠨᠴᠠᠭᠠᠬᠤ inča-γa-xu "马嘶，马啸"
ᠣᡤᠴᠠᠮᠪᡳ ogca-mbi "附着的东西掉下来，脱开，脱落"	ᠣᠭᠴᠣᠷᠠᠬᠤ ogčo-ra-xu "断"
ᠺᠠᡵᠠᠮᠪᡳ kara-mbi "保护，保卫"	ᠬᠠᡵᠮᠠᠯᠠᠬᠤ xar-ma-la-xu "收拢，敛起，搂"
ᡥᠠᡳᡵᠠᠮᠪᡳ haira-mbi "爱惜"	ᠬᠠᠶᠢᡵᠠᠯᠠᠬᠤ xaira-la-xu "爱惜"
ᠪᠠᡳᠴᠠᠮᠪᡳ baica-mbi "调查，访查，查看"	ᠪᠠᠢᠴᠠᠭᠠᠬᠤ baiča-γa-xu "调查，检查"
ᡩᡝᡤᠵᡳᠮᠪᡳ degji-mbi "兴旺，兴隆"	ᠳᡝᡤᠵᡳᡵᡝᡥᡡ degji-re-xü "升，上升，兴旺，兴盛"
ᡠᠨᡝᠩᡤᡳ uneŋ-gi "诚，真诚"	ᠦᠨᡝᠨ ünen "真的，真实的，确实的"
ᠪᠠᡵᡩᠠᠩᡤᡳ bardaŋ-gi "自尊自大，自夸，骄矜"	ᠪᠠᡵᡩᠠᠮ bardam "骄傲的，自恃的"
ᠣᠵᠣᠮᡤᡳ ojom-gi "吻，接吻"	ᠣᠵᠣᠬᠤ oǰo-xu "接吻，吻"
ᡩᡠᡵᠰᡠᡴᡳ dursu-ki "相似，类似"	ᡩᡡᡵᠰᡡ dürsü "形，相貌，模样"
ᠨᡝᠮᡝᡵᡴᡠ nemer-ku "雨衣"	ᠨᡝᠮᡝᡵᡝᡥᡡ nemere-xü "披上"
ᠠᠨᡩᠠᡥᠠ anda-ha "客人，宾客"	ᠠᠨᡩᠠ anda "盟友，结拜兄弟"
ᡳᠮᠠᡥᡡ ima-hv "青羊，山羊"	ima:n（口语）ᠢᠮᠠᠭᠠᠨ imaγan "山羊"
ᠨᠠᡵᡥᡡᠨ nar-hvn "细，细长"	ᠨᠠᡵᡳᠨ narin "细的，窄的，尖的"
ᠵᡝᠪᡝᠯᡝ jebe-le "箭袋"	ᠵᡝᠪᡝ ǰebe "镞"
ᠪᠣᡥᠣᡨᠣ boho-to "驼峰"	ᠪᠥᡥᠥ böxö "（驼）峰"
ᠨᡳᠮᠠᠴᡳ nima-ci "羊皮"	ima:n（口语）ᠢᠮᠠᠭᠠᠨ imaγan "山羊"
�šᠠᠵᡳᠯᠠᠮᠪᡳ šaji-la-mbi "禁止"	ᠱᠠᠵᡳᠨ ~ ᠱᠠᠰᡳᠨ šaǰin~šasin "宗教，法度"
ᠱᠠᠵᡳᠨ šajin "法，法则，禁约"	
ᡥᠠᡩᠠᠯᠠ hada-la "辔"	ᠬᠠᠵᠠᠭᠠᡵ xaǰa-γar "马嚼子"

满语	蒙古语
ᠰᡝᡵᡝᠮᡧᡝ seremše-mbi "提防"	ᠰᡝᡵᡝᠮᠵᡳ seremǰi-le-xü "警惕，警戒，提防"
ᡩᠠᠯᡳᠪᡠᠨ dali-bun "遮拦"	ᡩᠠᠯ dal-da "暗地的，隐蔽的"
ᠨᡠᠩᡤᠠᡵᡳ nuŋga-ri "（人畜）毫毛，柔毛，绒毛"	ᡠᠩᡤᠠᠰᡠ uŋɣa-su "（剪下来的）畜毛"

二、汉语借词

满语	汉语
ᠠᠯᡳᡠᡳ aliui "耶律"	耶律 ye lü
ᠪᠠᠯᡳᠶᠠ baliya "罢了"	罢了 ba le
ᠪᠠᠨᡩᡝᠨ banden "板凳"	板凳 ban deng
ᠪᠠᠩ baŋ "榜"	榜 bang
ᠪᠠᠩᠰᡝ baŋse "梆子"	梆子 bang zi
ᠪᠠᡯᡠᠩ badzuŋ "把总"	把总 ba zong
ᠪᡝᡤᡳᠩ begiŋ "北京"	北京 bei jing
ᠪᡝᠵᡳᠩ bejiŋ "北京"	北京 bei jing
ᠪᡝᡳ ᡳᡠᡳ bei iui "备御"	备御 bei yu
ᠪᡝᡳ ᡳᡠᡳ ᡤᡠ�ereᠸᠠᠨ bei iui guwan "备御"	备御官 bei yu guan
ᠪᡝᡳᡤᡠᠸᠠᠨ beiguwan "备御"	备官 bei guan（"备御官"的简称）
ᠪᡝᠨ ben "本领"	本 ben
ᠪᡝᠨᠴᠠᠨ bencan "本钱"	本钱 ben qian
ᠪᡝᠩᠰᡝᠨ beŋsen "本事"	本事 ben shi
ᠪᡳᡤᠴᡠ bigcu "比丘僧人"	比丘 bi qiu
ᠪᡳᡤᠴᡠᠨᡳ bigcuni "比丘尼尼"	比丘尼尼 bi qiu ni ni
ᠪᡳᠨ ᠯᠠᠩ bin laŋ "槟榔"	槟榔 bing lang
ᠪᡳᠨ ᡯᡳ bin dzi "槟子"	槟子 bin zi
ᠪᡳᡳ bii "王位，汗位"	陛 bi
ᠪᡳᠶᠠᠨᡩᡠ biyandu "扁豆"	扁豆 bian dou
ᠪᡳᠶᠣᠣ biyoo "表"	表 biao
ᠪᠣᡶᡠᠨ bofun "包袱"	包袱 bao fu

满语	汉语
bolosu "玻璃"	玻璃 bo li
boobei "宝贝"	宝贝 bao bei
boociuwan "宝泉"	宝泉 bao quan
boo-lambi "报"	报 bao
boose "包子"	包子 bao zi
booši "宝石"	宝石 bao shi
bose "包"	包子 bao zi
boji "（保人）中人"	保人 bao ren
buse "堡子"	堡子 bu zi
cahv "茶壶"	茶壶 cha hu
caise "钗子"	钗子 chai zi
caliyan "钱粮"	钱粮 qian liang
can "禅"	禅 chan
ce "册"	册 ce
cese "册子"	册子 ce zi
cen hiyaŋ "陈香"	陈香 chen xiang
cen dzi "橙子"	橙子 cheng zi
ci "漆"	漆 qi
cigu "旗鼓"	旗鼓 qi gu
cin "正"	正 zheng
cin ku "青稞"	青稞 qing ke
ciyanši "佥事"	佥事 qian shi
ciyandzuŋ "千总"	千总 qian zong
co-lambi "炒，煎炒"	炒 chao
coo "锄"	锄 chu
cuse "厨子"	厨子 chu zi
cuse "绸子，竹子"	绸子 chou zi
cuwan "船，舟"	船 chuan
cuin ša "春纱"	春纱 chun sha
jaŋdzi "长子"	长子 zhang zi
jase "栅栏"	栅子 zha zi
jampin "煎饼"	煎饼 jian bing
jeŋ "正，正当，恰好"	正 zheng

满语	汉语
ᠵᡝᡠ jeu "洲，郡"	洲 zhou
ᠵᡝᡯᡳ jeʒi "折子"	折子 zhe zi
ᠵᡳᠩᠰᡝ jiŋse "顶子"	顶子 ding zi
ᠵᡳᠰᡝ jise "草稿，稿"	底子 di zi
ᠵᡳᠶᠠᠩ jiyaŋ "江"	江 jiang
ᠵᡳᠶᠠᠩᡤᡳᠶᡠᡳᠨ jiyaŋgiyuin "将军"	将军 jiang jun
ᠵᡟᠯᡳ joli "笊篱"	笊篱 zhao li
ᠵᡝᠣ joo "赵"	赵 zhao
ᠵᡝᠣ joo "诏"	诏 zhao
ᠵᡠᠪᡠ jubu "主簿"	主簿 zhu bu
ᠵᡠᠩᡴᡝᠨ juŋken "钟"	钟 zhong
ᠵᡠᡧᠠ juša "朱砂"	朱砂 zhu sha
ᡨᠠᠴᡳ taci "淘气"	淘气 tao qi
ᡨᠠᡳ tai "台"	台 tai
ᡨᠠᡳᡶᡳᠨ taifin "太平"	太平 tai ping
ᡨᠠᡳᠪᠣᠣ taiboo "太保"	太保 tai bao
ᡨᠠᡳᡧᡝᡠ taišeu "太守"	太守 tai shou
ᡨᠠᠮᠰᡝ tamse "坛子"	坛子 tan zi
ᡨᠠᠨ tan "滩"	滩 tan
ᡨᠠᠩᡤᡷᠯᡳ taŋgv-li "堂屋"	堂屋 tang wu
ᡨᡝᠩᠰᡝ teŋse "藤子"	藤子 teng zi
ᡨᡳᠩᠰᡝ tiŋse "亭子"	亭子 ting zi
ᡨᠣᠷᠣ toro "桃"	桃儿 tao er
ᡨᡠ ᠨᡳᠣ ᡶᡠᡵᡤᡳ tu niu furgi "土牛"	土牛 tu niu
ᡨᡠᠩᡤᡳᡠ tuŋgiu "桐油"	桐油 tong you
ᡨᡠᠩᠰᡝ tuŋse "通事"	通事 tong shi
ᡨᡠᠩᠵᡝᡠ tuŋjeu "通州"	通州 tong zhou
ᡨᡠᠰᡟ tusʅ "土司"	土司 tu si
ᡩᠠᡳᡶᡠ daifu "大夫，医生"	大夫 dai fu
ᡩᠠᡳᡦᡠᠨ daipun "大鹏"	大鹏 da peng
ᡩᠠᠩᡦᡠᠯᡳ daŋpu-li "当铺"	当铺 dang pu
ᡩᠠᠩᠰᡝ daŋse "档案，档子"	档子 dang zi
ᡩᡝᡶᡠ defu "豆腐"	豆腐 dou fu

满语	汉语
deŋlu "灯笼"	灯笼 deng long
deŋ-neku "戥子"	戥 deng
deŋjan "灯"	灯盏 deng zhan
deyen "殿"	殿 dian
diyan "宫殿"	殿 dian
di "帝"	帝 di
diŋ "鼎"	鼎 ding
diyansi "典史"	典史 dian shi
doocaŋ "道场"	道场 dao chang
doro "道"	道理 dao li
dutu "都督"	都督 du du
duŋga "冬瓜"	冬瓜 dong gua
duŋ "洞"	洞 dong
duŋgu "洞，山洞"	洞窟 dong ku
dudzi "都司"	都司 du si
el ya "尔雅"	尔雅 er ya
eu "藕"	藕 ou
fa-fun "法"	法 fa
fa-labumbi "发配"	发 fa
fali "雪橇"	爬犁 pa li
fan "木盘子"	盘 pan
fan "梵"	梵 fan
fempi "封皮"	封皮 feng pi
feŋse "盆子"	盆子 pen zi
feŋsi "看风水的先生"	风水 feng shui
fi "笔"	笔 bi
fifan "琵琶"	琵琶 pi pa
fiyen "碟子"	盘 pan
feise "砖"	胚子 pei zi
fei 妃	妃 fei
fen "做计量单位用，（一）段（鱼），（一）块（糕）"	份 fen

满语	汉语
ᡶᡳᠶᡝᠨ fiyen "（脂）粉"	粉 fen
ᡶᡳᠶᠣᠰᡝ fiyoose "瓢"	瓢子 piao zi
ᡶᡳᠶᠣ fiyoo "簸箕"	瓢 piao
ᡶᡳᡠ fiu "屁"	屁 pi
ᡶᡠ fu "府"	府 fu
ᡶᡠᠴᡝᠩ fuceŋ "府丞"	府丞 fu cheng
ᡶᡠᠯᡠᠨ fulun "俸禄"	俸禄 feng lu
ᡶᡠᠩᠯᡠ fuŋlu "俸禄"	俸禄 feng lu
ᡶᡠᠮᠠ fuma "驸马"	驸马 fu ma
ᡶᡠᠩᠨᡝᠮᠪᡳ fuŋ-nembi "封，受封"	封 feng
ᡶᡠᠩᠰᡝ fuŋse "粉，粉子"	粉子 fen zi
ᡶᡠᠨ fun "分，粉"	分，粉 fen
ᡶᡠᠸᡝᠨ fuwen "分"	分 fen
ᡶᡠᠩᡨᠣ fuŋto "封套"	封套 feng tao
ᡶᡠᠰᠠ fusa "菩萨"	菩萨 pu sa
ᠫᡠᠰᠠ pusa "菩萨"	菩萨 pu sa
ᡶᡠᠰᡳ fusi "抚顺"	抚顺 fu shun
ᡶᡠᠵᡳᠨ fujin "福晋"	福晋 fu jin
ᡤᡝᠨ gen "脖，颈"	颈 jing
ᡤᡝ�šᠠᠨ gešan "隔扇"	隔扇 ge shan
ᡤᡳᠨ gin "秤"	斤 jin
ᡤᡳᠩᡤᡝᠨ giŋ-gen "斤"	斤 jin
ᡤᡳᠩ giŋ "京"	京 jing
ᡤᡳᡠᡳ giui "菊"	菊 ju
ᡤᡳᡠᡳ ᡵᡝᠨ giui ren "贤书"	举人 ju ren
ᡤᡳᡠᡳ ᡩᡓᡳ giui dźi "居士"	居士 ju shi
ᡤᡳᡠᡳᠩᡤᡝ giuiŋge "艍船（战船名）"	艍 ju
ᡤᡳᡠᠸᠠᠨ giuwan "杜鹃"	鹃 juan
ᡤᡳᡠᠸᠠᠨᠰᡝ giuwanse "绢，一卷"	绢子，卷子 juan zi
ᡤᡳᠰᡝ gise "娼妓，妓女"	妓子 ji zi
ᡤᡳᠶᠠᡳ giyai "街"	街 jie
ᡤᡳᠶᠠᠪᠠᠨ giyaban "夹棍"	夹板 jia ban
ᡤᡳᠶᠠᠮᠴᠠᠨ giyamcan "碱厂"	碱厂 jian chang

满语	汉语
ᡤᡳᠶᠠᠨ ᡨᠣᠣ giyan too "检讨"	检讨 jian tao
ᡤᡳᠶᠠᠨᠴᡝᡠ giyanceu "茧绸"	茧绸 jian chou
ᡤᡳᠶᠠᠩ giyaŋ "江"	江 jiang
ᡤᡳᠶᠠᠩᡨᡠ giyaŋtu "豇豆"	豇豆 jiang dou
ᡤᡳᠶᠠᠩᠨᠠᠮᠪᡳ giyaŋ-na-mbi "讲"	讲 jiang
ᡤᡳᠶᠣᠣ giyoo "蛟"	蛟 jiao
ᡤᡳᡠᡳᠨ ᠸᠠᠩ giuin waŋ "郡王"	郡王 jun wang
ᡤᡳᠶᠣᠣ ᠰᡳ giyoo si "教习"	教习 jiao xi
ᡤᡳᠶᡠᡳᠨ ᠯᠣᠣ giyuin loo "军牢"	军牢 jun lao
ᡤᡠ gu "玉"	玉 yu
ᡤᡠᡶᡠ gufu "姑父"	姑父 gu fu
ᡤᡠᡳ ᡵᡝᠨ gui ren "贵人"	贵人 gui ren
ᡤᡠᠩ guŋ "公"	公 gong
ᡤᡠᠩᡤᡝ guŋ-ge "功"	功 gong
ᡤᡠᠩ ᡤᡠᠩ guŋ guŋ "公公"	公公 gong gong
ᡤᡠᠩᠨᡝᠮᠪᡳ guŋ-nembi "恭"	恭 gong
ᡤᠸᠠ gvwa "卦"	卦 gua
ᡤᡠᠸᠠᠯᡳ guwali "城外"	郭 guo
ᡤᡠᠸᠠᠨ guwan "栏，栅"	关 guan
ᡤᠸᠠᠯᠠᠰᡠᠨ gvwalasun "女坎肩褂"	褂 gua
ᡤᡠᠸᠠᠩᡤᡠᠨ guwangun "光棍"	光棍 guang gun
ᡤᡠᠸᠠᠨᡩᡳ guwandi "关帝"	关帝 guan di
᪾ᠠᡳᡨᠠᠩ haitaŋ "海棠"	海棠 hai tang
᪾ᠠᠩᠰᡳ haŋsi "杭细绸"	杭细 hang xi
᪾ᠠᠩᠨᠠᠮᠪᡳ haŋ-nambi "焊"	焊 han
ᡥᡝᡠ heu "侯"	侯 hou
ᡥᡳᡥᠠᠨ hihan "稀罕的，罕见的"	稀罕 xi han
ᡥᡳᡠᠸᠠᠨ ᠶᡝᡳ hiuwan yei "玄烨"	玄烨 xuan ye
ᡥᡳᠰᡝ hise "戏子"	戏子 xi zi
ᡥᡳᠶᠠᠨ hiyan "香"	香 xiang
ᡥᡳᠶᠠᠨ hiyan "县"	县 xian
ᡥᡳᠶᠠᠩᠴᡳ hiyaŋci "象棋"	象棋 xiang qi
ᡥᡳᠶᡝᠰᡝ hiyese "蝎子"	蝎子 xie zi

满语	汉语
ᡥᡳᠶᠣᠣᡧᡠᠨ hiyoošun "孝顺"	孝顺 xiao shun
ᡥᠣ ᡤᡳ ho gi "火鸡"	火鸡 huo ji
ᡥᠣᠣ hoo "侯"	侯 hou
ᡥᠣᠣ hoo "毫（计量单位）"	毫 hao
ᡥᠣᠰᡝ hose "盒子"	盒子 he zi
ᡥᠣᠰᡝᡵᡳ hose-ri "盒子"	盒子 he zi
ᡥᠸᠪᠠᠨ hvban "笏板"	笏板 hu ban
ᡥᠸᠠᡳᠰᡝ hvaise "槐树"	槐子 huai zi
ᡥᠸᠸᠠᠩ hvwaŋ "皇"	皇 huang
ᡥᠸᠸᠠᠩᡩᡳ hvwaŋdi "皇帝"	皇帝 huang di
ᡥᠸᠸᠠᠩᡥᡝᡠ hvwaŋheu "皇后"	皇后 huang hou
ᡥᠸᠸᠠᡧᠠᠨ hvwašan "和尚"	和尚 he shang
ᡥᡠᠸᡝᡧᠠᠨ huwešan "尼僧"	和尚 he shang
ᡥᠸᠸᠠᠵᠣᠣ hvwajoo "花椒"	花椒 hua jiao
ᡥᡠᠸᡝᠩᡤᡝ huweŋ-ge "封谥用语"	封 feng
ᡳᠩ iŋ "营"	营 ying
ᡳᠨ in "阴"	阴 yin
ᡳᠨᡨᠣᡵᡳ iŋto-ri "樱桃"	樱桃 ying tao
ᡳᡠᠰᡝ iuse "柚子"	柚子 you zi
ᡳᡠᡩᠠᠨ iudan "雨衣"	雨单 yu dan
ᡳᡠᡳ ᡯᠠᡳ iui ʣai "玉簪"	玉簪 yu zan
ᡳᡠᡳ ᠵᡳ iui ji "鱼际（穴位）"	鱼际 yu ji
ᡳᡠᠯᡝᠮᠪᡳ iu-lembi "上油漆"	油 you
ᡳᠰᡝ ise "椅子"	椅子 yi zi
ᡴᡳᠨ kin "琴"	琴 qin
ᡴᡳᡠᡳ ᡳ ᡩᠠ kiui i da "区长"	区 qu
ᡴᡳᠩᡤᡠᡵᡳ kiŋ-guri "琼花"	琼 qiong
ᡴᡳᠶᠣᠣ kiyoo "桥"	桥 qiao
ᡴᡳᠶᠠ kiya "密隔"	夹 jia
ᡴᡠ ku "库"	库 ku
ᡴᡠᡶᠠᠨ kufan "库房"	库房 ku fang
ᡴᠸᠠᠰᠠ kvwasa "吹牛的，夸张的"	夸赞 kua zan
ᡴᠸᠸᠠᠩᠰᡝ kvwaŋse "筐子"	筐子 kuang zi

满语	汉语
lagu "蝲蛄"	蝲蛄 la gu
laida-kv "爱撒懒的"	邋遢 la ta
lai-hv "赖皮"	赖 lai
lai-hvn "无赖汉，光棍"	赖 lai
laŋgv "南瓜"	南瓜 nan gua
leuse "城楼，楼阁"	楼子 lou zi
lifa-han "泥"	泥巴 ni ba
liu kiu "琉球"	琉球 liu qiu
liui "音律"	律 lü
liyoo "饲料"	料 liao
lolo "猪背式骨"	罗锅 luo guo
loŋ-kon "锣"	锣 luo
loŋto "笼头"	笼头 long tou
loo "牢"	牢 lao
loo-mbi "野兽大声吼叫"	呶 nao
lo-rin "骡子"	骡 luo
losa "骡子"	骡子 luo zi
lušui "卤水"	卤水 lu shui
loŋ "龙"	龙 long
mabu "抹布"	抹布 ma bu
maise "麦子"	麦子 mai zi
man-da "慢，缓慢"	慢 man
mase "麻子"	麻子 ma zi
me "脉搏"	脉 mai
megu "蘑菇"	蘑菇 mo gu
meŋse "幔"	幔子 man zi
menʣi "门子"	门子 men zi
miceu "棉绸"	棉绸 mian chou
miusi-hon "邪"	谬邪 miu xie
misun "醋"	米醋 mi cu
miyoo "庙"	庙 miao
miyoocan "枪，火枪"	鸟枪 niao qiang
miyori "秒"	秒 miao

满语	汉语
ᡶᡠ mu "亩"	亩 mu
ᡶᠣ mo "亩"	亩 mu
ᠮᠣᠣᠪᡳᠨ moobin "毛边"	毛边 mao bian
ᠮᠣᠣ moo "木"	木 mu
ᠮᡠᠵᠠᠨ mujan "木匠"	木匠 mu jiang
ᠨᠠᠩᡤᡳᠨ naŋgin "廊子"	廊 lang
ᠨᡳᡤᡩᠠᠨ nigdan "灵丹"	灵丹 ling dan
ᡦᠠᡳ pai "牌"	牌 pai
ᡦᠠᡳ ᠵᠣᠣ pai zoo "排草"	排草 pai cao
ᡦᠠᠨ pan "梆子"	梆 bang
ᡦᠠᠨ ᡤᡠᠸᠠᠨ pan guwan "判官"	判官 pan guan
ᡦᠠᠨᠴᠠᠨ pancan "盘缠，路费"	盘缠 pan chan
ᡦᠠᠩᡥᠠᡳ paŋhai "螃蟹"	螃蟹 pang xie
ᡦᠠᠨᡯᡝ pandze "棋盘"	盘子 pan zi
ᡦᠠᠨᠰᡝ panse "棋盘"	盘子 pan zi
ᡦᡝᠯᡝᠮᠪᡳ pe-lembi "糊（天棚）"	棚 peng
ᡦᡳᠯᡝᠮᠪᡳ pi-lembi "批，批示"	批 pi
ᡦᡳᠩᠰᡝ piŋse "瓶子"	瓶子 ping zi
ᡦᡳᠩᠰᡝ piŋse "天平"	平子 ping zi
ᡦᡳᠩᡤᡠᡵᡳ piŋgu-ri "苹果"	苹果 ping guo
ᡦᡳᠩᠰᡝᠯᡝᠮᠪᡳ piŋse-lembi "（用天平）称"	平子 ping zi
ᡦᡝᠩᡨᡠᠸᠠᠨ peŋtuwan "彭缎，洋缎"	彭缎 peng duan
ᡦᡳ ᡧᡠᠸᠠᠩ pi šuwaŋ "砒霜"	砒霜 pi shuang
ᡦᡳᠨ pin "嫔"	嫔 pin
ᡦᡳᠶᠣᠣ piyoo "票"	票 piao
ᡦᡳᠵᠠᠨ pijan "皮箱"	皮箱 pi xiang
ᡦᠣᠯᠣᡵᡳ polo-ri "大筲箩"	筲箩 po luo
ᡦᠣᠰᡝ pose "婆子"	婆子 po zi
ᡦᠣᡯᡝ podze "炮竹，炮仗"	炮子 pao zi
ᡦᡠ pu "铺"	铺 pu
ᡦᡠᠰᡝ puse "铺子"	铺子 pu zi
ᡦᡠᠰᡝᠯᡳ puse-li "铺子"	铺子 pu zi
ᡦᠣᠣ poo "炮"	炮 pao

满语	汉语
ᡦᡠᡥᠣ puhv "铺户"	铺户 pu hu
ᡦᠣᠵᠠᠨ pojan "炮竹，炮仗"	炮仗 pao zhang
ᡦᡠ ᡩᡠᠨ ᡨᠠᡳ pu dun tai "墩台"	堡墩台 pu dun tai
ᡦᡠᠨ pun "帐篷，船帆"	篷 peng
�šᠠᡤᡠ šagu "沙果"	沙果 sha guo
�šᠠᠩ šaŋ "赏"	赏 shang
�šᡝ še "赦"	赦 she
�šᡝᠩ šeŋ "笙"	笙 sheng
�šᡝᡠ ᠪᡝᠨ šeu ben "手本"	手本 shou ben
�šᡝᠵᡳ šeji "社稷"	社稷 she ji
�šᠣᠣᠪᡳᠨ šoobin "烧饼"	烧饼 shao bing
�šᠣᠣᠪᠣᠣ šooboo "少保"	少保 shao bao
�šᠣᠣᡶᡠ šoofu "少傅"	少傅 shao fu
�šᠣᠣ�šᡳ šooši "少师"	少师 shao shi
ᠶᡠᠸᠠᠨšᡠᠸᠠᡳ yuwanšuwai "元帅"	元帅 yuan shuai
�šᡠᠰᠠᡳ šusai "秀才"	秀才 xiu cai
�šᡠᠸᠠᠰᡝ šuwase "刷子"	刷子 shua zi
�šᡳᡶᡠ šifu "老师，先生"	师父 shi fu
ᠰᡝᡶᡠ sefu "师傅"	师傅 shi fu
ᠰᠠᡨᠠᠨ satan "砂糖"	砂糖 sha tang
ᠰᡝ se "年纪，年龄"	岁 sui
ᠰᡳᡠ-ᠯᡝᠮᠪᡳ siu-lembi "刺绣"	绣 xiu
ᠰᡳᠶᡠᡳᠨ ᡶᡠ siyuin fu "巡抚"	巡抚 xun fu
ᠰᡳᡠᠸᠠᠨ siuwan "埙，陶埙"	埙 xun
ᠰᡳᡠᠵᠠᠨ siujan "绣匠"	绣匠 xiu jiang
ᠰᡳᠶᠣᠣ siyoo "硝，硝石"	硝 xiao
ᠰᡳᠶᠣᠣšᡠᠨ siyoošun "孝顺"	孝顺 xiao shun
ᠰᠣᠷᠣ soro "枣"	枣儿 zao er
ᠰᡠ su "丝"	丝 si
ᠰᡠᡳ sui "罪"	罪 zui
ᠰᡠᡳ-ᠯᡝ-ᠮᠪᡳ sui-le-mbi "苦，劳苦"	罪 zui
ᠸᠠᡳᠯᠠᠨ wailan "外郎"	外郎 wai lang
ᠸᠠᠨᠰᠠ wansɿ "药丸子"	丸子 wan zi

满语	汉语
᠊᠊ wase "瓦"	瓦子 wa zi
᠊᠊ yagca "夜叉"	夜叉 ye cha
᠊᠊ yai "埃，尘埃"	埃 ai
᠊᠊ yamun "衙门"	衙门 ya men
᠊᠊ yan "两（重量）"	两 liang
᠊᠊ yaŋse "样子"	样子 yang zi
᠊᠊ yatu "丫头"	丫头 ya tou
᠊᠊ yebešou "夜捕手"	夜捕手 ye bu shou
᠊᠊ yeŋsi "宴席"	宴席 yan xi
᠊᠊ yeŋgu-le "鹦鹉"	鹦鹉 ying wu
᠊᠊ yeŋke "银锞"	银锞 yin ke
᠊᠊ yantu "熨斗"	焰斗 yan dou
᠊᠊ yoo "窑"	窑 yao
᠊᠊ yoo "尧，幺（色子和骨牌上的一点）"	幺，尧 yao
᠊᠊ yoose "锁"	钥子 yao zi
᠊᠊ yuin pan "运判"	运判 yun pan
᠊᠊ yuin toŋ "运同"	运同 yun tong
᠊᠊ yuwei ba "越坝"	越坝 yue ba
᠊᠊ yuwanboo "元宝"	元宝 yuan bao
᠊᠊ dzun hvwa "遵化"	遵化 zun hua
᠊᠊ dzuŋdu "总督"	总督 zong du
᠊᠊ tsaŋmi "仓米"	仓米 cang mi
᠊᠊ tsanjiyaŋ "参将"	参将 can jiang
᠊᠊ tsaifuŋ "裁缝"	裁缝 cai feng
᠊᠊ tsanjeŋ "参政（清代官名）"	参政 can zheng
᠊᠊ dzamba "糌粑"	糌粑 zan ba
᠊᠊ tsaŋ "仓"	仓 cang
᠊᠊ dzaŋ "仓"	仓 cang
᠊᠊ tsu "醋"	醋 cu
᠊᠊ tsurtsuŋ "从从（传说中异兽）"	从从 cong cong

满语	汉语
ꡊꡕꡳꡖꡟ dʑaisiyaŋ "宰相"	宰相 zai xiang
ꡊꡖꡳꡖꡟ dʑaihiyaŋ "宰相"	宰相 zai xiang
ꡊꡖꡳꡖꡟ dʑaisaŋ "宰桑"	宰桑 zai sang
ꡊꡖꡳꡖ dʑanse "拶子"	拶子 zan zi
ꡊꡖꡳꡖ dʑandʑi "拶子"	拶子 zan zi
ꡊꡖꡳꡖꡟ dʑanse-lembi "拶"	拶子 zan zi
ꡊꡖꡳꡖꡟ tsao ba dalan "草坝"	草坝 cao ba
ꡊꡖꡳꡖꡟ dʑe iŋ ši "紫英石"	紫英石 zi ying shi
ꡊꡖꡳꡖꡟ dʑe tan moo "紫檀"	紫檀木 zi tan mu
ꡊꡖꡳꡖꡟ dʑe mu poo "子母炮"	子母炮 zi mu pao
ꡊꡖꡳꡖꡟ dʑe giŋ moo "紫荆"	紫荆木 zi jing mu
ꡊꡖꡳꡖꡟ dʑe weii ilha "紫薇花"	紫薇 zi wei
ꡊꡖꡳꡖ dʑendʑe "橙子"	橙子 cheng zi
ꡊꡖꡳ dʑida "衹"	衹 di
ꡊꡟ dʑo "左"	左 zuo
ꡊꡟꡖꡟ dʑoguwan "做官"	做官 zuo guan
ꡊꡟꡖꡟ dʑusen "足訾"	足訾 zu zi
ꡊꡟꡳꡖ dʑuŋ biŋ "总兵"	总兵 zong bing
ꡊꡟꡳꡖꡟ dʑuŋdu "总督"	总督 zong du
ꡇꡖꡳ riben "日本"	日本 ri ben
ꡇꡖꡳꡟ rindʑuŋ "仁宗"	仁宗 ren zong
ꡛ꡵ sʅ "寺"	寺 si
ꡛ꡵ꡟ sʅcuwan "四川"	四川 si chuan
ꡐꡮ꡵ tʂi "尺"	尺 chi
ꡐꡮ꡵ tʂi "池子"	池 chi
ꡐꡮ꡵ tʂi se "池子"	池子 chi zi
ꡐꡮ꡵ tʂi "筈"	筈 chi
ꡐꡮ꡵ꡟ tʂi-lembi "筈"	筈 chi
ꡐꡮ꡵ꡟ tʂimiŋ "敕命"	敕命 chi ming
ꡅ꡵ dʐʅ "痔"	痔 zhi
ꡅ꡵ꡟ dʐʅfu "知府"	知府 zhi fu
ꡅ꡵ꡟ dʐʅdʑiu "知州"	知州 zhi zhou
ꡅ꡵ dʐʅ jeu "知州"	知州 zhi zhou

满语	汉语
ᡯᡳᠯᡳ dʐili "直隶"	直隶 zhi li
ᡯᡳ dʐi "雉"	雉 zhi
ᡯᡳᡥᡳᠶᠠᠨ dʐihiyan "知县"	知县 zhi xian
ᡯᡳ ᠨᡳᠣᡳ ᡠᠰᡳᡥᠠ dʐi niui usiha "织女星"	织女 zhi nü
ᡯᡳᡨᡠ dʐitu "徵（古代五音之一）"	徵 zhi
ᡯᡳᡥᡳᠶᠠ dʐihiya "直辖"	直辖 zhi xia
ᠺᠠᠩ kaŋ "康"	康 kang
ᡤᠠᠨ gan "甘（古代地名）"	甘 gan
ᡤᠠᠨ ᠯᠠᠨ gan lan "橄榄"	橄榄 gan lan
ᡤᠠᠨ ᠯᡠ gan lu "甘露"	甘露 gan lu
ᡤᠠᠨ ᠵᡝ gan je "甘蔗"	甘蔗 gan zhe
ᡤᠠᠨᠰᡝ ganse "甘蔗"	甘子 gan zi
ᡤᠠᠨ ᠰᡝ gan se "柑"	柑子 gan zi
ᡤᠠᠨ ᠵᡝᠩ ᠴᡠᠸᠠᠨ gan zeŋ cuwan "赶缯船"	赶缯船 gan zeng chuan
ᡤᠠᠩ ᠮᡠ gaŋ mu "纲目"	纲目 gang mu
ᡤᠣᠰᡝ gose "告示"	告示 gao shi
ᡤᠣᠮᡳᠩ gomiŋ "诰命"	诰命 gao ming
ᡤᠣᠶᠣᠣ goyoo "膏药"	膏药 gao yao
ᡤᠣᠶᠣ goyo "膏药"	膏药 gao yao
ᡤᡠᠨᠠ guna "拘那花"	拘那花 ju na hua
ᡤᡠ gu "合"	合 he
ᡤᡠᠩᡤᠣᠨ guŋgon "直立的背式骨"	弓弓 gong gong
ᡤᡠᡠᡤᡳᠨ guugin "鳏夫"	鳏 guan
ᡤᡠᡤᡳᠨ gugin "鳏夫"	鳏 guan

三、藏语借词

满语	藏语
ᡤᠠᠨᠵᡠᡵ ganjur "甘珠尔"	ᡤᠠᠨᠵᡠᡠᡵ γanǰuur "甘珠尔"

满语	藏语
ᡤᠠᠩᡤᠠ ganga "恒河"	ᒋ᪲ ɣaŋɣa "恒河"
ᠷᠠᠪᡨᠠᠨ rabtan "阿拉布坦"（人名）	ᠷᠠᠪᡨᠠᠨ rabtan "阿拉布坦"
ᠷᠠᡩᡳ radi "魔力"	ᠷᠠᡩᡳ ridi "魔力"
ᡤᠠᠪᡠᠯᠠ gabula "头盖骨"	ᡤᠠᠪᠠᠯᠠ ɣabala "头盖骨"
ᡤᠠᠯᠠᠪ galab "劫，灾难"	ᡤᠠᠯᠠᠪ ɣalab "劫"